D1629077

DIE KIRCHEN DER WELT · BAND XIV

DIE QUÄKER

DIE KIRCHEN DER WELT

BAND XIV

Herausgeber

D. HANS HEINRICH HARMS
D. DR. HANFRIED KRÜGER
DR. GÜNTER WAGNER
D. DR. HANS-HEINRICH WOLF

DIE QUÄKER

Herausgegeben von

RICHENDA C. SCOTT

EVANGELISCHES VERLAGSWERK STUTTGART

Übersetzung aus dem Englischen:
Heinrich Frhr. von Tucher
Maria Nocken u.
Elisabeth Vogel

ISBN 3 7715 0163 6
Erschienen 1974 im Evangelischen Verlagswerk Stuttgart

Druck: J. F. Steinkopf KG, Stuttgart
Bindearbeiten: Buchbinderei Riethmüller, Stuttgart

INHALT

VORBEMERKUNG DER HERAUSGEBERIN

Die Herausgeberin möchte folgenden Personen besonders danken: Herrn Arthur J. White, Sekretär (Schreiber) der Londoner Jahresversammlung, Herrn Edward H. Milligan, Bibliothekar der Londoner Jahresversammlung sowie Herrn L. Hugh Doncaster, früher Dozent für Geschichte des Quäkertums in Woodbrooke, für ihre hilfreichen Anregungen bzw. kritischen Äußerungen und Ratschläge bei der Planung und Abfassung dieses Buches.

Richenda C. Scott

VORWORT

In diesem Band bringt sich eine christliche Gemeinschaft zur Darstellung, die um ihrer hohen Ethik wie um ihrer tätigen Nächstenliebe willen weit über den christlichen Bereich hinaus Ansehen und Wertschätzung genießt. Ungeachtet ihrer ökumenischen Zurückhaltung ist sie für die übrige Christenheit ständiger Anlaß zur Überprüfung der eigenen Tradition und des eigenen Verhaltens. Indes machen die nachfolgenden Beiträge auch deutlich, daß die Quäker trotz ihrer gemeinsamen Grundanliegen und Ausgangspositionen keineswegs eine in sich einheitliche und geschlossene Gruppe sind. Geschichtliche Gegebenheiten, situationsbedingte Verhältnisse, Prägungen durch einzelne Persönlichkeiten wie auch Einflüsse von außen durch andere christliche Bewegungen und Gedanken und vor allem das Suchen nach einer Neuorientierung in der Gegenwart spielen bei der „Gesellschaft der Freunde" eine ähnliche Rolle wie auch sonst in der Ökumene. Darum haben wir auch einige Überschneidungen und Wiederholungen in dem vorliegenden Band hingenommen, da die betreffenden Vorgänge jedesmal aus verschiedener Perspektive und mit andersartiger Akzentsetzung dargestellt und eingeordnet erscheinen. Wir bitten dafür um das Verständnis und den lebendigen Mitvollzug unserer Leser.

Hanfried Krüger

Kapitel I

WAS IST QUÄKERTUM?

RICHENDA C. SCOTT

I.

Die Quäkerbewegung entstand in der Mitte des 17. Jahrhunderts in Großbritannien aus dem Aufruhr der religiösen Meinungen, aus dem Suchen und dem Meinungsstreit, der das Leben der Nation in dieser Zeit aufwühlte.

Ihr Begründer, George Fox (1624–1691), war der Sohn eines Webers in Leicestershire und selber Lehrling bei einem Schuhmacher, der gleichzeitig mit Wolle und Vieh handelte. Als junger Mann von neunzehn Jahren war er so ernüchtert und enttäuscht von den herrschenden religiösen Bräuchen seiner Zeit und der Kluft, die zwischen den Glaubensbekenntnissen und der täglichen Lebensweise seiner Freunde und Nachbarn bestand, daß er sein Elternhaus verließ und einige Jahre auf die Wanderschaft ging, auf der Suche nach Wahrheit. Er las fleißig die Bibel, er zog einige der bekanntesten Prediger und Lehrer zu Rate, er ging von einer Gruppe von Sektierern zur anderen, aber konnte bei niemand Hilfe finden. Er verbrachte viele Stunden in einsamer Meditation und im Gebet, oft mit dem verzweifelten Gefühl unmittelbarer Dringlichkeit und aus der Tiefe einer großen inneren Finsternis und Verzweiflung. Vier Jahre später, im Jahre 1647, als all seine Hoffnung auf Hilfe von den Menschen geschwunden war, „so daß", wie er sagte, „ich ohne Hilfe von außen war, da, oh, da hörte ich eine Stimme, die sagte, es gibt einen, nämlich Christum Jesum, der zu deiner Gemütsverfassung sprechen kann, und als ich das hörte, hüpfte mein Herz vor Freude". Und obgleich es auch weiterhin noch Zeiten der Betrübnis und Versuchung gab, lebte er von da an im Vertrauen in die ständige Gegenwart Christi, der ihn leitete und führte und der ihm immer tiefere und wachsende Einsichten in die Tiefe und Größe der Gegenwart und Liebe Gottes gab.

George Fox bemühte sich, seine Erfahrung und Vision den Menschen mitzuteilen, um sie hinwegzuführen von den toten, traditionellen Formen zu dem lebendigen Geist des „inneren Christus". „Glaube" bedeutete für ihn nicht die Anerkennung eines Glaubensbekenntnisses oder eines theologischen Systems von Lehrmeinungen, sondern ein Leben nach dem Gebot der Lehre vom „inneren Licht" zu führen, das durch Christus alle Menschen erleuchtet.

Die erste bedeutende Versammlung von Männern und Frauen auf diesem neuen Wege der unmittelbaren Annäherung an Gott durch Christus fand im Norden Englands statt. Hier gab es große Gemeinden von „Suchern", die sich von den etablierten und anerkannten Kirchen und Sekten, die keine Antwort hatten für ihre Not, abgewandt und die die Gewohnheit hatten, sich in Schweigen und Gebet zu versammeln, um den nächsten Schritt auf dem Wege der Erleuchtung zu finden. Als Fox zu ihnen kam, fanden seine Worte bei ihnen einen unmittelbaren Widerhall. Seine Botschaft brachte ihr unbestimmtes Sehnen und Hoffen in klarer und deutlicher Form zum Ausdruck, und er schuf eine Gemeinschaft von ergriffenen Andächtigen, die die lebendige Gegenwart Gottes in ihrer Mitte spürten. Der Kreis dieser „Sucher" war am stärksten und größten in Westmorland, im nordwestlichen Yorkshire und in Lancashire. Zur Pfingstzeit 1652 traf George Fox mit ihnen zusammen, und die innere Erfahrung, die in diesen Menschen geboren wurde, die sich an seiner Botschaft entflammten, machte das Quäkertum zu einer bedeutsamen Bewegung. Sechzig von diesen neu gefundenen „Kindern des Lichtes", wie sie sich selber nannten (oder gelegentlich auch „Freunde in der Wahrheit")[1], zogen zu zweit kreuz und quer durch England, um ihre freudige Botschaft einer neuen Hoffnung zu verkünden und das Vertrauen in die rettende Macht der Liebe Gottes als lebendige Wirklichkeit in die Herzen und das Leben jedes einzelnen Menschen zu senken, in der ständigen Gegenwart und Führung des Geistes Christi, „der gekommen ist, um selber sein Volk zu lehren", auf direktem Wege, ohne die Vermittlung eines Priesters, eines äußeren Sakramentes oder eines heiligen Buches.

Ungeachtet der Gegnerschaft der religiösen und staatlichen Instanzen und ungeachtet der Verfolgung und Gefangenschaft, die für viele den Tod bedeutete, lief die Botschaft wie ein Feuer durchs Land, und die Bewegung wuchs schnell. Sie breitete sich bis nach Schottland, Wales und Irland aus und sprang auf den europäischen Kontinent und nach

[1] Der Name „Quäker" (Zitterer, *to quake* = zittern) war ein Ausdruck des Spottes, den der Richter Gervase Bennet im Jahre 1650 auf George Fox anwandte, als Fox ihn hieß, vor dem Namen Gottes zu zittern. Die Bezeichnung „Freund" wurde zum ersten Mal in Yorkshire im Jahre 1652 gebraucht.

Nordamerika über. Die Andachts-Versammlungen, die so entstanden, vereinigten die Menschen in schweigendem Warten auf Gott, um seine Stimme zu hören. Worte der Seelsorge oder Gebete wurden nur gesprochen, wenn der eine oder andere sich vom Geist Gottes dazu aufgerufen fühlte. Wenn die Versammlungen der Andächtigen von der Regierung verboten und ihre Versammlungsstätten zerstört wurden, was manchmal geschah, versammelten sich die Gläubigen in den Ruinen und blieben furchtlos und unverzagt. Als alle Erwachsenen in Reading und Bristol ins Gefängnis gebracht worden waren, kamen deren Kinder an jedem Sonntag zusammen und hielten so die Andacht am Leben.

Mit dem ständigen Anwachsen der Bewegung mußte eine angemessene Form von Organisation gefunden werden. Die ersten Quäker hatten nie in Erwägung gezogen, eine Sekte zu gründen, und wiesen die Auffassung, daß sie eine Sekte seien, auf das entschiedenste zurück. George Fox erklärte, daß Gott ihn in die Welt gesandt hätte, um „sein ewiges Evangelium zu predigen und sein Königreich zu verkündigen ... Mir wurde geboten, die Menschen zu ‚dem inneren Licht', dem Geist und der Gnade zu führen, durch die alle ihre Erlösung und ihren Weg zu Gott finden, ja sogar den göttlichen Geist erkennen können, der sie zur letzten Wahrheit führen wird ... Ich sollte die Menschen von ihrem eigenen Weg hinwegführen und zu Christus bringen, als dem neuen und lebendigen Weg, und hinweg von ihren Kirchen, die von Menschen gemacht und zusammengefügt sind, hin zur Kirche Gottes ..., an deren Spitze Christus steht; ich sollte sie hinwegführen von den weltlichen Lehrern, deren Lehren von Menschen gemacht sind, damit sie Christus erfahren, der der Weg ist und die Wahrheit und das Leben". Das war die Vision von George Fox: eine universale Kirche, erbaut aus den lebendigen Steinen treu ergebener Menschen, eine Kirche, die nur den Geist der Wahrheit suchte, wie er sich in Christus offenbart, und ihm allein folgte. Hierin sah er ein „Wiedererwachen des ursprünglichen Christentums". Dazu rief er die Menschen aller Sekten und Glaubensbekenntnisse auf.

Aus diesem Grunde machte man sich anfänglich wenig Gedanken über eine besondere organisatorische Form der Quäkerbewegung, und obgleich bereits früher verschiedene allgemeine Versammlungen und Konferenzen abgehalten worden waren, fing Fox, nach einer längeren Gefängnisstrafe, erst in den Jahren 1667–1669 an, das Land zu bereisen und eine spezifische Quäker-Organisation aufzubauen. Er unternahm diese Reise in einer Stimmung frommer Heiterkeit, – nicht um eine Reihe von administrativen Gruppen ins Leben zu rufen, son-

dern „einen Zustand des Evangeliums, der nicht von Menschen oder durch Menschen herbeigeführt, sondern von Christus, dem göttlichen Menschen, den Menschen geschenkt wird".
In diesen zwei Jahren gründete George Fox auf einem starken Fundament eine Reihe von „Monatsversammlungen", bestehend aus den Freunden benachbarter „Andachtsversammlungen", die sich in einzelnen Grafschaften zu „Vierteljahresversammlungen" zusammenschlossen und sich in späteren Jahren auch über zwei oder drei Grafschaften erstreckten. Alle diese Versammlungen wurden einer Jahresversammlung untergeordnet, die im Jahre 1668 in London gegründet wurde. Nachdem in der Frühzeit des 18. Jahrhunderts die formale Mitgliedschaft bei den Quäkern eingeführt worden war, wurde die Monatsversammlung die maßgebende Versammlung für Kirchenangelegenheiten. Sie hatte das Recht, Bewerber als Mitglieder zuzulassen oder solche, die sich als nicht geeignet erwiesen, auszuschließen. Sie wahrte das Gleichgewicht zwischen den rein administrativen Belangen und solchen Angelegenheiten, die der Beratung bedurften, und förderte das lokale Gemeinschaftsleben der Freunde. In ihren allgemeinen Grundzügen besteht diese Organisation bis auf den heutigen Tag. Allerdings wurden im Jahre 1967 die administrativen Obliegenheiten der Vierteljahresversammlungen auf die Monatsversammlung übertragen, und die Vierteljahresversammlungen erhielten die Bezeichnung „Allgemeine Versammlungen" *(General Meetings)*, deren Hauptaufgabe darin besteht, Konferenzen abzuhalten, neue Impulse und Inspirationen zu fördern und das Leben und das Zeugnis der „Religiösen Gesellschaft" lebendig zu gestalten. Die gesamte Organisation der „Gesellschaft der Freunde" wird lediglich als ein Mittel betrachtet, durch das der Heilige Geist seinen Ausdruck finden kann. In den Versammlungen für Kirchenangelegenheiten oder in den Komitees wird nicht abgestimmt. Die Freunde versammeln sich und suchen bei den Fragen, über die beraten wird, unter Gottes Führung den Weg der Wahrheit zu finden. Aus den verschiedenen Beiträgen in der Diskussion erwächst allmählich eine „Meinung der Versammlung" *(sense of the meeting)*. Diese Meinung wird in einem Beschluß schriftlich niedergelegt von dem „Schreiber", der verantwortlich ist für die Geschäftsführung und für die Abfassung der Beschlüsse, die dann vorgelesen und entweder von der Versammlung gebilligt oder abgeändert werden, und dessen Aufgabe darin besteht, die gemeinsame Meinung der Versammlung zu erkennen und zum Ausdruck zu bringen.
Außer dieser lokalen Organisation brachten die 1670er Jahre – neben

der Begründung der Jahresversammlung – auch noch die Entwicklung einiger zentraler Gremien in London. Das einzige, das hier erwähnt werden muß, ist das „*Meeting for Sufferings*", das im Jahre 1675 gegründet wurde. Es wurde mit der Aufgabe betraut, in besonders schweren Härtefällen, von denen Freunde um ihres Glaubens willen betroffen waren, das Unrecht wiedergutzumachen oder ihre Leiden zu lindern. Eine weitere Aufgabe bestand in dem Versuch, die Freilassung von Freunden zu bewirken, die aus Gewissensgründen die Eidesleistung vor Gericht verweigerten oder die befohlene Abgabe des „Zehnten", sowie die allgemeine Betreuung derer, die um ihres Glaubens willen unterdrückt wurden. Die Arbeit des „*Meeting for Sufferings*" nahm durch die Jahrhunderte ständig an Umfang zu und erstreckt sich über einen weiten Tätigkeitsbereich. Auch heute noch ist es die wichtigste Exekutive der Gesellschaft der Freunde. Die verschiedenartigen Komitees, die hauptsächlich im 19. Jahrhundert entstanden, um besondere Anliegen *(concerns)* der Freunde zu fördern, wie zum Beispiel die Bekämpfung der Sklaverei oder die Förderung des Weltfriedens, kamen unter ihre Schirmherrschaft. Eine Anzahl unabhängiger Komitees, die sich während dieses Zeitraumes gebildet hatten, um besondere Aufgaben oder Arbeiten verantwortlich zu betreuen, wurden im Jahre 1967 alle unter der Obhut des „*Meeting for Sufferings*" vereinigt und wurden Unterausschüsse dieser Exekutive.
Am Ende des 17. Jahrhunderts, in den Jahren 1670 und 1671, besuchten John Burnyeat und George Fox die nordamerikanischen Kolonien und Westindien und hinterließen dort eine ähnliche Form der Quäkerorganisation, einschließlich der Begründung von Jahresversammlungen in New-England, Maryland, Philadelphia, New York, Virginia und Nord-Carolina. „Obgleich – genau genommen – jede Jahresversammlung autonom war, wurde die Londoner Jahresversammlung als die ‚Mutter'-Organisation betrachtet, der die Jahresversammlungen von Wales und Schottland untergeordnet waren, während die nationale Versammlung von Irland in einer nicht bestimmbaren Weise wachsende Unabhängigkeit erwarb."
Die weitere Ausbreitung des Quäkertums in der Welt wird auf den folgenden Seiten geschildert. Im Jahre 1960 gab es etwa 202 000 Quäker in der Welt, und zwar 123 000 in Nordamerika, annähernd 24 000 in Großbritannien und Irland und 1200 auf dem europäischen Kontinent. Hinzu kommen 38 000 Quäker in Afrika, weniger als 1000 in Asien, etwa 2000 in Australien und 14 000 in Mittel- und Südamerika.

II.

Vielleicht war es unvermeidlich, daß die überschäumende Begeisterung der ersten Quäkergeneration und ihr missionarischer Eifer sich abkühlten – niemand kann andauernd auf den Höhen des Lebens verweilen. Mit dem Erlaß der Toleranzakte von 1689[2] fanden die schlimmsten Auswirkungen der Verfolgung ihr Ende, obgleich alle Dissidenten, die sich nicht zum anerkannten Glauben der Kirche von England bekannten, viele Nachteile erlitten. So wurden sie etwa auf Grund bestimmter religiöser Prüfungen von den Universitäten Oxford und Cambridge ausgeschlossen, und das war einer der Gründe, weshalb die Fähigkeiten von intelligenten jungen Menschen in der „Religiösen Gesellschaft“ auf das Gebiet der Industrie und des Handels gelenkt wurden, so daß viele Quäker unter den Pionieren neuer industrieller Produktionsverfahren zu finden waren, ebenso wie bei der Entwicklung des Finanz- und Bankwesens und der stetigen Ausbreitung des Handels. Viele kleine Familienunternehmen wurden zu bedeutenden Produktions- oder Handelsunternehmen entwickelt, und der Wohlstand der Mitglieder der „Religiösen Gesellschaft“ stieg beträchtlich, ein Umstand, der neue Probleme und Verlockungen schuf, deren man sich ständig bewußt war.

Die vorherrschende Geistesrichtung in der „Religiösen Gesellschaft“ in Britannien und in Amerika während des 18. Jahrhunderts war quietistisch. Es war deutlich geworden, daß die Menschen in Britannien nicht empfänglich waren für den Ruf von George Fox und seiner Gefährten und daß sie nicht willens waren, seine Vision von der „lebendigen Kirche“ zu verwirklichen. Daher erlebte die „Religiöse Gesellschaft“ eine Wandlung, die dahin führte, daß nur eine Gemeinschaft von treuen Freunden übrigblieb, die der Wahrheit, die ihnen offenbart worden war, folgten und sie bewahrten. Ihr Bemühen war auf ein geduldiges und intensives Suchen und ein Warten auf die göttliche Führung gerichtet. Sie mißtrauten selbst dem Element der menschlichen Vernunft, die dieses Suchen störend beeinflußte, und trachteten danach, sie auszuschließen, ebenso wie alle „Betriebsamkeit der Kreatur“, damit die Seele ein „unbeschriebenes“ Blatt blieb, bereit, die göttliche „Prägung“ zu empfangen. Sogar die Worte der Heiligen Schrift wurden beiseite gelassen, und unmerklich entstand auf diese Weise ein gefährlicher Bruch zwischen der Lehre vom „in-

[2] Vom englischen Parlament zugunsten der Dissidenten erlassenes Gesetz (Anm. d. Übers.).

neren Licht“ und dem historischen und menschgewordenen Christus. Als das Lauschen auf „die göttliche Eingebung“ immer intensiver wurde, wurde den Freunden diese Erfahrung weniger häufig zuteil. Jedoch in den Fällen, wo es geschah, brachte es einige Prediger von prophetischer Kraft hervor, die fähig waren, an den konventionellen Sitten und Gewohnheiten ihrer Umwelt zu rütteln. In diesem Jahrhundert gab es einige bedeutende Männer und Frauen, die die „Gesellschaft der Freunde“ überall in Britannien und Amerika bereisten, die das Erlebnis der inneren Erfahrung bereicherten und stärkten und die dem Gedanken des Quäkertums Gestalt gaben und dadurch seiner Botschaft Kraft und Erläuterung verliehen. Häufig fühlten sie sich aufgerufen, über die Grenzen ihrer eigenen Gemeinschaft hinaus mit Menschen aller Arten und Klassen die Reichtümer, die sie selbst im Bereich des Geisteslebens entdeckt hatten, zu teilen und drängten sie, für sich selbst das „innewohnende Licht“ Christi zu erkennen und seiner Führung zu folgen. Die besondere Gabe dieser individuellen Freunde, die christliche *und* die Quäkerbotschaft zu verkünden, wurde von ihren Monatsversammlungen anerkannt, die ihre Namen auf eine Liste der „eingetragenen Prediger“ *(Recorded Ministers)* setzte. Die eingetragenen Prediger erhielten keine Bezahlung und waren in keiner Beziehung eine Klasse von berufsmäßigen Predigern.[3] Oftmals waren es Menschen mit besonders feinfühligem Einblick in die Nöte und den Gemütszustand derer, denen sie auf ihren Reisen begegneten, und daher waren sie in der Lage, offen und mitfühlend zu diesen innerlich zerrissenen und verzweifelten Menschen zu sprechen, denen sie nie zuvor begegnet waren. Diese Prediger gingen stets auf die Reise im Bewußtsein eines „Anliegens“, das heißt, sie fühlten sich von Gott unmittelbar zu diesem besonderen Dienst berufen. Sie brachten dieses Anliegen vor ihre Monatsversammlung, damit es von den Mitgliedern geprüft und mitgetragen werden konnte. Wenn die Versammlung der Ansicht war, daß es sich hier um ein „lebendiges“ Anliegen handelte, wurde es in einer Niederschrift festgelegt, in der die Unterstützung der Freunde zum Ausdruck gebracht wurde. Dieses Schreiben begleitete den betreffenden Freund auf allen seinen Reisen, wurde von jeder Versammlung, die er besuchte, bestätigt, und am Ende seiner Reise seiner eigenen Monatsversammlung wieder zurückgegeben. Wenn ein Freund sich aufgerufen fühlte, nach Übersee zu reisen, wurde sein Anliegen dem *„Meeting for Sufferings“*

[3] Dieser Brauch der eingetragenen Prediger wurde von der Londoner Jahresversammlung im Jahre 1924 aufgegeben.

und der Jahresversammlung unterbreitet, und nur, wenn es von ihnen unterstützt wurde, war er oder sie frei, die Absicht auszuführen.

Das 18. Jahrhundert wird von Quäkerhistorikern häufig in ungünstiger Weise beurteilt als eine Zeit, wo von den Feuern der Inspiration, die von den frühen Wegbereitern entfacht worden waren, nur die erkaltende Asche übriggeblieben war. In steigendem Maße richtete sich die Aufmerksamkeit auf Nebensächlichkeiten, wie Einfachheit der Kleidung und Eigentümlichkeit der Redeweise, in der die Quäker für die zweite Person Einzahl das „*thou*" benutzten, mit dem sie alle Menschen ansprachen und sich weigerten, die formale Anrede „*you*" bei höhergestellten Personen zu gebrauchen. Die Macht der „Ältesten", der „Ordner" und „Betreuer" nahm übertriebene Ausmaße an in bezug auf die Durchführung der Disziplin unter den Mitgliedern. Die Ältesten waren verantwortlich für die Einhaltung einer bestimmten Ordnung bei der Andacht, für die Ermutigung einer lebendigen Seelsorge und die Eindämmung dessen, was für nicht wünschenswert gehalten wurde; die Betreuer trugen hauptsächlich Sorge für das moralische Verhalten der Freunde und kümmerten sich um die materiellen Nöte bedürftiger Mitglieder.

Aber mit all ihren Schwächen und Begrenzungen und bei den Gefahren, die dem Mißtrauen gegen die menschliche Vernunft innewohnen, hatte der Quietismus des 18. Jahrhunderts einen wichtigen Beitrag zu leisten zu dem Wachstum der Quäkererfahrung. Er lehrte den Verzicht auf Eigenwilligkeit und eigene Zielsetzung und auf der anderen Seite die Aufgeschlossenheit für die Gegenwärtigkeit und die Führung Gottes, die dazu beitrug, viele Persönlichkeiten von großer Charakterstärke und Sensibilität und von aufrichtiger Hingabe hervorzubringen. Seine tieferen Einsichten und Erkenntnisse sind ein wichtiger Teil des Quäkererbes.

III.

Eine Gegenbewegung, die die „Gesellschaft der Freunde" gegen Ende des 18. Jahrhunderts und durch das ganze 19. Jahrhundert hindurch tief beeinflußte, war der Aufstieg der Evangeliumsgläubigkeit, die in hohem Maße das Ergebnis der Erfahrung und der Bemühungen von John Wesley und George Whitfield war. Diese Bewegung nahm ihren Anfang in der ersten Hälfte des 18. Jahrhunderts in England und mit der „Großen Erweckung" im Jahre 1738 in Amerika. Aber bis in die letzten Jahrzehnte des Jahrhunderts wurde die „Gesellschaft der

Freunde" davon nur wenig berührt. Dann jedoch bahnte sich die Bewegung mit großer Macht ihren Weg unter den Quäkern. Die Evangelisation gab dem Bedürfnis nach einer klaren Erkenntnis der Sünde und nach geistiger Wandlung ein neues Gewicht und hatte die Verpflichtung zu einem neuen Leben in Jesus Christus zur Folge. Sie forderte ein ernsthaftes Studium der Bibel als dem offenbarten Wort Gottes und stellte bei den Freunden die Einsichten in die Größe und unvergängliche Bedeutung des Lebens und Wirkens des historischen Jesus wieder her, die zu vernachlässigen sie in Gefahr gewesen waren. Aber die Erneuerung dieser Einsichten erfolgte unter der engen Perspektive einer starren Lehre von Strafe und Buße, die das Gedankengut der Quäker in eine einengende Form zwang. Die evangelische Theologie der Rettung vor Verdammnis und Höllenfeuer durch den Glauben an das erlösende Opfer Christi, der die Schuld der Sünde des Menschen mit seinem Blut bezahlt und so den Zorn Gottes besänftigt und der Gerechtigkeit Gottes Genüge getan hat, wurde unter den Freunden hauptsächlich von Joseph John Gurney (1788 bis 1847) gepredigt, der selbst ein bedeutender Bibelwissenschaftler war. Es geschah in hohem Maße unter seinem Einfluß, daß die „Gesellschaft der Freunde" im 19. Jahrhundert sich dieser neuen Richtung zuwandte. Er reiste viel in Amerika, wo er dieselbe evangelische Strömung, die verschiedene amerikanische Freunde in Amerika ebenfalls einführten, stärkte und belebte. Evangelikale Führer auf beiden Seiten des Atlantiks erweckten in der „Religiösen Gesellschaft" das Bewußtsein einer neuen sozialen Verantwortung. Von jetzt an fand man die Quäker in den vordersten Reihen der Bewegung zur Beseitigung der Sklaverei, bei den Bemühungen um Gefängnisreform, bei der Verbreitung der Mäßigungs- bzw. Enthaltsamkeitsbewegung, bei den Bestrebungen zur Einführung einer allgemeinen Schulbildung und für die Einführung der Frauenrechte.

Durch das ganze 19. Jahrhundert hindurch bestand unter den Quäkern Großbritanniens ein gespanntes Verhältnis zwischen den quietistischen und evangelischen Traditionen, das nie ganz beseitigt worden ist. In Amerika, wo ähnliche Spannungen herrschten, wurde die „Religiöse Gesellschaft" durch Gegensätze und Trennungen gespalten, wie sie – abgesehen von drei kleineren Abspaltungen – in England vermieden werden konnten. Die Lage in Amerika ist kompliziert durch soziale und verwaltungstechnische Schwierigkeiten, die besonders durch die Ausdehnung der westlichen Grenze und das Wachstum von neuen Quäkergemeinden in jenen weitausgedehnten Gegenden bedingt sind.

Die orthodoxen evangelischen Jahresversammlungen in Amerika beriefen 1887 eine Konferenz in Richmond, Indiana, ein, auf der verschiedene führende britische Freunde eine wichtige Rolle spielten. Die Konferenz entwarf eine Glaubenserklärung, die die evangelische Lehrmeinung in konkreter Form darstellte und von der man sich erhoffte, daß die gesamte „Religiöse Gesellschaft“ in Britannien und den Vereinigten Staaten sie akzeptieren würde. Aber sowohl die Londoner Jahresversammlung als auch einige amerikanische Jahresversammlungen weigerten sich, ihr offiziell zuzustimmen, so daß dieser letzte Versuch, den Glauben der „Religiösen Gesellschaft“ in einer schriftlichen Erklärung einzuengen, fehlschlug.

Wie allgemein bekannt, hat die „Gesellschaft der Freunde“ in Britannien und überall in der Welt – mit wenigen Ausnahmen, wie das oben erwähnte Beispiel zeigt – es vermieden, „ihr Gedankengut in einem Glaubensbekenntnis zu konkretisieren“. Indessen erkannten sie eine selbstauferlegte korporative Disziplin durchaus an. Hierbei handelt es sich nicht um etwas von außen Auferlegtes, etwa um eine Disziplin von Vorschriften, sondern um eine geistige Einstellung. Diese findet ihren Ausdruck in den *„Books of Discipline“*, die von den verschiedenen Jahresversammlungen ausgearbeitet worden sind. In Großbritannien umfaßt dieses Buch die Niederschrift der Essenz der geistigen Erfahrungen von drei Jahrhunderten und administrative Ratschläge für „die Ordnung des Lebens“ in der „Religiösen Gesellschaft der Freunde“. In Abständen von etwa 25 Jahren wird das Buch überprüft und überarbeitet, eine Aufgabe, an der die ganze, von der Londoner Jahresversammlung umfaßte, „Religiöse Gesellschaft der Freunde“ teilnimmt. In der letzten, verbesserten Auflage, die in England 1967 abgeschlossen wurde, heißt es: „Unsere Kirchenregierung ist keine Regierung der Sanktionen oder Vorschriften, sondern ein Versuch, die religiöse Inspiration – und auch die Lehren – des Heiligen Geistes in unserem Leben als Gemeinschaft zum Ausdruck zu bringen.“

In den letzten Jahrzehnten des 19. Jahrhunderts entstand ein überraschender neuer Aufschwung von Lebendigkeit und schöpferischem Denken unter den Freunden in England. Von denen, die daran teilgenommen haben, wird diese Entwicklung als die Entstehung der modernen Quäkerbewegung beschrieben. Ihr geistiger Führer war der junge John Wilhelm Rowntree (1868–1905), der im frühen Alter von 36 Jahren starb. In den 1890er Jahren war seine Führerschaft in der Londoner Jahresversammlung von entscheidendem Einfluß.

Er war es, der die Freunde dazu aufrief, die damals bestehende Situation mit Mut, Verstand und Voraussicht zu erfassen, wobei sie entdecken würden, daß sie aus den Quellen ihres Glaubens und ihrer Erfahrung die Kraft und Einsicht schöpfen könnten, um mit den zeitbedingten Problemen fertig zu werden. Er forderte auf zu einem ernsthaften Studium des Quäkerursprungs und der Lehren von George Fox, aber auch zum Bibelstudium an Hand der Ergebnisse moderner Forschung. Er legte Betonung auf die mystische Erfahrung, in der das Quäkertum wurzelt, und hielt gleichzeitig fest sowohl an dem „historischen" als auch an dem „ewigen" Christus. In seinen Augen hatte das Quäkertum nichts zu fürchten, sondern eher zu gewinnen von den neuzeitlichen Gedankengängen auf den Gebieten von Wissenschaft und historischer Kritik.

Auf der Londoner Jahresversammlung von 1893 warben sowohl John Wilhelm Rowntree als auch William Charles Braithwaite (1862 bis 1922) für eine vitalere und praktischere Art der Verkündigung in einer Sprache, die für die jüngere Generation annehmbar sei und den jungen Denkern in der Gesellschaft etwas geben könne. Die Sprache und das Auftreten dieser jungen Männer beeindruckten die Versammlung zutiefst und trugen viel dazu bei, daß jung und alt in Gedanken und Wünschen sich näherkamen.

Zwei Jahre später, 1895, war eine Konferenz in Manchester, an der alle Freunde teilnehmen konnten und die sehr gut besucht war. Hier wurden zum ersten Mal die Haltung des Quäkertums zu den neuen Gedankengängen und auch brennende soziale Fragen des Tages diskutiert. Die Freunde, die sich mehr an das Evangelium hielten, und die, welche sich für die neue Geistesrichtung erwärmten, ob jung oder alt, zugleich aber auch den Ursprung und die Bedeutung der Quäkererfahrung ins Gedächtnis riefen, trafen sich und erreichten ein besseres Einvernehmen. Trotz vorhandener Spannung hielt die Gesellschaft zusammen. Die moderne Quäkerbewegung wurde hier quasi auf die Füße gestellt und konnte so in das 20. Jahrhundert vorstoßen, dies Jahrhundert mit all seinen verheerenden Umstürzen, die die Welt bis zur Unkenntlichkeit verändert haben.

Um John Wilhelm Rowntree und William Charles Braithwaite sammelte sich eine große Gruppe, die nicht nur aus jungen Leuten bestand. Die beiden schlossen auch Freundschaft mit Rufus M. Jones (1863–1948), dem amerikanischen Quäkerchronisten, dessen Interesse sich auf frühere mystische und geistige Bewegungen konzentrierte.

Das Triumvirat der genannten jungen Männer eröffnete eine neue Epoche des britischen und amerikanischen Quäkertums. Mit ihren

Namen ist das Wachstum eines lebendigen und gedankenerfüllten Predigtdienstes eng verbunden.[4]
Dieser Dienst *(ministry)* wurde gefördert durch die Veranstaltung von Sommerschulen, wo Freunde zum ersten Mal die Bibel mit Hilfe von Textkritik, Anthropologie und den Ergebnissen der vergleichenden Religionsforschung studieren konnten. Bei diesen Seminaren wurde ein Konzept formuliert, das die christliche Botschaft in engsten Zusammenhang mit sozialen und ökonomischen Fragen brachte. Es war vor allem John Wilhelm Rowntree, der den Anstoß zur Gründung von Woodbrooke-College in Selly Oak bei Birmingham gab, einem Quäkerzentrum für theologische, soziale und internationale Studien. Er betrieb und plante auch die Herausgabe eines mehrbändigen Werkes über die gesamte Geschichte des Quäkertums, das erst nach seinem Tod von den anderen beiden Freunden, Charles Braithwaite und Rufus Jones, durchgeführt wurde.
Die Flut des Gedankenguts von John Wilhelm Rowntree und seiner Umgebung ist noch im Steigen begriffen, und auch die heutigen Freunde wissen noch nicht, wohin sie von ihr getragen werden. Die großen Meinungsverschiedenheiten in der gegenwärtigen „Religiösen Gesellschaft“ werden auf den folgenden Blättern zum Ausdruck kommen. Die einen fühlen sich zum Humanismus und Agnostizismus hingezogen. Andere meinen, daß die Tatsache des historischen Ursprungs des Quäkertums aus dem Christentum ein Hindernis für den freien Fluß des schöpferischen Geistes bilde. Wieder andere halten an ihrem christlichen Glauben fest, sind sich aber nicht einig in der Interpretation des Quäkertums; ist es wirklich Teil eines Stroms christlicher Mystik, wie Rufus Jones und viele Freunde in Großbritannien behaupten, während andere zeitgenössische Quäkerhistoriker, besonders in Amerika, das lebhaft in Abrede stellen? Letztere behaupten vielmehr, es sei eine prophetische Religion, welche die Aufgabe hat, *auf* die Stimme Gottes zu horchen, und ihr zu *gehorchen.* Ist Quäkertum ein extrem linker Flügel des Puritanismus, oder ist es eine ganz neue und einzigartige Bewegung? Jede von diesen Positionen hat ihre Befürworter, sowohl bei den Historikern als auch bei den einfachen Angehörigen anderer Berufe, die versuchen, aus ihren Erfahrungen klug zu werden und sie in die Sprache des Glaubens zu übersetzen. Trotz der Vielfalt von Gedanken und Meinungen hält eine gemeinsame Grunderfahrung

[4] Das Wort „Predigt“ wird bei den Freunden allerdings nicht verwendet, da es sich entweder um kurze, mehr oder weniger unvorbereitete Ansprachen oder um Vorträge handelt. (Anm. d. Übers.)

die Quäker aller Schattierungen zusammen, ein Faden nur, aber einer, der nicht abreißt und die Gemeinschaft rettet. Die Eröffnungsworte der letzten Neufassung der Richtlinien der Londoner Jahresversammlung unter dem Titel: „*Faith and Practice*" („Glaube und Bräuche der Quäker"), auch „*Book of Discipline*" genannt, konstatieren klar und einfach die offizielle Stellung der „Gesellschaft der Freunde":
„Die ‚Gesellschaft der Freunde' entstand aus einer persönlichen Erfahrung und direkten Begegnung mit Gott, wie er in Jesus Christus offenbart ist. Die Überzeugung, daß Jesus Christus zum Zustand eines jeden Menschen sprechen kann, breitete sich rasch unter den Suchern des 17. Jahrhunderts aus und blieb im Mittelpunkt von Glauben und praktischer Anwendung bei der Gesellschaft ... Im Rückblick auf die Geschichte dieser Gesellschaft wird man den Faden erkennen, der sich durch das Erleben einer positiven, tief fundierten Einheit hinzieht."

Kapitel II

GLAUBE UND TAT IN DER QUÄKERERFAHRUNG

NICHOLAS A. SIMS

Die Quäker haben den Ruf, sich um das Gesamtbefinden ihrer Mitmenschen zu kümmern. Sie sind wohl besser bekannt wegen ihrer Werke als wegen ihrer besonderen Glaubenssätze, auch wenn sie diese Tatsache bedauern mögen. In die Probleme der Welt verstrickt zu sein, war zu gewissen Zeiten und an gewissen Orten bezeichnender für die Quäker, als zu anderen Zeiten und anderwärts. Aber im ganzen gesehen kann man der „Religiösen Gesellschaft der Freunde" wohl mit Recht eine gewisse Neigung zu praktischem Handeln zubilligen, ebenso eine merkliche Ungeduld gegenüber Erklärungen über den christlichen Glauben, die nicht in die Tat umgesetzt werden. Nicht ohne Grund hat man den Jakobusbrief im Neuen Testament die Epistel der Quäker genannt.

Die Betonung auf Tatchristentum ist kein Zufall. Was die Quäker auf allen Gebieten tun, ist begründet und wird getragen von einer tiefreligiösen Lebensauffassung und von dem Bewußtsein göttlicher Gegenwart in einem Universum, in dem das Heilige und das Weltliche nicht hermetisch voneinander abgeschlossen sind, sondern sich vielmehr dauernd wechselseitig durchdringen. Hieraus erwächst der Wunsch, die Dinge, die der Mensch braucht, im ganzen zu sehen. Neben der geistigen Not steht die Sorge ums tägliche Brot. Christentum ist, wenn man den Begriff im besten und vollsten Sinne versteht, auch eine materialistische Religion, und der Christ ist nicht befugt, eine Trennung der geistigen von der materiellen Lebenslage vorzunehmen; er hat die Mission, die „Gute Botschaft" dem Menschen in seiner Ganzheit zu bringen.

Obgleich dogmatische Aussagen bei den Freunden nicht beliebt sind, ist es doch möglich und sogar notwendig, den Ursprung der Quäkeraktion in der Welt zu entdecken und die Probleme zu beleuchten, die sich daraus ergeben, daß die Freunde in ihrem christlichen Glauben, ohne Dogmen zu übernehmen, aus der Quelle der christlichen Offenbarung schöpfen. Wir könnten sogar von drei Quellen reden: es sind dies die Auffassung der Quäker von der Welt, von der Kirche und

von den „letzten Dingen" (Eschatologie). Was die Freunde miteinander verbindet und ihnen die Kraft zur gemeinsamen Tat gibt, das ist der Geist Gottes in ihrer Erfahrung.
Die Vorstellung der Quäker von der Welt ist mehr paulinisch als an Johannes orientiert. Die Welt ist nicht Gott-feindlich, nicht ein Übel, das es zu überwinden gilt; sie sollte vielmehr so verstanden werden, daß sie sich nach Erlösung sehnt, ebenso wie die Menschheit selbst, wobei die Menschen das Bewußtsein ihrer Verantwortung für eben diese Welt Gottes in sich tragen. Die positive Einstellung der Freunde zu der sie umgebenden Welt deutet auf das Vorhandensein einer Schöpfungstheologie.
Als George Fox 23 Jahre alt war, hatte er ein Erlebnis rein geistiger Art, aus dem letzten Endes die „Religiöse Gesellschaft der Freunde" entstand; darüber schreibt er in seinem Tagebuch:
„Jetzt war ich im Geist durch das flammende Schwert in das Paradies Gottes vorgedrungen. Alles war neu, und die ganze Schöpfung hatte für mich einen neuen Geruch, jenseits all dessen, was sich in Worte fassen läßt."[1]
Aber die Auffassung der Quäker von der Welt ist auch noch in einem anderen Sinn paulinisch. Der Christ darf nicht mit der Welt übereinstimmen. Seine Normen können nur aus seiner Jüngerschaft abgeleitet werden. Hierauf liegt immer wieder die Betonung in dem, was die Quäker zu sagen haben.
Übermäßige Weltlichkeit ist ebenso zu mißbilligen wie Gleichgültigkeit. Die Freunde sehen in der Welt den Teil der Schöpfung, in dem der Mensch eine sporadische, unvollkommene und keineswegs souveräne Herrschaft über die Natur ausübt. Souveränität ist in der Tradition der politischen Theorie unabdingbar, ungeteilt und absolut. Aber der Mensch ist in bezug auf die Welt nur der zur Rechenschaft verpflichtete Verwalter Gottes und genießt doch gleichzeitig eine höhere Berufung. Er ist, obwohl irdisch, das Gefäß göttlicher Gnade.
Die Welt ist aber auch nicht des Menschen Meister. Er behält seine einzigartige Integrität als das eine Element in der Schöpfung, das Gott

[1] *Journal of George Fox*, ed. J. L. Nickalls (London: Cambridge University Press, 1952) p. 21. *CFP* § 9.
CG bedeutet *„Church Government"*;
CFP bedeutet *„Christian Faith and Practice"*, die zusammen das *Book of Christian Discipline of London Yearly Meeting* (London: Religious Society of Friends', 1959 [CFP], 1968 [CG]) bilden.

nach seinem eigenen Bild geformt hat. Also darf der Mensch sich auch nicht der Welt anpassen, sondern er muß sehen, wie er die Welt den Absichten Gottes anpassen kann. Dies ist des Christen Pflicht; so sehen es, mit unterschiedlicher Klarheit, die meisten Quäker. Weltentsagung war bei ihnen immer die Ausnahme; die weltbejahende Mehrheit der Freunde hat sich immer bemüht, ihre Vision von dem, was sein könnte und sein sollte, in der Welt zu verwirklichen; als ihr Bestes haben die Freunde der Welt eine machtvoll schöpferische Unzufriedenheit gegeben.

Die Vorstellungen der Quäker von der Kirche sind so verschieden und werden so selten ganz deutlich gemacht, daß sie etwas unsicher über ein weites Gebiet des ekklesiologischen Spektrums schweifen. Negativ gesehen ist bei den Quäkern wenig Gegenliebe für die Vorstellung von einer universalen Kirche zu finden – wegen der Gefahr einer groben Verherrlichung –, noch für die protestantisch-reformierte Vorstellung von der Kirche als Gemeinschaft des Neuen Bundes, die so etwas nach Exklusivität schmeckt; auch die Kirche als tausendjähriges Reich der Auserwählten hat hier wenig Befürworter.

Der Begriff der „dienenden Kirche" wird weithin anerkannt. Die Freunde haben sich stets bemüht zu dienen, und bei ihnen gibt es die zusätzliche Anziehungskraft einer festen Sicherung gegen die Auswüchse der Verherrlichung, die andere Kirchen entstellen. Es ist kein Zufall, daß das Gebet des Ignatius von Loyola und das Wort „Christus hat jetzt auf Erden nur deine Hände" bei den Freunden sehr beliebt sind.

Ein weiteres Bild, das besonders beim revolutionären „Untergrund"-Flügel der Kirchen (in England durch *„Catonsville Roadrunners"* vertreten) überall auftaucht, zeigt die Kirche als eine Schar von Freunden, die zusammen wandern, in einer losen und offenen Kameradschaft. Der Straßen *(roads)*, die sie durcheilen *(run)*, sind viele, und die Theologie ist unentwickelt und noch in ihren Anfängen, aber Jesus, dessen revolutionäre Aspekte in Leben und Lehre manchmal bis zur Verzerrung betont werden, ist allen Vorbild, Freund und Wandergefährte.

Dieses Bild hat eine bestimmte Anziehungskraft für die Freunde, da es sich mit der Idee des Suchens verbindet. Die Quäkerbewegung hat schon immer Suchende und Findende umfaßt und diejenigen, die dazwischen verschiedene Stationen entlang der Straße zur Wahrheit erreicht haben. Tatsächlich verstanden sich die Freunde in ihrer ersten Gesamtidentität als „Freunde in der Wahrheit". In ihren Anfängen verdankten sie vieles den „Suchern" aus der Mitte des 17. Jahrhun-

derts im Nordwesten Englands, unter denen George Fox so wirkungsvoll predigte. Daher überrascht es nicht, daß man bei den Freunden eine Vorliebe für Beschreibungen der Kirche findet, welche die suchende, wandernde, pilgernde Natur der christlichen Gemeinschaft betonen. Das stimmt überein mit der oberflächlich gesehen sehr andersartigen „Ekklesiologie" von Robert Barclay, dem hervorragenden Quäkertheologen der zweiten Generation, der feststellte:
„Die Kirche muß angesehen werden als Versammlung einer gewissen Anzahl von Menschen, die Gottes Geist zum Glauben an die wahren christlichen Grund- und Lehrsätze zusammengerufen hat, deren Herzen durch die gleiche Liebe vereint und deren Denken von der gleichen Wahrheit geprägt sind, die sich zusammentun und vereinigen, um auf Gott zu warten, ihn zu verehren und gemeinsam Zeugnis abzulegen für die Wahrheit gegen den Irrglauben, und die bereit sind, dafür Leiden auf sich zu nehmen. Durch diese Gemeinschaft werden sie in gewisser Beziehung wie eine Familie und ein Haushalt, und jeder von ihnen wacht über den anderen, lehrt, unterrichtet und sorgt für ihn, je nach den verschiedenen Kräften und Fähigkeiten."[2]
In dieser Darlegung betont Barclay die Aktion. In der gottesdienstlichen Zusammenkunft, im Warten auf Gott, Anbetung, Lehre, Fürsorge und nicht zuletzt im Leiden wird das Wesen der in Gottes Geist Versammelten sichtbar. Barclay sieht in dieser Aufzählung merkwürdigerweise einige der hervorragenden freiwilligen Dienstleistungen der Quäker voraus.
Nun ist die suchende, anbetende, Zeugnis ablegende und dienende Kirche nicht nur eine Körperschaft, die für ihre eigenen Zwecke eingerichtet wurde. Sie hat noch eine andere Bestimmung: sie soll als Vorbild für die Welt dienen in den zwischenmenschlichen Beziehungen, die im Mikrokosmos diejenige Struktur bilden, die dem christlichen Ideal für das Gefüge weltlicher Wechselwirkungen am nächsten kommt. Dies ist eine hohe Doktrin der Kirche, und die Quäker haben sie nicht ohne Bedenken aufgenommen. Doch hat sie in mancher Beziehung als mächtiger Antrieb für die Quäkertätigkeit in der Welt gedient.
Es gibt eine merkliche Ambivalenz in der Haltung der Quäker gegenüber der Struktur der „Religiösen Gesellschaft der Freunde". Für George Fox waren die Umrißlinien kirchlicher Leitung, die er zwischen 1660 und 1680 einführte, als die Gesellschaft organisatorisch

[2] Robert Barclay, *Apology for the True Christian Divinity* (London, 1678) p. 183. *CFP* § 185.

Gestalt gewann, Offenbarungen, die er als den gottgegebenen Beginn der „Ordnung aus dem Evangelium“ auffaßte, die Gott für sein Volk wünscht. Später wurden der gesunde Menschenverstand und die weise Voraussicht im Quäkersystem kirchlicher Leitung vielleicht um ihrer selbst willen ebenso gewürdigt wie wegen George Fox; bis auf den heutigen Tag gibt es wenig Anzeichen irgendeiner Bindung an das System wegen seiner Eigenschaft als „Ordnung aus dem Evangelium“, sondern eher den Verdacht des „Ekklesiastizismus“, der, wenn auch unangebracht, der Gesellschaft nicht dabei geholfen hat, sich in ihrem institutionellen Rahmen wohl zu fühlen. Das ist zu bedauern. Es gibt Züge in der kirchlichen Leitung der Quäkerbewegung, die einfach zu positiv sind, um im Namen einer vorgeblichen Freiheit von institutioneller Behinderung unter den Scheffel gestellt zu werden. Einer dieser Züge ist das harmonische Gleichgewicht zwischen der Eigenständigkeit des einzelnen und der Autorität der Gruppe. Dieses ist übrigens nie leicht zu erreichen gewesen und wurde auch manchmal nicht erreicht. Aber die Freunde haben sehr wohl gezeigt, wie fruchtbare Beziehungen zwischen einzelnen und den Gruppen, denen sie angehören, im Dienst an der Welt eingesetzt werden können. Der institutionelle Mechanismus des Quäkerunternehmens ist wichtig für diesen Vorgang, und er wird gründlicher in einem späteren Abschnitt dieses Kapitels geprüft werden.

Die erste Folgerung aus der oben aufgestellten ekklesiologischen Doktrin ist, daß eine Struktur nicht von den darin enthaltenen Werten getrennt werden kann. Wenn diese Werte als von Gott eingesetzt aufgefaßt werden, ist es viel wichtiger, daß die Struktur sie widerspiegelt und fördert mit möglichst geringer Behinderung durch die in Institutionen fixierten Unvollkommenheiten des menschlichen Charakters.

Die zweite Folgerung verlangt, daß die Kirche, die im Mikrokosmos das christliche Ideal verwirklicht hat, ihr Bestes tun sollte, um ihre Einsichten zu institutioneller Realität im Makrokosmos der Welt zu bringen.

So heben die Quäker den Wert der menschlichen Persönlichkeit hervor, und sie bestehen darauf, die Lebensbedingungen zu schaffen, in denen diese Persönlichkeit gedeihen kann. Das ist auf Nichtquäker und Nichtchristen ebenso gut anwendbar wie auf Quäker. Genauer gesagt kann der Glaube der Quäker an die Gleichstellung von Mann und Frau (wenn die Gesellschaft sie auch in mancher Hinsicht nur unzureichend in die Praxis umsetzt) offenbar in weltliche Begriffe übertragen und dort zur Verfolgung besonderer grundsätzlicher Ziele be-

nutzt werden. Je besser das von der Gesellschaft gegebene Beispiel ist, um so stärker wird ihre moralische Stellung in der Förderung und Erweiterung einer Gleichstellung, die sie bereits praktiziert.
Gerade die Ungeduld vieler Freunde mit überlebten institutionellen Formen gibt den Schlüssel zu einem charakteristischen Zug der Quäkeraktion in Weltproblemen. Immer gibt es da eine Betonung der inneren Beschaffenheit erstrebenswerter Beziehungen – Freundschaft, Gleichstellung, Verantwortung –, nicht ihrer äußeren Form, die als Mittel zum Zweck angesehen wird. Dies gibt der Quäkeraktion eine gewisse Erfindungs- und Anpassungsfähigkeit innerhalb der Strukturen, in denen sie wirkt und die sie zu entwickeln sucht. Ein bekannter Historiker der Quäkerbewegung, William Charles Braithwaite, schrieb 1905:
„Organisation ist ein guter Diener, aber ein schlechter Herr; die lebendige Gemeinschaft innerhalb der Kirche muß frei bleiben, um die Organisation in diejenigen neuen Formen bringen zu können, die von ihrem eigenen Wachstum und den wechselnden Nöten der Zeit gefordert werden. Wo es diese Freiheit nicht gibt, wird das Leben der Kirche wie von schlecht passenden Kleidern beengt, und ihr Dienst an der Welt wird im Wachstum gehindert oder gelähmt.“ [3]
Die Kirche als Dienende, als Pilgerin, als Gemeinschaft Suchender – sie ist ein Mikrokosmos guter Beziehungen: alle tragen auf ihre Weise dazu bei, den Weg der Quäkeraktion zu inspirieren und zu lenken.
Die Eschatologie der Quäker hat einen spezifischeren Einfluß als ihre Gedanken über die Welt oder über die Kirche. Sie hat das Friedenszeugnis der Freunde in seinen Ursprüngen unmittelbar beeinflußt und seinen besonderen Charakter bestimmt, unter den vielen Traditionen des Pazifismus, die man jetzt inner- und außerhalb der christlichen Kirche findet. Doch hat sie, wie ich glaube, die anderen Hauptformen der Quäkeraktion in der Welt nicht bedeutsam geformt.
Quäkereschatologie ist begründet im Bewußtsein von George Fox und den ersten Freunden, daß sie durch das Rettungswerk Jesu verwandelte Menschen wurden. Sie erfuhren eine besondere Freiheit, die Freiheit des getreuen Jüngers im Gehorsam. George Fox drückte diese subjektive Erfahrung in seiner bekannten dreigestuften Geschichtssicht aus. Die Stufen bestehen mehr im geistigen Abenteuer des Menschen, als in Elementen einer Kosmologie: der Mensch vor dem Sündenfall, der gefallene und der erlöste Mensch, „erhoben in jenen

[3] William Charles Braithwaite, *Memoir and Papers* (London, 1931) p. 118. *CFP* § 317.

Stand", wie Fox sagte, „in dem Adam war, bevor er fiel, und in einen noch höheren Stand, denjenigen Christi, der niemals gefallen ist".[4] Diese Doktrin von der möglichen Vervollkommnung des durch Christus erlösten Menschen machte Fox unbeliebt bei zeitgenössischen puritanischen Vertretern der Lehre von der ewigen Verdammnis. Sicher hatte sie ihre Gefahren. Sie konnte zu geistigem Hochmut führen und tat dies manchmal auch, im äußersten Fall sogar zu dem messianischen Wahn von James Nayler. Trotz dieser Gefahren zeigte sie sich aber im ganzen von Vorteil für die neue „Religiöse Gesellschaft". Aus der Überzeugung, daß die Kenntnis der Wahrheit und ihre befreiende Macht sie in den Zustand der Unschuld vor dem Sündenfall zurückgeführt hatte, kam eine Kraft, die sie befähigte, die von den ethischen Folgen dieser Überzeugung untrennbaren Schwierigkeiten und Leiden hinzunehmen.

Die ersten Quäker waren aber keine Chiliasten in dem Sinn, in dem das Wort auf Sekten – vor allem im England des 17. Jahrhunderts – angewendet wird, die eine frühe Vollendung von Gottes tausendjährigem Reich der Glückseligkeit auf Erden erwarteten. Das Reich Gottes war in der Sicht der Freunde rein geistig, und weltliche Königreiche brauchten nicht gestürzt zu werden, um seine Existenz in der Seele der Menschen zu verwirklichen.

Die frühen Quäker lebten im Bewußtsein, daß die Wahrheit, die sie beharrlich als ein wirksames, in Jesu personifiziertes Prinzip betrachteten, eine tatsächliche Macht auf Erden sei. „Christus", so sagten sie, „ist gekommen, um sein Volk selbst zu lehren." Aber sie übertrieben diese ungeheure Behauptung nicht bis zum chiliastischen Exzeß. Sie teilten die Ansicht von der chronologischen Dualität, welche die Eschatologie der ersten Christen beseelte und die von Oscar Cullmann so ausgedrückt wurde: „Die Gegenwart ist schon Erfüllung, aber noch nicht Vollendung."[5]

„Die Überzeugung, daß das Ende der Zeiten schon begonnen hat, daß aber die Vollendung noch aussteht, diese Spannung zwischen ‚schon erfüllt' und ‚noch nicht vollendet' ist keineswegs ein Widerspruch in der ursprünglichen christlichen Eschatologie, sondern eher ein wesentlicher Teil davon."[6]

[4] Hugh Doncaster, „Early Quaker Thought on ‚That State in which Adam was before he Fell'", *Journal of the Friends' Historical Society*, XLI (1949) pp. 13–24.

[5] Oscar Cullmann, *The State in the New Testament*, revised edition (London: SCM Press, 1963) p. 69.

[6] Cullmann, *op. cit.*, p. 66.

Nicht weniger wesentlich war diese Spannung für die Eschatologie der ersten Quäker, und der Glaube, daß in Christus alle Dinge zusammenstimmen, half ihnen, freudig in der Spannung zwischen einer bereits verwirklichten und einer zukünftigen Eschatologie zu leben und die Ankunft vom Reich Gottes zu verkünden, das sowohl jetzt in der Zeit wirksam ist, als auch am Ende der Zeiten vollendet werden soll. George Fox' Lieblingsgleichnis vom Samen = Christus ist einer der Schlüssel zu dieser chronologischen Dualität.

Die aus dieser chronologischen Dualität entstandene Eschatologie könnte man eine „verkündigte" Eschatologie nennen. Außerdem ist sie ihrem Wesen nach von Grund auf dialektisch. Diese Dialektik zeichnet den Weg der Quäkeraktion in der Welt vor und erinnert die Freunde ständig an die Herausforderung des schon erfüllten Gottesreichs, wenn der Blick in den augenblicklichen Verhältnissen zu tief sinkt; aber sie ruft den Freunden ebenso den unvollkommenen Zustand der Welt ins Bewußtsein, wenn die Versuchung aufkommt, an Vollkommenheit zu glauben.

Die verkündigte Eschatologie der Freunde mit der ihr innewohnenden Dialektik hat sie in den Stand gesetzt, *in* der Welt zu leben, aber nicht *von* ihr. Sie ist das grundsätzliche theologische Korrelat zum ursprünglichen Friedensbekenntnis der Freunde, und die Verwirrung, die über die Art und Weise entstanden ist, wie die Quäker dieses Bekenntnis halten und auslegen, kann weitgehend auf den Verlust dieses eschatologischen Bewußtseins zurückgeführt werden.[7] Man kann Beweise hierfür finden in der jetzigen Erneuerungsbewegung junger amerikanischer Quäker, wo „revolutionäre Treue" wieder stark im Vordergrund steht, und in der Wiedererweckung des frühen Quäkerbegriffs (der auch schon vor ihnen bestand) vom „Krieg des Lammes" kann man einen eschatologischen Nachdruck finden, der aus der radikalen Reformation Europas im 16. Jahrhundert stammt. Der Vorgang ist dialektisch insofern, als die Reaktion der jungen Amerikaner eine Antithese zur konventionellen Orthodoxie der weniger „revolutionären" Quäker darstellen kann, in der die Hervorhebung einer Erfüllung der Betonung einer Vor-Vollendung gegenübersteht. Wir wissen nicht, welche Synthese man finden wird.

[7] Nicholas A. Sims, „Innocents Abroad? A Quaker Theory of ‚Peace' and ‚International Relations' Contested", *The Friends' Quarterly*, XVI. 6 (April 1969) pp. 278–287.

1. Der Geist, der zur vollen Wahrheit führt

Wir haben einige Quellen der Quäkeraktion in der Welt untersucht, wie man sie in der Auffassung der Freunde von Welt, Kirche und Zeitenende finden kann. Die treibende Kraft, welche diese drei – Welttheologie, Ekklesiologie und Eschatologie – verbindet und sie verwandelt in wirkliche Tat aus „innerem Anliegen", ist der Heilige Geist Gottes.

Die Quäker haben den Geist Gottes, ebenso wie andere Christen, als Licht und als Kraft erfahren. Als Licht erscheint er gemäß dem Versprechen Jesu, uns zur vollen Wahrheit zu führen. Er zeigt uns, was recht und was unrecht ist. „Derjenige, in dem der Geist Gottes wohnt, trägt ihn nicht in sich als ein lässiges, stummes, nutzloses Ding; sondern er bewegt, treibt, regiert, fördert ihn und lehrt ihn alle Dinge, die er wissen muß: ja, er bringt ihm alle Dinge ins Gedächtnis." [8]

Als Kraft kommt er manchmal zu uns wie ein mächtig dahinstürmender Wind, der alles vor sich hertreibt; dann wieder kommt er als eine sanfte, beruhigende Stimme, um uns in unserem selbstgewählten Tun zu stärken. Die Erfahrung, welche die Freunde als einzelne und als Gruppe mit dem Geist Gottes gemacht haben, ist die feste Grundlage der Quäkeraktion in der Welt, wie ihm auch ein Ehrenplatz in den Ratschlägen gegeben wird, welche die Freunde sich gegenseitig erteilen:

„Achtet, liebe Freunde, auf die Eingebungen der Liebe und der Wahrheit in euren Herzen, sie sind die Führung Gottes. Widersetzt euch nicht seinem Streben in euch. Sein Licht zeigt uns unsere Finsternis und führt zur wahren Reue. Gottes Liebe zieht uns zu ihm hin, eine erlösende Liebe, von Jesus Christus in seinem Leben und am Kreuze gezeigt. Er ist der Weg, die Wahrheit und das Leben. Als seine Schüler sind wir aufgerufen, in der Lebendigkeit und Kraft seines Geistes zu leben." [9]

Ob die Freunde den Geist bewußt als „kommend vom Vater und dem Sohn" aufgefaßt haben, ist zweifelhaft, weil die Identifizierung Gottes mit Jesus und des Geistes mit ihnen beiden für die ersten Quäker so vertraut und gewiß war, wie sie es auch heute für die meisten (wenn nicht alle) ist, daß jede Betonung einer Doktrin der Dreieinigkeit überflüssig wurde. Der dreieinige Gott ist für manche eine bedeutungsvolle Wirklichkeit, für andere bedeutungslos, aber die Ge-

[8] Barclay, *op. cit.*, p. 24. *CFP* § 180.

[9] *CG* § 702 (i).

sellschaft als ganze ist den Kontroversen entgangen, die mit dem Gegensatz von trinitarischen und unitarischen, aber auch verschiedener Doktrinen der Dreieinigkeit verbunden sind.

Von diesem Geist Gottes sprach James Nayler auf seinem Totenbett, nachdem man ihn 1660 beraubt und gefesselt in einem Feld gefunden hatte:

„Der Geist, den ich fühle, findet Freude daran, nichts Böses zu tun, noch irgendein Unrecht zu rächen, sondern daran, alles zu erdulden, in der Hoffnung, am Ende des Seinigen teilhaftig zu werden ... Wenn er verraten wird, erträgt er es, denn sein Grund und Ursprung ist die Gnade und Vergebung Gottes. Seine Krone ist Sanftmut, sein Leben ewig dauernde, aufrichtige Liebe." [10]

Die Freunde reden von diesem Geist, wenn sie für sich in Anspruch nehmen, daß sie Licht von Gott empfangen, um sehen zu können, was er getan haben würde, und die Kraft, es in seinem Geist zu tun.

Nicht alle Freunde würden in dieser Weise sprechen. Für einige kann der Geist nicht in Persönlichkeitsbegriffe gefaßt werden: die Identifizierung des Geistes mit Gott ist für sie eine Art Einschränkung seiner allumfassenden Eigenschaft. Für andere bedeutet: den Geist mit „ewig dauernder, aufrichtiger Liebe" auszustatten, ihn sich in der höchsten Wesenskategorie vorzustellen, die sie kennen. So gibt es unter den Freunden erhebliche Verschiedenheiten der Begriffe, die von Außenstehenden als geistige Verschwommenheit oder schamloser Irrglaube angesehen werden könnten, die aber von den Freunden geduldet werden, da sie die Auffassung des einzelnen von der göttlichen Wirksamkeit in der Welt und in Herz und Geist der Menschen ausdrücken.

Die Tatsache, daß spekulative Wahrheiten von Christen anderer Überzeugung zur Bedingung christlicher Gemeinschaft gemacht wurden, hat die Freunde betrübt und eine allgemeine Bindung an die konfessionelle Grundlage des Ökumenischen Rats der Kirchen unmöglich gemacht. Kanadische und viele amerikanische Quäker nehmen voll am Rat teil durch die *„Friends' General Conference"* und *„Friends' United Meeting"* (beides Verbindungen gleichgesinnter Jahresversammlungen der Freunde in den USA) und durch die kanadische Jahresversammlung. Die 80 000 Freunde außerhalb Nordamerikas und viele Freunde in den USA, deren Jahresversammlungen und Vereinigungen nicht in den *„Friends' General Conference"* oder *„Friends' United Meeting"* zusammengefaßt sind, genießen nur Beobachterstatus in ihren Be-

[10] James Nayler, *A Collection of Sundry Books, Epistles and Papers* (1716) S. 696. *CFP* § 25.

ziehungen zum Ökumenischen Rat, die vom *„Friends' World Committee for Consultation"* überwacht werden.

Diese Situation hat die Freunde aber bestimmt nicht von ökumenischer Aktion im Dienst für die Welt zurückgehalten. Zum Beispiel wurde die Hilfsaktion des Nahöstlichen Christlichen Rates nach dem arabisch-israelischen Krieg im Juni 1967 durch einen Exekutivsekretär in Beirut koordiniert: Yoon Gu Lee, ein Quäker aus Süd-Korea. Der Ökumenische Rat selbst hat seit seiner Gründung in seinem Genfer Stab einen Quäker in verantwortlicher Stellung. Freunde dienen neben Mitgliedern anderer Kirchen in ökumenischen Angelegenheiten, manchmal in weltlichen Organisationen, manchmal in nationalen Kirchenräten, wo die Abneigung der meisten Quäkergruppen, ihre Mitglieder durch korporativen Beitritt einer lehrmäßigen Basis zu überantworten, keine Rolle spielt. Hier, in der Aktion, suchen und finden die Freunde christliche Einigkeit, die „niemals in Gleichförmigkeit von Gedanke und Meinung bestand noch je bestehen wird, sondern nur in christlicher Liebe".[11]

Etwa die gleiche Erklärung kann man für die Fähigkeit der Freunde anführen, an gemeinsamen Aufgaben im gemeinsamen Anliegen zu arbeiten, wenn sie auch nicht immer ganz einig in Gedanken und Meinung sind. „Im Anliegen" zu arbeiten, hat eine besondere Bedeutung für die Quäker. Ein Anliegen in diesem besonderen Sinn ist ein Ruf zum Dienst, den der treue Jünger Christi nicht ablehnen kann. Wenn er im Anliegen arbeitet, fühlt er sich mehr als Ausführender von Gottes Absichten, denn als Handelnder nach eigenem Willen. Seine Freiheit ist die Freiheit der Sklaven Christi, wie Paulus in seinem großartigen Paradoxon sagt.

Das Wort „Anliegen" ist in der Geschichte der Quäker so abgenutzt worden, daß man es kaum in einer Darlegung ihrer Aktion in der Welt benutzen mag. Wir müssen es aber benutzen, denn es ist das hauptsächliche begriffliche Bindeglied zwischen der Erkenntnis der Freunde vom Drängen des Geistes und der praktischen Ausführung der ihnen aufgedrängten Aktion.

Dieses Wort ist auch ein Schlüssel zum Verständnis dafür, wie es den Freunden gelungen ist, die Ansprüche des einzelnen und der Gruppe in einen allgemein harmonischen Gleichklang zu bringen. Hier ist eine Dialektik am Werk, die durch die Arbeitsweise der Quäker bei der Prüfung und Förderung von Anliegen überzeugend gezeigt wird.

1949 definierte Roger Wilson, der im Zweiten Weltkrieg Generalsekre-

[11] Thomas Story, *Discourse at Horslydown* (1737). *CFP* § 221.

tär des Quäkerhilfsdienstes gewesen war und danach Professor für *Education and Social Development* an der Universität Bristol wurde, „Anliegen" wie folgt:

„‚Anliegen' ist ein Wort, das durch übermäßigen allgemeinen Gebrauch unter den Freunden eine Neigung zur Abwertung zeigt, so daß es allzuoft dazu gebraucht wird, nur ein starkes Verlangen zu bemänteln. Das wahre ‚Anliegen' kommt als eine Gabe von Gott, eine Führung seines Geistes, die nicht abgelehnt werden kann. Es wird nicht dadurch sanktioniert, daß es sich bei näherer Prüfung als vernünftiges Tun erweist – obgleich es das im allgemeinen ist –, sondern dadurch, daß der einzelne (und wenn sein Anliegen von der Versammlung geteilt und übernommen wird, dann auch die Versammlung) aus innerer Erfahrung weiß, daß hier etwas ist, was der Herr getan hätte, ganz gleich, wie dunkel der Weg, wie unsicher die Mittel für die menschliche Wahrnehmung sein mögen. Oft werden Aktionsvorschläge gemacht, die vernünftig scheinen, aber während die Versammlung auf Gott wartet, wird klar, daß das Vorgetragene nicht ausreicht für ein ‚Anliegen'."[12]

Der Quäker erkennt eine bestimmte Verpflichtung an, nicht stets nach seiner eigenen Verantwortung zu handeln, sondern gelegentlich etwas, das er als ein Anliegen betrachtet, vor diejenige Gruppe von Freunden zu bringen, die dafür am geeignetsten erscheint. In den meisten Fällen ist das die örtliche oder die Bezirksversammlung; in einigen Fällen wird es eine nationale Gruppe oder ein spezialisiertes Komitee der Gesellschaft sein. Versammlungen für kirchliche Angelegenheiten, wie man sie allgemein kennt, sind dazu da, um unter anderem zu entscheiden, was ein echtes Anliegen ist.

„Wir kommen zusammen zum gemeinsamen Gottesdienst, zum Hirtenamt an unseren Mitgliedern, zur nötigen Verwaltungsarbeit, zur ruhigen Überlegung von Angelegenheiten gemeinsamen Anliegens, zur Prüfung persönlicher Anliegen, die man uns vorträgt, und um uns gegenseitig besser kennenzulernen in ewigen wie in zeitlichen Dingen ... Das Ziel unserer Versammlungen für kirchliche Angelegenheiten ist es, gemeinsam den Weg zur Wahrheit zu suchen, den Willen Gottes in dem zu Entscheidenden, denn wir glauben, daß jegliche Tätigkeit im Leben Seinem Willen unterworfen ist."[13]

Dieser Glaube ist nicht blind. Die Freunde glauben, daß richtige Ent-

[12] Roger C. Wilson, *Authority, Leadership and Concern: Swarthmore Lecture* 1949 (London: Allen & Unwin, 1949) pp. 12–13. *CFP* § 363.
[13] *CG* § 712, 715.

scheidungen auf diese Weise erreicht werden können, weil sie dies dreihundert Jahre lang erfahren haben. Die meisten, wenn nicht alle, würden zugeben, daß Gottes Wille gesucht und gefunden werden kann; daß Gottes Wille in jeder Lage die „Wahrheit“ ist; und daß es Pflicht der Freunde ist, sich durch Gottes Geist oder den Geist der Liebe, wie einige sagen würden, zur Wahrheit führen zu lassen. Diese Wahrheit umgreift in der Quäkertradition, und umfassender noch in der ganzen christlichen Kultur, verschiedene Kategorien: sie ist sowohl ein aktives Prinzip als auch eine Eigenschaft der Dinge, und sie wird sowohl in die Tat umgesetzt als auch wahrgenommen. Die Freunde fragen sich nicht mehr wie früher gegenseitig, wie die Wahrheit gedeiht, aber die Wahrheit ist für sie immer noch viel mehr als bloße Wahrhaftigkeit. Für die meisten werden die in dem Begriff enthaltenen philosophischen Probleme durch seine Identifizierung mit Gott gelöst. Gott als die Wahrheit ist transzendent und immanent. Er ist letzte Wirklichkeit und der Grund des Seins, und er ist in der Mitte seiner Jünger anwesend. Der immanente Gott ist die Wahrheit, die durch gläubiges Warten entdeckt werden und der man durch Vertrauen in die treibende Kraft seiner Gnade folgen soll.

Vieles in den Berichten über Quäkeraktion in der Welt zeigt, wie die Dialektik des einzelnen und der Gruppe in richtiges Erkennen des Anliegens aufgelöst wird. Das ist nicht immer leicht. Manchmal hat die Gruppe einen einzelnen jahrelang warten lassen, bevor sein Anliegen schließlich angenommen und geteilt wurde. John Woolmans Anliegen, die Sklaverei auszurotten, war eine beschämende Zeitspanne lang eine einsame Überzeugung, aber endlich wurde es zur Grundlage eines mächtigen gemeinsamen Anliegens, das über die Abschaffung der Sklaverei in Amerika hinaus weiterwirkte, den Kampf gegen die Sklavenhalterei in versteckteren Gegenden der Welt zu beleben – ein Kampf, der unter merklicher Beteiligung der Freunde bis zum heutigen Tag fortdauert – und den Streit für Rassengerechtigkeit und gute Beziehungen in den Gemeinden mit einer besonderen Leidenschaft zu beseelen, die John Woolman viel verdankt.

Im „Anliegen“ antworten die Freunde auf Gottes Ruf in unendlich verschiedener Weise. Das „Anliegen“ schickt sie zu den fernen Teilen der Erde, und es hält sie zu Hause in scheinbar unwichtigen Beschäftigungen, die durch ihr Gefühl der Berufung und ihre Treue gegenüber den Forderungen des Geistes zu Glanz und Fülle gebracht werden.

II. Die Freunde und die politische Aktion

In der Geschichte des Quäkertums kann man eine Unterschiedlichkeit in der Haltung gegenüber der Regierung entdecken, die man als Unterscheidung zwischen Politik und öffentlicher Verwaltung bezeichnen könnte. Allgemein kann man sagen, daß die Freunde meist eine Teilnahme an der letzteren vorziehen und denjenigen aus ihrem Kreis ihre Zustimmung geben, die die Verwaltungsarbeit als ihr Gebiet im Dienst an der Gemeinschaft wählen. Demgegenüber neigt die Politik, mit ihrem offeneren Machtkampf und ihrem offeneren Wettstreit um knappe Mittel, nicht dazu, eine charakteristische Berufung für die Freunde darzustellen. Es gibt zwar Freunde, die Erfolg und Ruhm in der Politik erlangt haben, aber sie sind Ausnahmen.

Diese beiden Arten der Haltung kann man auf die ersten Jahre der Quäkerbewegung in England zurückverfolgen. Die Ältesten von Balby stellten bei ihrer Versammlung 1656[14] fest, „daß, wenn jemand aufgerufen wird, dem Commonwealth in irgendeiner öffentlichen Tätigkeit zu dienen, die zum öffentlichen Wohl und Vorteil ist, er es fröhlich tun und in Gläubigkeit Gott anheimgeben soll".[15] Dies war der Anfang der bemerkenswerten Liste öffentlicher Tätigkeit von Freunden in der nationalen und lokalen Regierung vieler Länder.

Drei Jahre später, als das Commonwealth sich auflöste und ein Heer von unzufriedenen Soldaten und Politikern um das Erbe des toten *Lord Protectors* Oliver Cromwell stritt, wurden auch die Freunde von der allgemeinen Verwirrung ergriffen. Einige traten sogar in die Reihen der kämpfenden Männer. Edward Burrough, der 26jährige Schäfer aus Westmorland, dessen Tod im Gefängnis vier Jahre später die junge Bewegung einer bedeutenden und zeitlosen prophetischen Stimme berauben sollte, sah sich gezwungen festzustellen, daß christliche Werte im öffentlichen Leben Parteienbündnissen in der politischen Arena entgegenstehen. Seine Worte klingen wahr für die Freunde durch die Jahrhunderte:

„Wir sind nicht für Namen, noch für Männer, noch für Regierungstitel, noch sind wir für diese oder gegen jene Partei . . ., sondern wir sind für Gerechtigkeit und Gnade und Wahrheit und Frieden und

[14] England war „*Commonwealth* und Republik" von 1649–1660. Im Jahre 1656 stand es immer noch unter der gemeinsamen Autorität des Parlaments und des Reichsverwesers.

[15] *CFP* § 580.

wahre Freiheit, daß diese in unserem Volk hochgehalten werden, und daß Güte, Rechtschaffenheit, Milde, Mäßigung, Friede und Einigkeit mit Gott und untereinander, daß diese Dinge üppig gedeihen mögen." [16]

Edward Burroughs Erklärung „An die jetzt so verwirrte und zerbrochene Nation" Englands war keine Aufforderung zur Unverantwortlichkeit: er rief keine Pest auf all ihre Häuser herab. Seine für die Freunde charakteristische Einstellung besagte, daß Werte wichtiger sind als Etikettierungen und daß man politische Unterstützung nur nach genauer Prüfung geben sollte.

In bezug auf politische Betätigung stehen die beiden berühmtesten Politiker des 17. Jahrhunderts, die gleichzeitig Quäker waren, in starkem Gegensatz zueinander. John Lilburne war ein „Nivellierer" und seiner Zeit im politischen Denken weit voraus. Die „Nivellierer" wurden mit Recht als eine radikale Drohung für den König und auch für die bürgerliche Opposition aufgefaßt, und die Armee der neuerlich triumphierenden Bourgeoisie war es, die sie im Massaker von Burford 1649 niedermähte. Diese tapfere kleine Schar, die sich sogar an die Bildung von Arbeiter- und Soldatenräten wagte (bis 1917/1918 war dann nichts mehr davon zu sehen), wurde vernichtet, und diejenigen ihrer Anhänger, die den Kugeln von Cromwells Männern entkamen, gingen ihre eigenen Wege. John Lilburne wurde Quäker. Für ihn war das ein bewußter und wohlerwogener Rückzug aus dem tätigen politischen Leben. Es bedeutete den Verzicht auf das Königreich auf Erden, das er niemals für sich, sondern nur für das Volk gesucht hatte, das gewöhnliche Volk, das in den Augen der „Nivellierer" von der eingewanderten normannischen Aristokratie seines Landes und seiner Rechte beraubt worden war.

William Penn, Sohn eines Admirals, von der Universität Oxford wegen Verfassung von Flugblättern ausgeschlossen, zur Quäkerbewegung übergetreten, ein vielseitig begabter Mann, steht John Lilburne gegenüber. Er war nicht nur Gründer von Pennsylvania, sondern auch ein Befürworter internationaler Organisation, der einzige wirklich bedeutende politische Theoretiker, den die Quäkerbewegung je hatte. In seiner 1693 veröffentlichten kleinen Abhandlung „*An Essay Towards the Present and Future Peace of Europe*" (Essay zum gegenwärtigen und künftigen Frieden in Europa) gestand Penn zu, dem „Großen Plan König Heinrichs IV. von Frankreich" (der jetzt allgemein seinem Mini-

[16] Edward Burrough, *The Memorable Works of a Son of Thunder* (1672) p. 604. *CFP* § 579.

ster Sully zugeschrieben wird) Dank zu schulden, ging aber mit der Erörterung internationaler Organisation mehr ins einzelne. Sein Entwurf steht auf der gleichen Linie wie föderalistische Friedensvorschläge, aber er befürwortet mehr kollektive Sicherheit und parlamentarische Diplomatie, als wirklichen Föderalismus. Sein „Europarat" sollte jährlich oder auch nicht so oft zusammenkommen, um „alle zwischen dem einen und dem anderen Herrscher bestehenden Schwierigkeiten, die nicht durch eigene Botschafter bereinigt werden können, ehe die Sitzungen beginnen" zu behandeln. Die Mitglieder sollten sich zusammentun, um ihr gemeinsames Urteil einer abweichenden Minderheit aufzuzwingen. So würde „Europa den für seine gequälten Einwohner so sehr erwünschten und benötigten Frieden ungestört erlangen. Keine Macht in Europa kann willens sein, den Schiedsspruch anzufechten; und daher würde Friede in Europa erwirkt werden und andauern". Sowohl in Einzelheiten als auch in der Zielsetzung trägt Penns geplanter Mechanismus für den internationalen Frieden eine bemerkenswerte Ähnlichkeit mit den Vereinten Nationen, sogar bis zur Form der Tische und der zahlenmäßigen Begrenzung von Diplomaten, die in einer Delegation zuzulassen sind. Seine Ableitung der Grundsätze für internationale Zusammenarbeit aus einer „internen Analogie" zu den Nationalregierungen ist meisterlich, ebenso wie seine Behandlung der Einsprüche gegen und der Gründe für den Krieg.

Was Pennsylvania betrifft, so gehen die Meinungen auseinander über den Erfolg, den seine Pläne dort hatten. Penn sah die Gründung und Regierung der neuen Kolonie als einen „Heiligen Versuch" *(experiment)* an, aber er war zu sehr Politiker, um ihn auf den Klippen utopischer politischer Theorie scheitern zu lassen – er war ein Visionär der Praxis.

Pennsylvania überlebte den Gründer und wurde nur langsam zu einer pluralistischen Gesellschaft, in der auch andere als Quäker an der Regierung teilhatten. Kompromisse wurden unvermeidlich, und schließlich trieb die Notwendigkeit zu solchen Kompromissen die Freunde aus der Regierung der Kolonie. Der Krieg 1756–1763 zwischen den benachbarten Kolonialmächten in Nordamerika, England und Frankreich, gab die Gelegenheit dazu. Es wurde unmöglich, Pennsylvaniens Verpflichtungen als britische Kolonie gegenüber der britischen Kriegsanstrengung mit den Pflichten der pennsylvanischen Quäker Gott gegenüber zu vereinen. Das Friedenszeugnis erlangte die Priorität, und die pennsylvanischen Freunde zogen sich von den Sitzen der Macht zurück.

Die Quäker sind nicht einig in der Moral, die sie aus diesem Ereignis[17] ziehen. Manchen ist es der Beweis für die Überlegenheit der Dinge des Geistes über die Notwendigkeiten des Krieges. Anderen liefert es den Beweis letztlichen Unvermögens der Quäkerpolitiker, wenn sie mit den Realitäten der Macht konfrontiert werden. Seit 1760 haben amerikanische Freunde – mit einer oder zwei bekannten Ausnahmen – keine hohen politischen Ämter mehr innegehabt. Der Quäker Herbert Hoover, der durch seine Hilfsaktionen gegen den Hunger in Deutschland und Rußland nach dem Kriege Ruhm erlangte, hatte das Mißgeschick, während der großen Depression 1929–1931 Präsident der Vereinigten Staaten zu sein; aber wenigstens wurde ihm die Qual erspart, sich zwischen Rücktritt und Krieg entscheiden zu müssen. Dieser Entscheidung sah sich der englische Quäker John Bright während der Dauer seines Ministeramtes gleich zweimal gegenüber, und zweimal trat er zurück (jedesmal mit einer bemerkenswerten Rede): beim Ausbruch des Krieges mit Rußland 1854, und als Protest gegen die Bombardierung Alexandrias 1882. Er und Joseph Pease waren die ersten englischen Freunde, die in das Parlament eintraten, und beiden brachte dieser Schritt ein großes Maß an Kritik von ihren Mitfreunden, die schwere Bedenken dagegen hatten, daß ein Quäker eine parlamentarische Karriere begann. Am Ende wichen diese Zweifel warmem Mitgefühl und Verständnis, was aus dem Bericht über die Monatsversammlung hervorgeht, den die Mitglieder der Gnade Gottes im Leben John Brights widmeten und in dem sie anerkannten: „... daß er sich bemühte, sein Christentum mit sich zu tragen in sein ganzes öffentliches Leben hinein. Sein Ziel war nicht Beliebtheit oder Parteisieg, sondern die Hoffnung, die Sache der Wahrheit und des Rechts, soweit er sie wahrnahm, voranzubringen.“[18]
„Soweit er sie wahrnahm“ – dieser Satz ist entscheidend. John Brights Liberalismus war der Liberalismus seiner Gesellschaftsklasse. Die Praktiken des wirtschaftlichen Liberalismus in der Heimat, Friede im Ausland und freier Handel, der beides verband, brachten den Textilfabrikanten in Nordengland reichen Gewinn, aber sie arbeiteten gegen die Interessen der Bauern und Arbeiter. John Bright stand im Klassenkampf seiner Zeit; er vertrat die Kräfte des Fortschritts und die Kräfte der Ausbeutung, die im viktorianischen England am Werk waren. Sein Problem war das aller Christen in der Politik: wie red-

[17] William Charles Braithwaite, *The Second Period of Quakerism* (London: Headley, 1919) p. 211. *CFP* § 37*.
[18] *CFP* § 72.

lich er auch dem folgte, was er für Gottes Willen ansah und als recht für sein Volk, so formten doch die Struktur der damaligen Situation und die ihm erreichbaren Auswahlmöglichkeiten unvermeidbar seine Begriffe und seine Wertvorstellungen. Wir wollen damit nur sagen, daß der christliche Politiker zwangsläufig andere Interessen, Gruppen- und Klasseninteressen, fördert, auch wenn es ihm gar nicht zum Bewußtsein kommt. Dies zuzugeben heißt nicht, das geistige Werk und das erfolgreiche Fördern einiger christlicher Werte zu leugnen, das Politikern gleichzeitig gelingen kann.

Im Lauf der letzten hundert Jahre ist die Zahl der Freunde im Parlament gestiegen und wieder gefallen. Mit dem liberalen „Erdrutsch" von 1906, der so viele Nonkonformisten in das Unterhaus brachte, wurde der Höhepunkt erreicht. Die allgemeine Richtung hat seitdem weggeführt von einer Vorherrschaft der Liberalen und Unabhängigen unter den Quäkermitgliedern des Parlaments, bis wir in den sechziger Jahren nur vier im Unterhaus finden, zwei Konservative und zwei Labour-Abgeordnete, und einen *Labour-Peer* auf Lebenszeit im Oberhaus. Einige andere Parlamentsmitglieder sind mit den Freunden verbunden, als Besucher der Andachten, durch Heirat oder durch ihren Sanitäts-Kriegsdienst. In der Labour-Regierung von 1964–1970 saßen Minister aus jeder dieser drei Kategorien.

Der Trend, der weg von liberalen und unabhängigen Quäkermitgliedern des Parlaments hin zu Labour und Konservativen führt, läuft parallel zum sich ändernden Muster der Parteienzusammensetzung im Unterhaus selbst. Wichtiger ist aber, daß bei allen parlamentarischen Wahlen der letzten Zeit in England die meisten Quäkerkandidaten für die liberale Partei aufgestellt wurden (alle ohne Erfolg) und daß das Verhältnis der Freunde zu anderen Parlamentariern, obwohl niedriger als im frühen 20. Jahrhundert, immer noch ganz außer jeder Proportion ist gegenüber dem winzigen Anteil der Quäker an der Gesamtbevölkerung.

In der Staats- und Kommunalverwaltung findet man sowohl in beratender als auch offizieller Tätigkeit öfter Quäker als in der parlamentarischen Politik. Auf nationaler Ebene nehmen die Freunde Posten in allen Beamtenrängen ein und haben kürzlich die Gesamtdirektion der Gefängnisverwaltung und das Ministerium für Entwicklung in Übersee bekommen. Im lokalen Bereich des öffentlichen Dienstes geben die Freunde ihr Bestes als Bürgermeister, Ratsherrn und Gemeindebeamte.

Außerhalb Englands und Amerikas gibt es wenig Quäker auf hohen Posten der Politik oder Verwaltung, und das hat soziologische Gründe.

Die Quäkerbewegung ist in der übrigen Welt immer eine kulturelle Randerscheinung geblieben, und ihre Anhänger haben sich dem herrschenden politischen System nie so eng angepaßt. Die Hauptausnahme bei dieser Verallgemeinerung ist Kenia, wo seit der Erlangung der Unabhängigkeit eine Anzahl von Freunden Minister- oder Botschafterrang einnehmen. Man muß auch Burudi Nabwera erwähnen, Kenias ständigen Vertreter bei den Vereinten Nationen, und Benjamin Ngaira, dessen Arbeit als Vorsitzender der *Public Service Commission* bis zu seinem frühzeitigen Tod 1969 hohe Maßstäbe der Integrität und Fähigkeit für die Regierungsträger der jungen Republik gesetzt hat.

Bisher haben wir nur den Beitrag beachtet, den die Freunde durch ihre Teilnahme an der Politik und Verwaltung geleistet oder nicht geleistet haben. Es gibt noch eine andere Seite des Quäkertums in der Politik, und das ist der revolutionäre Zweig, der eine gänzlich neue Lösung der ewigen Fragen menschlicher Regierung, Autorität und Freiheit sucht. Statt Teilhaberschaft heißt die Losung Wettstreit. Dieser Zweig ist meist unsichtbar geblieben. George Fox verabscheute die Anarchie der „*Ranter*“ (Großmäuler), während Edward Burrough[19] der Doktrin des Gehorsams einen festen Platz gab, um die Obrigkeit zu bestätigen, und die Quäker haben durch die Jahrhunderte daran festgehalten – mit unterschiedlichen Vorbehalten.

Die hauptsächlichen Vorbehalte haben sich in bezug auf Krieg, Gleichheit und religiöse Freiheit gezeigt. Die ersten Quäker gerieten in Schwierigkeiten, weil sie sich weigerten, vor Richtern und anderen Standespersonen den Hut zu ziehen, und weil sie ihre vorgesetzten Offiziere in der Armee als ihresgleichen behandelten. Nach der Restauration von Karl II. (1661) faßten die Freunde den festen Entschluß, sich weiterhin nach ihrer eigenen Weise zum Gottesdienst zu versammeln, was ihnen Verfolgungen einbrachte.

Die Heldengeschichte der norwegischen Quäker berichtet von derselben Art Widerstand, um dessentwillen englische Freunde vorher verfolgt worden waren. Die Quäkerbewegung in Norwegen begann 1818, und während des 19. Jahrhunderts kamen dort viele Freunde ins Gefängnis. Ihr Ungehorsam gegen die Staatsgewalt und ihr Widerstand gegen Gesetze, die ihre freie Religionsausübung beschnitten, hat ihnen geholfen, positiv zum Bau einer der freiesten und geachtetsten Demokratien der Welt beizutragen, denn dies wurde Norwegen im 20. Jahrhundert.

[19] Edward Burrough, *A Just and Righteous Plea* (1661). *CFP* § 585.

In England brachten die Freunde einen ähnlichen Beitrag, denn ohne ihren grundsätzlichen Widerstand wäre wahrscheinlich die Unabhängigkeit des Schwurgerichts und das Recht, vor Gericht nur unter Bekräftigung auszusagen, statt einen Eid zu leisten, nie erlangt worden. Das Bekenntnis der Quäker gegen das Schwören wird von den Christen keineswegs umfassend geteilt und hat verschiedentlich zu Verfolgung geführt, trotz seiner in der Heiligen Schrift fest verankerten Grundlage (Brief des Jakobus [20] und Jesu Wort [21]).

Keiner dieser Widerstandskämpfe hätte die ihnen beschiedene Stoßkraft gehabt, wären sie nicht im Zeichen der allgemeinen Achtung der Quäker vor dem Gesetz und ihrer Anerkennung der legitimen Autorität der Obrigkeit geführt worden. Hier gab es eine erkennbare Diskrepanz, die den Regierungsbehörden sehr zu denken gab. Wenn das Gesetz recht hatte, warum sollten dann gesetzestreue loyale Bürger ins Gefängnis gehen, um ihm zu trotzen? Die innere Disziplin und das nüchterne Verhalten der Freunde betonten allgemein diese Diskrepanz und lösten sie in Reformen auf. Wenn die Freunde diesen Weg in Anarchie oder offensichtlicher Aufsässigkeit gegangen wären, ist es unvorstellbar, daß sie Gesetze so wirksam reformiert haben könnten, indem sie ihnen widerstanden.

Es gibt aber Tendenzen, welche die Quäker gern bewußtseins- und gewissensmäßig mit den Kräften der Revolution identifizieren würden, um die Struktur der herrschenden politischen Systeme zu verwerfen, nicht aber sie zu verbessern. Dies ist durch den dritten Hauptvorbehalt zustande gekommen, den die Quäker gegen die Doktrin der Unterwerfung unter die Obrigkeit machen. Die ersten beiden bezogen sich seinerzeit auf Gleichheit und religiöse Freiheit. Beim dritten geht es um den Krieg.

Die Geschichte vom Kriegswiderstand der Freunde, der aus ihrer Weigerung hervorgeht, persönlich zu kämpfen, gehört nicht hierher. Beachtet werden sollte aber, daß im 20. Jahrhundert der Kriegswiderstand das herausragende Thema ist, über das die Staaten und die Freunde sich nicht einigen können, und daher auch der Hauptgrund für Gefängnishaft von Quäkern. Bis etwa 1965 war es charakteristisch für die Freunde, sich gegen den Krieg zu bekennen und, auf die Probe gestellt, ihre Gewissensskrupel gegen das Kämpfen zu Protokoll zu geben oder jede Art von Kriegsdienst zu verweigern, die nicht rein humanitär war.

[20] *Jak.* 5, 12.
[21] *Matth.* 5, 34–37.

Unter den besonderen Umständen des Krieges in Vietnam fanden sich die amerikanischen Freunde aber in der Mitte der sechziger Jahre vor einer weiter gespannten Skala von möglichen Stellungnahmen, als je zuvor in einer Kriegssituation denkbar gewesen wäre. Zum ersten Mal wurde den Quäkern die Möglichkeit gegeben, sich dem Krieg zu widersetzen und den Kriegsanstrengungen ihrer Regierung aktiv entgegenzutreten durch politische oder direkte Aktion. Hierzu standen ihnen Mittel zur Beeinflussung der öffentlichen Verfahrensweisen zur Verfügung, die kein unglücklicher Kriegsdienstverweigerer aus Gewissensgründen hatte, der im Gefängnis saß oder Ersatzdienst leistete.

Von den amerikanischen Freunden, durch ihre Geschichte viel heterogener als diejenigen in anderen Ländern, konnte man kaum erwarten, daß sie sich über dieses Problem einig würden. Einige unterstützten den Krieg, einige duldeten ihn, viele haben ihm widerstanden innerhalb, einige wenige außerhalb des Gesetzes. Aber nicht einmal diese letzte Gruppe hat sich allgemein mit einer wirklich revolutionären Rolle für die Quäker einverstanden erklärt. Es ist möglich, junge Quäker und andere zu verteidigen, die wegen ihrer Weigerung, sich zum Dienst mit der Waffe einziehen zu lassen, zu langen Gefängnisstrafen verurteilt wurden; es ist möglich, zähneknirschend gegen die offizielle Kriegführung anzugehen und auch, gemeinsame Aktionen bürgerlichen Ungehorsams zu organisieren, wie zum Beispiel Hilfssendungen für Nordvietnam; all dies ist möglich, ohne daß man sich selbst im Aufruhr gegen das gesamte Regierungssystem befindet.

Einige Freunde sind jedoch weiter gegangen; zum ersten Mal haben wir eine Quäkergruppe, die bewußt gegen den Staat rebelliert und die Sache der Revolution gegen eine eingesetzte Regierung unterstützt. Dieser Standpunkt wurde nur für diejenigen möglich, welche die Gründe für die Existenz des Staates sehr eng mit seiner Kriegskapazität identifizieren. Wenn man Amerika nicht nur als eine imperialistische Großmacht sieht, sondern *auch* als einen „permanenten Waffenhort“, findet man hier die Rechtfertigung der revolutionären Bestrebungen der revolutionären Quäker. Bisher sind sie auf die USA beschränkt geblieben, aber die Gedanken einer „Quäker-Aktionsgruppe“ aus Philadelphia beginnen nach Europa vorzudringen, vor allem durch die charismatischen Vortragsreisen ihres Mitvorsitzenden George Lakey, der im Ausland die Erneuerungsbewegung unter den heutigen amerikanischen Freunden vertritt.

Der Soziologieprofessor George Lakey, eine Autorität auf dem Gebiet der gewaltlosen *„direct action“*, steht am Schnittpunkt zweier radika-

ler Protestbewegungen: der Bewegung der Kriegsdienstgegner und der Kampagne für Rassengleichheit.
Das Besondere an seinem und seiner Genossen Radikalismus ist die Quäkertradition, die ihn beseelt. Es sind folgende Anliegen: Wiederherstellung der persönlichen Verantwortung, Aktion einzelner mit Unterstützung der Gruppen, Abschaffung des Elitegedankens; so wird aus dieser „Strategie der gewaltlosen Aktion" ein besonderes revolutionäres Programm. Es ist gleichzeitig ein Kind der Zeit, als Antwort auf ein bestimmtes historisches Zusammentreffen von Umständen, und ein Aufblühen des ehrwürdigen Quäkerzeugnisses für die gottgewollte Gleichheit aller Menschen und die Verantwortung jedes einzelnen. Darüber hinaus ist es ein Programm, das „Andachtsgemeinden" für revolutionäre Aktion anzuwerben und damit Religion zu einer lebendigen Kraft zu machen versucht, und christliche Jüngerschaft zu einem Feldzug im Krieg des Lammes gegen das Böse.
Noch nimmt erst eine kleine Minderheit innerhalb der Quäkerbewegung die oben beschriebene Haltung ein, und eine der brennenden Fragen unserer Zeit ist die: Ist revolutionäre Aktion die echte Form, Zeugnis abzulegen für den Glauben in dieser Zeit, und kann eine Quäker-Aktionsgruppe den Prototyp für Quäker-Kollektive der Zukunft darstellen?
Endlich muß ein Wort über diejenigen Freunde gesagt werden, die nicht zwischen dem revolutionären und dem reformatorischen Weg zu wählen haben, weil sie in einem Staat leben, wo Revolution die offizielle Doktrin bedeutet. Es gibt wenig Freunde in revolutionären Ländern, was man, wie meist bei der Verteilung der Quäkerniederlassungen, den Wechselfällen der Geschichte zuschreiben muß. Außer in China, wo die Quäkergruppe den Kontakt mit der Außenwelt verloren hat, sind die hauptsächlichen Beispiele einheimischer Quäkergemeinden in revolutionären Staaten die Freunde in Kuba und Pemba. Letztere, eine kleine Insel an der Ostküste von Afrika, gewann ihre Unabhängigkeit von England als Teil des Sultanats von Sansibar und kam wie die größere Insel durch eine sozialistische Revolution als Vereinigte Republik von Tansania zur Union mit Tanganjika. In Kuba, wo die Revolution schon über zehn Jahre alt ist, scheint die Haltung der Quäker, soweit bekannt, ihr ziemlich geneigt zu sein. Es gibt eine Bestätigung revolutionärer Ziele in der jüngeren Generation kubanischer Freunde, die sich für sie mit der im Quäkerabenteuer des Glaubens enthaltenen Herausforderung verbindet.
Zusammenfassend kann man sagen, daß die Quäkeraktion in der Politik einige Freunde ins Parlament geführt hat (in England haben seit

1833, als Joseph Pease gewählt wurde, siebzig Freunde einen Sitz im Unterhaus gehabt[22]), viele in die öffentliche Verwaltung, viele in die Opposition gegen Regierungen wegen besonderer Fragen und einige wenige – aber eine bedeutsame und wachsende Minderheit – zum revolutionären Protest. „Obwohl es anarchistische und andere abweichende Elemente unter den frühesten Anhängern der Quäkerbewegung gab, sprach sich der Kern fest für die christliche Verantwortung aus, dem Staat zu dienen und zu gehorchen, außer in den Fällen, wo es einen Konflikt mit den Geboten des Gewissens gab. Konflikte dieser Art hat es oft gegeben, und sie haben zu häufiger Verfolgung geführt, aber sie dürfen die grundlegende Haltung der Quäker nicht unklar machen." [23]

III. Die Freunde in der Bildungspolitik und in der sozialen Reform

„Das soziale Bekenntnis der ‚Gesellschaft der Freunde' kam nicht aus irgendeiner doktrinären Theorie der Menschenrechte oder einer gerechten Gesellschaft. Als das lebendige innere Licht Christi für die ersten Anhänger von George Fox Wirklichkeit wurde, eine Kraft, die den Charakter formt und alle Dinge neu macht, fanden sie, daß ... die vielen Formen sozialer Ungerechtigkeit, die sie überall um sich sahen, ‚nach ihrem Leben schlugen' und nicht länger geduldet werden konnten. Aus dieser zentralen Erfahrung heraus suchten sie eine neue Ordnung zwischenmenschlicher Beziehungen in der eintönigen Arbeit für den Lebensunterhalt und in ihren Kontakten mit ihren Arbeitern und Kunden. Das erste soziale Zeugnis war in hohem Grade praktisch und setzte eine neue Norm, der die Freunde in all ihren geschäftlichen Tätigkeiten folgen sollten – eine Qualitätsnorm für die Waren, mit denen man handelte, eine Norm der Fairneß und Rücksichtnahme in ihrem Umgang mit allen Menschen." [24]

Die Praxis anständigen Handels mit festen Preisen war eines der ersten und am leichtesten erreichbaren Teilgebiete sozialer Reform für die Freunde. Ein weiteres, heute noch aktuelles, ist die Bildungsfrage.

Schon in den frühesten Zeiten waren die Quäker darauf bedacht, für

[22] Edward H. Milligan, *Britannica on Quakerism* (London: Friends' Home Service Committee, 1965) p. 24.
[23] Milligan, *op. cit.*, p. 23.
[24] *Friends and the Industrial and Social Order* (1958). *CFP* § 539.

die Ausbildung ihrer Kinder zu sorgen, und 1671 gab es in England 15 Quäkerschulen. Andere wurden bald in Irland und den amerikanischen Kolonien gegründet. Diese Schulen waren für die Quäker im wesentlichen eine interne Angelegenheit: sie waren die privaten Einrichtungen einer kleinen Gesellschaft und wurden durch die Quäkerversammlungen für ihre eigenen jungen Mitglieder unterhalten. Die Theorie und Praxis der Quäker hatte aber doch Einfluß weit über die Grenzen der Gesellschaft hinaus, und dies hat drei Gründe: die allmähliche Ausweitung der Bildungsvorteile der Quäker auf Nicht-Quäker, die von den Freunden eingeführten Neuerungen, die in der Folge weithin aufgenommen wurden, und der hohe Prozentsatz von Quäkern in den Lehrberufen.

Schon 1662 wird berichtet, daß Quäker-Insassen des Gefängnisses von Ilchester in Somerset „eine freie Schule für alle diejenigen einheimischen Jungen errichteten, die kommen wollten, und nach einem Monat wurden 70 Nicht-Quäker in Lesen, Schreiben und Rechnen unterrichtet; der Pfarrer sorgte nach kurzer Zeit dafür, daß diese Tätigkeit ein Ende nahm“.[25] Aber gerade in unserem Jahrhundert werden Schulen, die von der „Gesellschaft der Freunde“ unterhalten werden, von Schülern besucht, die nicht Quäker sind, und diese bilden jetzt die Mehrheit in den neun von Quäkern geführten Internatsschulen in England. Diese Schulen setzen sorgfältig Quäkerwerte in die beste Ausbildungspraxis um, die sie kennen: das Ziel ist nicht, ihre Schüler zu Quäkern zu machen, sondern in jeder Persönlichkeit „das Göttliche“ in der Vorbereitung aufs Leben als Erwachsene so gut wie möglich zu entwickeln. Gemeinschaft wird über Wettbewerbsfähigkeit gestellt, und „es ist das Ideal der Freunde, eine Gemeinschaft zu fördern, in der das Empfindungsvermögen des einzelnen stark sein soll, und die Gemeinschaft, so weit möglich, mit friedlichen und schöpferischen Mitteln aufzubauen“.[26]

Es gibt sehr viele Neuerungen. Am bemerkenswertesten sind in England vielleicht die Reform im Unterricht der klassischen Literatur des 17. Jahrhunderts, die praktische Lehrerausbildung und gemeinschaftliche Internatsschule für Jungen und Mädchen im 18. und naturwissenschaftliche Schulung und Erwachsenenbildung im 19. Jahrhundert. All diese von Freunden eingeführten Neuerungen hatten weitere

[25] Arnold Lloyd, *Quaker Social History 1669–1738* (London: Longmans, 1950) pp. 167–8.

[26] W. A. Campbell Stewart, *Quakers and Education* (London: Epworth Press, 1953) p. 262.

Folgen. Die praktische Lehrerausbildung wurde in der ersten Hälfte des 19. Jahrhunderts allgemein an englischen Schulen ausgeübt.
Nach einem Bericht von 1760, der viel am Niveau und der Zugänglichkeit der privaten Schulen auszusetzen hatte, die damals für die englischen Freunde erreichbar waren, beschloß die Londoner Jahresversammlung, ein neues gemischtes Internat für die weniger begüterten Mitglieder einzurichten, und 1779 wurde die Schule von Ackworth in Yorkshire eröffnet.
„Die gleichwertige Ausbildung von Jungen und Mädchen war ein natürliches Ergebnis der Geschlechtergleichheit in der Quäkerversammlung und in ihrem Wortzeugnis. Das Gemeinschaftsinternat der Quäker war eine einzigartige, wie eine große Familie geführte Einrichtung . . ."[27]
Obgleich sich das Zitat auf amerikanische Quäkerschulen bezieht, ist das allgemeine Muster auch anderswo anwendbar.
Von Anfang an waren die Quäkerschulen praktisch ausgerichtet, und der Unterricht in den Naturwissenschaften wurde gefördert. Bootham, die Quäkerschule für Knaben in York, soll die erste Schule in England gewesen sein, die eine naturwissenschaftliche Gesellschaft zum Studium der Flora und Fauna ins Leben rief.
Die Bewegung für Erwachsenenbildung, eine große Welle öffentlicher Forderung nach weiterer Ausbildung im 19. Jahrhundert, war eng mit den englischen Quäkern verbunden (und sie ist es noch, wenn auch die öffentliche Hand vieles an sich gerissen hat), und viele kamen dadurch zur „Gesellschaft der Freunde". Ein Quäkerratschlag sagt, „daß die volle Entwicklung von Gottes Gaben, worin die wahre Bildung besteht, durch das ganze Leben weitergeführt werden sollte, und ihre Vorrechte sollten von allen geteilt werden".[28]
Das Problem der bevorzugten Ausbildung ist für die Freunde schwierig. In England haben die neun übriggebliebenen Quäkerschulen nur eine Minderheit von Quäkerpersonal und -schülern. Sie können daher nicht mit einer erwünschten „getrennten" Erziehung für Quäkerkinder verteidigt werden – das war der ursprüngliche Anlaß zur Errichtung von Schulen der Freunde. Andererseits leisten sie keinen klaren Beitrag mehr zur Ausbildung auf nationaler Ebene durch Versuche und Neuerungen, da sie hierin längst von den „fortschrittlichen" unabhängigen Schulen übertroffen werden und von der Vorhut (wenn auch keineswegs vom Gros) des von Zuschüssen abhängigen Sektors.

[27] Howard Brinton, *Friends for 300 Years* (London: Allen & Unwin, 1953) [p. 150.
[28] *CG* § 702 (iii).

Unter dem Druck öffentlicher Maßnahmen haben sich einige von ihnen mit diesem Sektor geeinigt und nehmen Schüler auf, für die örtliche Behörden zahlen. Aber alle sind sie näher zusammengerückt unter der Leitung des *Friends' Education Council* zum gegenseitigen Schutz und zur einheitlichen Haltung gegenüber der Schulaufsichtsbehörde. Hier sind die Freunde dafür, daß die Quäker-Schulen ihre Eigenständigkeit behalten, aber in irgendeiner Weise in die öffentliche Versorgung der Schulen „integriert" werden sollten.

Über den Wert ihrer Schulen und die Berechtigung der Bildungsprivilegien, die sie darstellen, sind die Freunde aber geteilter Meinung. (In Irland, wo es drei Quäkerschulen gibt, und in den USA, wo es viel mehr sind, und dazu noch Colleges und Universitätsinstitute, bedeutet das viel größere Stehvermögen von Schuleinrichtungen, die keiner öffentlichen Kontrolle unterstehen, daß das Problem sich gar nicht stellt, auch in Kenia nicht, wo die Quäkerschulen in den öffentlichen Kulturetat einbezogen sind.) Es ist eine Ironie, daß die Freunde wahrscheinlich gerade durch ihre besondere Fürsorge für unterprivilegierte Kinder im 20. Jahrhundert dafür gesorgt haben, ihren Ruf zu wahren, daß sie sich um öffentliche Erziehungsanliegen und kühne Experimente bemühen, und zwar nicht in den offiziellen Quäkerschulen (obgleich dort ein Anfang gemacht wurde in der Erziehung von Kindern mit Anpassungsschwierigkeiten, in sorgfältig berechnetem Verhältnis zusammen mit ihren „normalen" Gefährten), sondern in Spezialschulen, die von Freunden geführt werden. Diese sorgen verschiedenartig für die geistig Behinderten, solche mit Anpassungsschwierigkeiten, Entwicklungsgestörte und Kinder ohne Angehörige. Beispiele in Europa sind Lindgrev in Norwegen, Aycliffe in England, La Coume in Frankreich und das Kinderheim Holm-Seppensen in Hamburg.

Ein Gebiet muß noch erwähnt werden, auf dem die Freunde, wenn nicht direkt Neuerer, so doch den meisten ihrer Zeitgenossen weit voraus in der Erziehung waren, das ist das Gebiet der Strafe. Das Zutrauen in die körperliche Züchtigung als eines der Hauptmittel, die Ordnung in Quäkerschulen aufrechtzuerhalten, schwand zwischen 1840 und 1850 dahin. Professor Campbell Stewart, heute Vizekanzler der Universität Keele, meint in seinem detaillierten Überblick über die Quäkererziehung, daß, als die Freunde begannen, „körperliche Züchtigung von Kindern als ungeeignete Methode anzusehen, um Konflikte in der Gemeinschaft zu lösen, da seien sie mit diesem Schluß dem übrigen Lande etwa siebzig Jahre voraus gewesen".[29]

[29] Campbell Stewart, *op. cit.*, p. 204.

Neue Ideen und die Tatsache, daß Kinder von Nichtquäkern die Schulen der Freunde besuchen, sind zwei Hauptmittel, mit denen die Freunde die Umwelt durch ihre erzieherische Arbeit beeinflussen. Das dritte Hauptmittel ist der Beitrag, den die einzelnen Freunde leisten, die das Lehren zu ihrem Beruf machten. Wahrscheinlich ist das in den meisten Ländern so, wo Quäker angesiedelt sind, daß sie über ihren Anteil an der Bevölkerung hinaus Lehrer stellen, und besonders in England, wo es zur Zeit 1500 Freunde als Lehrer an Schulen, Colleges und Universitäten gibt. Bei einer Gesamtzahl von Quäkermitgliedern in England (bzw. der Londoner Jahresversammlung) von 18 000 Erwachsenen und 3000 Kindern heißt dies, daß auf zwölf erwachsene Freunde ein Berufslehrer kommt. Der Anteil der Lehrer an den angestellten Freunden muß beträchtlich höher sein, da viele von den 18 000 studieren, eine selbständige Tätigkeit ausüben oder gar nicht mehr arbeiten.

Diese bemerkenswerte Statistik enthält viele Folgerungen für die Soziologie der „Gesellschaft der Freunde". Im Erziehungs- und Ausbildungssystem bedeutet sie aber, daß die Freunde einen viel größeren Beitrag durch die Einrichtungen des öffentlichen Sektors leisten, als durch Quäkerschulen, wo weniger als zehn Prozent Quäkerlehrer arbeiten. Dieser Beitrag wird um so wichtiger, als einzelne Freunde es zu hohen und höchsten Posten bringen, als Schuldirektoren, Universitätsrektoren und Leiter von Lehrerseminaren. Aber der Hauptbeitrag der Quäker zur Gesellschaft wird immer noch vom gewöhnlichen Lehrer im treuen Dienst an der Klasse der Grund-, Mittel- und Oberschule geleistet, und zwar sowohl in der täglichen Arbeit als auch in ihrer Veränderung im Laufe der Zeit, denn man darf die wichtigen sozialen Hebelwirkungen nicht übersehen, welche diese Veränderungen in Erziehung und Ausbildung hervorrufen. Wenn die Freunde sich absichtlich als Stützen der sozialen Reform etablieren wollten, hätten sie kaum eine bessere Stelle wählen können.

Erziehung und Ausbildung nimmt den Ehrenplatz ein wegen ihrer chronologischen Priorität im Bericht vom Einfluß der Freunde auf die Veränderung der Gesellschaft und wegen ihrer zahlenmäßigen Vorherrschaft unter den heutigen Quäkern. Ein anderes Anliegen, das sich spontan aus den frühen persönlichen Erfahrungen der Quäker als einer Gruppe entwickelte, ist die Reform des Strafvollzugs. Die Freunde lernten die Zustände in den Gefängnissen so genau kennen, daß es nicht überrascht, wenn sie als freie Menschen bemüht sind, Härten zu mildern, denen sie selber innerhalb der Gefängnismauern ausgesetzt waren. George Fox schrieb gegen die damals weit verbreitete

Anwendung der Todesstrafe auf viele Arten von Verbrechen. Auch John Bright schalt beredt und oft gegen die Todesstrafe selbst. Als sie 1965 endlich als Bestrafung für Mord in England, Wales und Schottland abgeschafft wurde, verdankte dieser Erfolg der Gegner der Todesstrafe vieles der Unterstützung durch die Quäker; und als es vier Jahre später heftige Versuche gab, das Hängen wieder einzuführen, setzte sich das Komitee der Freunde für Strafsachen in der Londoner Jahresversammlung sehr kräftig und wirksam mit seinen Argumenten dafür ein, bei der Abschaffung zu bleiben.

Die große Persönlichkeit unter den in der Reform des Strafvollzugs tätigen Freunden ist Elizabeth Fry aus Norfolk, die der Furcht um ihre Sicherheit und den Konventionen der Zeit trotzte, indem sie während der ersten Jahrzehnte des 19. Jahrhunderts zu den Frauen in den Londoner Gefängnissen ging. Sie begann diese Arbeit 1810 im Alter von 30 Jahren und brachte eine große geistige Kraft mit, die aus den religiösen Erfahrungen ihrer Jugend floß. Sie erwirkte praktische Neuerungen, darunter die Anfänge von Gefängniswerkstätten und Unterricht für die Kinder der eingesperrten Frauen. Außerdem erreichte sie einen Umschwung in der Haltung der Gefängnisbesucher. 1827 schrieb sie: „Es hängt viel davon ab, in welchem Geist die Besucherin ihre Arbeit beginnt. Sie darf nicht in ihrem Herzen sagen: ‚Ich bin besser als du', sondern sie muß vielmehr in ständiger Erinnerung halten, daß ‚alle gesündigt und sich wider den Ruhm Gottes vergangen haben'."[30]

Seit den Tagen der Elizabeth Fry haben die Freunde das Anliegen für die menschenwürdige Behandlung von Gefangenen als eine Verantwortung lebendig erhalten, für die sie einen besonderen Platz in ihren Herzen haben. Nicht umsonst wird das ständige Vertretungs-Komitee der Londoner Jahresversammlung, in das alle Monatsversammlungen von England, Wales und Schottland Freunde schicken, immer noch das „*Meeting for Sufferings*" (Versammlung für Leiden) genannt. Viele heute lebende Freunde sind im Gefängnis gewesen, im allgemeinen als Kriegsdienstverweigerer *(conscientious objectors)*. Viele andere sind auf verschiedene Weise mit der üblichen privaten Gefangenenfürsorge befaßt: als Gefängnisbesucher oder als Fürsorger für entlassene Sträflinge, oder als Quäkerseelsorger in Strafanstalten und, in einer bezeichnend großen Anzahl für eine so kleine Randgruppe, als berufliche Gefangenen- und Bewährungshelfer.

[30] Elizabeth Fry, *Observations on the Visiting of Female Prisoners* (1827) pp. 21–22. *CFP* § 68.

Aber die Freunde beschäftigt nicht nur die menschenwürdige Behandlung der Häftlinge. Das oben erwähnte Komitee für Strafsachen ist wahrscheinlich außerhalb der „Gesellschaft der Freunde" am besten bekannt geworden wegen seines strittigen Expertenberichts über Haftzentren für jugendliche Straftäter[31], aber es kümmert sich in wachsendem Maß um die fundamentaleren Fragen des Verbrechens und des Verbrechers, einschließlich der möglichen Alternativen zur Inhaftierung der Schuldigen. Dazu gehört die Überzeugung, daß Schuldiggewordene keine besondere Klasse von Nichtbürgern sind, die man aus der normalen Gesellschaft ausschließen muß, sondern „Kinder Gottes", mit der Möglichkeit zum Guten, und das muß von der Gesellschaft unter den günstigsten Bedingungen gehegt und genährt werden.

Im 17. Jahrhundert begannen die Freunde den Handel mit festen Preisen zu praktizieren, der wegen seiner Vorteile das Feilschen als Norm der Kaufs- und Verkaufstransaktionen zu ersetzen anfing. Das war der erste Beitrag der Quäker zur Reform der wirtschaftlichen Beziehungen. Zwei Jahrhunderte später machten die Kakao- und Schokoladehersteller Cadbury und Rowntree mit ihren Familien erste Anstrengungen zur Gründung vorgeplanter Siedlungen für ihre Angestellten und versuchten, Quäkerideale in der Gestaltung der Musterdörfer anzuwenden, die sie in New Earswick, nahe York und in Bournville bei Birmingham bauten. Die Nächstenliebe ging so weit, wie die meisten Quäker-Arbeitgeber gehen wollten: Arbeitermitbestimmung wurde nie beliebt, obgleich das *„Scott-Bader-Commonwealth"*, ein Unternehmen, das vor etwa 20 Jahren in der Nähe von Northampton von einem aus der Schweiz stammenden Quäker gegründet wurde, zeigt, daß Gewinnbeteiligung der Arbeitnehmer und eine halbdemokratische Form der Selbstverwaltung durchaus mit der erfolgreichen Expansion eines (in diesem Falle) Plastikwerks Hand in Hand gehen kann.

Der Erste Weltkrieg gab dem Interesse an einer Quäkerstellungnahme zu den Wirtschaftsbeziehungen großen Auftrieb. Freunde in der Londoner Jahresversammlung, die von der herrschenden Stimmung der Zeit ergriffen wurden und sie mit ihrem traditionellen Idealismus verbanden, machten sich an eine drei Jahre dauernde Studienarbeit, die 1918 einen „Rechenschaftsbericht von acht Grundlagen einer wahren Sozialordnung"[32] erbrachte. Diese Grundlagen verkörpern ein

[31] Penal Affairs Committee (London Yearly Meeting), *Detention Centres* (London: Friends' Home Service Committee, 1969).

charakteristisches Anliegen der Quäker für die rechte Beschaffenheit von Beziehungen, die nicht spezifisch ist für die zur Verwirklichung des Ideals nötigen genauen strukturellen Züge. Die pragmatische Anstrengung, die zu Flexibilität führt, kann aber auch daran schuld sein, daß die Art, wie die „Gesellschaft der Freunde" Hauptfragen der wirtschaftlichen und sozialen Ordnung angeht, indem sie die wirklich nötigen politischen Entscheidungen vermeidet, abgewertet wird. Es genügt kaum, auf diese Anschuldigung zu antworten, daß die „Gesellschaft der Freunde" eine religiöse, nicht aber eine politische Gesellschaft ist. Geht sie den wirklich schwierigen Entscheidungen aus dem Weg?

Auf dem Gebiet der geistig-seelischen Gesundheit finden wir die Quäker wieder damit beschäftigt, die Beschaffenheit der zwischenmenschlichen Beziehungen zu verbessern. *„The Retreat"* in York wurde 1792 von dem Quäker William Tuke gegründet in bewußter Abkehr von der herrschenden Praxis, die Geistesgestörten einzusperren. Das Anketten der Insassen war verboten, und anstelle der unpersönlichen Atmosphäre, ja manchmal Brutalität in den früheren „Tollhäusern" bemühten sich die Tukes, in *„the Retreat"* so etwas wie ein Familienleben nachzubilden. Dies war im damaligen England ein tapferer Schritt vorwärts. Ohne den Glauben der Quäker an den „göttlichen Funken", der in jedem Menschen – wenn auch noch so gehemmt – schlummert, immer bereit zu erwachen, wäre *„the Retreat"* nicht möglich gewesen.

Die Freunde kümmerten sich um bessere Behandlung, im Sinne der Heilbehandlung, und im Sinne der Unterbringungsbedingungen. Hier ist die hervorragendste Neuerung, die den Quäkern zugeschrieben werden kann, die Beschäftigungstherapie: der Versuch: die geistigen Störungen der Patienten durch schöpferische Aufgaben, die ihren besonderen Fähigkeiten angepaßt sind, zu heilen oder wenigstens zu lindern. Beschäftigungstherapie soll zuerst von Freunden im Pennsylvania Hospital eingeführt worden sein, das 1756 von Quäkern aus Philadelphia mit Hilfe von Benjamin Franklin gegründet wurde. Ein amerikanischer Geschichtsschreiber, der über Nervenkrankenhäuser berichtet, sagt: „Es war die erste Einrichtung, wo Heilung das Grundprinzip in der Behandlung Geistesgestörter war, nicht nur Haft und Repression."[33]

[32] London Yearly Meeting 1918, Minute 69. *CFP* § 540*.

[33] A. Deutsch, *The Mentally Ill in America*, p. 58, zitiert von Brinton, *op. cit.*, p. 154.

Später bewirkte *„the Retreat"* die Gründung von zwei neuen Heimen in den USA auf dem Tuke-Prinzip einer „moralischen Führung". Die Freunde kümmern sich auch weiterhin um die Pflege der Geisteskranken, und es wurden Institutionen entwickelt, die imstande sein sollten, die Nöte der Zeit zu bewältigen. William Tuke konnte nicht vorhersehen, daß 1970 *„the Retreat"* drogensüchtigen jungen Leuten Hilfe und Heilbehandlung durch Spezialisten gewähren würde, zusätzlich zur Versorgung Schizophrener, Manisch-Depressiver und anderer häufiger Opfer des anstrengenden Wettbewerbsbetriebes in unserem modernen Leben.
Die Freunde leisten auch weniger dramatische Beiträge zu anderen Heil- und Vorsorgediensten als Teil ihres „Anliegens" für die volle Verwirklichung menschlicher Möglichkeiten, das heißt Hilfe bei der Beseitigung äußerer Nachteile – körperliche oder geistige Krankheiten, soziale Benachteiligung, Familienschwierigkeiten –, die so leicht das Göttliche in jedem Menschen verdecken und fast ersticken können. So gibt es eine deutliche Linie in der Berufung der Quäker zu den Berufen der „persönlichen Dienstleistungen", und es wird in der Tat angenommen, daß diese den größten Teil beruflich tätiger Freunde in England beanspruchen, nach den Bildungsberufen, die ja in einigen Aspekten selber „persönliche Dienstleistungen" sind. Das gleiche Muster trifft wahrscheinlich für viele Quäkergruppen außerhalb Englands zu. Einige werden Ärzte, Krankenschwestern, Physiotherapeuten, Sprach- oder Beschäftigungstherapeuten; andere gehen in die Kinder- oder Familienfürsorge oder die Eheberatung, andere in die psychiatrische oder allgemeine Sozialfürsorge; wieder andere versuchen, besonders in den letzten Jahren, das Grundproblem der Wohnungsnot dadurch zu bekämpfen, daß sie auf der Basis von Quäkerversammlungen oder wirtschaftlichen bzw. weltlichen Gruppen Wohngemeinschaften bilden, welche die Knappheit an passenden billigen Unterbringungsmöglichkeiten vaterloser Familien, entlassener Häftlinge, Einwanderer, älterer Menschen und anderer Schichten beheben sollen, die den Wechselfällen der städtischen Siedlungssysteme und Eigentumsverhältnisse besonders hilflos gegenüberstehen.
Wohngemeinschaften bilden erst die neueste Welle von Organisationen aus der Initiative der Freunde gegen eine spürbare soziale Not. Der *„Family Service Unit"* aus den vierziger Jahren – ursprünglich im Osten Londons von Pazifisten gebildet, die im Zweiten Weltkrieg ihren Ersatzdienst leisteten – ist zu einer großen weltlichen Zentrale der Familienfürsorge in den großen Städten Englands geworden. In den sechziger Jahren gab es die Aktionsgruppe für Kinderhilfe *(Child*

Poverty Action Group), eine der wirksamsten englischen Nothilfeorganisationen zur Unterstützung von Hilflosen, die von einzelnen Freunden in Verbindung mit führenden Sozialforschern gegründet wurde, deren Untersuchungen über das Zustandekommen der Armut und ihre Auswirkungen auf junge Familien weitgehend durch einen Quäkerstiftungsfonds finanziert worden waren.
Man kann Beispiele für vergleichbare Bemühungen, soziale Probleme zu lösen, in vielen anderen Ländern finden. Am nächsten stehen uns das Quäkernachbarschaftszentrum in Köln, die Quäkerherberge für westafrikanische Studenten in Paris und das gemeinschaftliche Versöhnungswerk der Freunde in Irland, das in den Gebieten arbeitet, die am schlimmsten durch den Konfessionsstreit auseinandergerissen wurden. Sie alle kämpfen auf verschiedene Weise gegen die besonderen Nöte ihrer Umgebung und ihrer Zeit.
In diesem Abschnitt muß noch ein sehr bedeutsames Gebiet der Quäkerarbeit für soziale Reformen betrachtet werden. Das ist das schon lange bestehende Anliegen der Freunde für rassische Eintracht und Gleichberechtigung. Nur die Hauptzüge dieses in der Geschichte begründeten Anliegens können hier nachgezeichnet werden.
Die frühe Quäkerdoktrin von der „heidnischen Gottesauffassung“, die in Juden und Türken das gleiche, auch die Seele des Christen erhellende Licht erkannte, machte die Quäker geneigt, die volle Menschlichkeit nicht-christlicher Rassen vielleicht bereitwilliger anzuerkennen als andere Christen, denen restriktive Ansichten über den Geisteszustand derer im Wege stehen, die außerhalb des christlichen Glaubens leben. Sicherlich stand die Praxis des „fairen Handels“ von William Penn und anderen Freunden gegenüber den Indianern im Kontrast zu den allgemein feindlichen Beziehungen zwischen Weiß und Rot. Schon 1688 protestierten die deutschen Quäker in Pennsylvania gegen die Sklaverei, und 1711 erließ die „Gesetzgebende Versammlung von Pennsylvania“ eine Bestimmung gegen den Import von Negern, aber diese Bestimmung wurde von der Regierung in London nicht genehmigt. Nach der Erlangung der Unabhängigkeit war Pennsylvania der erste Staat der Union, der die Sklaverei abschaffte. Das geschah 1780, als die Freunde nicht mehr die Zügel der Regierung in Philadelphia in der Hand hatten, aber der Einfluß, den die Quäker im frühen 18. Jahrhundert hatten, half mit, diese Pioniertat der Verselbständigung zu ermöglichen.[34]
In England waren die ersten Anführer der Gesellschaft gegen die

[34] Brinton, *op. cit.*, p. 147.

Sklaverei meist Quäker, und die Londoner Jahresversammlung von 1822 richtete folgende Erklärung an die „Einwohner Europas“: „Die Beweisgründe des Christen sind, wie die Religion, aus der sie stammen, schlicht und einfach, aber sie sind in sich unbesiegbar. Das Evangelium unseres Herrn Jesu Christi ist ein Gebäude aus Frieden, Liebe, Gnade und gutem Willen. Der Sklavenhandel ist ein System von Betrug und Menschenraub, von Gewalt und Grausamkeit ... Was moralisch falsch ist, kann nicht politisch richtig sein.“ [35]

Dem Kampf für die Abschaffung der Sklaverei in den USA folgte ein fortlaufendes Bildungsprogramm (das tatsächlich schon viel früher begonnen hatte) für Indianer und Neger, und im gegenwärtigen Jahrhundert ein zunehmendes Maß an sozialer Arbeit und Gemeinschaftsaktion, wobei man politischem Druck keineswegs ausweicht, so daß der wahre Sinn der Freiheit in Begriffen von wirtschaftlicher und sozialer Gleichberechtigung verwirklicht werden kann. Das *American Friends' Service Committee* hilft dabei, Geld und Freiwillige in Negergebiete einzuschleusen, und Negerquäker tauchen von Zeit zu Zeit als Führer in der Bürgerrechtsbewegung auf, wie Bayard Rustin und Julian Bond. Die Jahresversammlungen des amerikanischen Quäkertums sind jedoch alle in der Mehrheit von Weißen getragen und sehen sich, wie die anderen vorherrschend weißen Kirchen Amerikas, der Herausforderung durch die Reparationsansprüche der Farbigen gegenübergestellt.

In England spielt das Anliegen der Quäker eine große Rolle bei der Erhaltung des Elans der Gesellschaft gegen die Sklaverei. Länger als ein Jahrhundert haben sie nun gegen die Sklaverei außerhalb der britischen Oberherrschaft gekämpft. Das Anliegen für das Wohl nichtweißer Rassen im britischen Empire wurde durch ein Quäkerkomitee zum Schutz eingeborener Rassen vertreten, aus dem das heutige Komitee für Rassenbeziehungen *(Race Relations Committee)* hervorging. Kontraktliche Arbeitsverschickung armer Chinesen und anderer Einwanderer nach Südafrika war nur eine der Praktiken, deren Verbot die Freunde mit einigem Erfolg erstrebten. Im 20. Jahrhundert erkannten die Freunde allmählich die Berechtigung der Forderung nach Unabhängigkeit und traten in einer Versöhnungsgruppe hervor, die Gandhi nahestand, während der *„Round-table“*-Konferenz und anderer Verhandlungen mit der britischen Regierung wegen der Unabhängigkeit für Indien. Sowohl Gandhi als auch ein völlig anderer Senior-Staatsmann der antikolonialen Bewegung, Jomo Kenyatta, hatte mit den englischen

[35] *CFP* § 651.

Quäkern in der Zeit vor der Unabhängigkeit zu tun und fand freundschaftlichen Kontakt bei ihnen.

Die Hauptttätigkeitsgebiete, auf denen das *„Race Relations Committee“* der Londoner Jahresversammlung aktiv wurde, sind die Einwanderung sowie die Rechte und das Wohlergehen der nicht-weißen Bevölkerung (die durchaus nicht nur aus Einwanderern besteht) in England. Es steht unter den nationalen kirchlichen Organisationen in Veröffentlichung und Aktion an erster Stelle und hat sich eine einzigartige Position geschaffen, von der aus das Gespräch mit schwarzen Kampforganisationen und auch mit dem liberalen weißen *„Establishment“* möglich ist. Gemeinschaftsaktion mit Menschen aller Rassen zur Verbesserung sozialer Einrichtungen (Wohnungen, Spielgruppen, Bildungsmöglichkeiten) wird durch das *Race Relations Committee* vom Nachbarschaftshaus der Freunde in Islington, London, ermutigt, wo eine aus vielen Rassen zusammengesetzte Bevölkerung unter beengten Wohnbedingungen und Mangel an Bürgervergünstigungen lebt. Zusätzlich ist das Komitee aktiv in der Verbreitung von Fakten über Einwanderung und über Englands farbige Bevölkerung, mit dem Doppelziel, den Immigranten bei der Einordnung in das britische Leben ohne Mißgeschick zu helfen und den häßlichen Gerüchten und aufgeblasenen Statistiken entgegenzuwirken, von denen der Rassismus lebt.

Im südlichen Afrika gibt es nur sehr wenig Freunde, und sie sind, außer in der Südafrikanischen Republik selbst, über Botswana, Swasiland, Zambia und Simbabwe (Südrhodesien) verstreut. Aber trotz der ungünstigen Umstände und geringen Anzahl geht die Arbeit im Ringen gegen den Rassismus weiter, nicht durch aktiven Kampf, noch weniger mit Waffengewalt, sondern in der Bemühung der Quäker, Schwarz und Weiß zusammenzubringen, vor allem auf dem bäuerlichen Lehrhof in Hlekweni bei Bulawayo (Matabeleland).

IV. Die Quäker und der Friede

Das Zeugnis der Freunde für den Frieden hat sich in drei Stadien entwickelt, und auf jeder Stufe hat die Betonung auf der Notwendigkeit für den Schüler Christi gelegen, Seinem Evangelium der Liebe (wozu das Kreuz und die Auferstehung ebenso gehört wie Seine Lehre) unter allen Umständen treu zu sein. Das erste Lautwerden eines Friedenszeugnisses hatte nichts mit Krieg zwischen Staaten oder der Anwendung von Gewalt im allgemeinen zu tun. Es war einfach die Feststellung einer geistigen Erfahrung und ihrer praktischen Konse-

quenzen, und es war die direkte Folge jener „proklamierten Eschatologie“, die für die ersten Freunde so charakteristisch war und die in einem früheren Abschnitt beschrieben wurde.
George Fox wurde 1651 in Derby von Commonwealth-Bevollmächtigten aufgefordert, einen Kapitänsposten in Cromwells Armee anzunehmen. Es war gerade vor der Schlacht von Worcester, in der Cromwell und das bürgerliche Parlament ihren Sieg über die Königstreuen festigten. Fox antwortete, daß er „in der Kraft jenes Lebens und jener Macht lebe, die jede Gelegenheit zu Kriegen ausschließe“; und als die Bevollmächtigten ihn nicht ernst nehmen wollten, sondern in ihn drangen, ihr Angebot anzunehmen, berichtet Fox: „Ich sagte ihnen, daß ich in den Bund des Friedens aufgenommen sei, der schon war, ehe es Krieg und Hader gab.“ [36]
Der „Bund des Friedens“ stimmt überein mit dem Zustand des Menschen, der von Christus aus dem Sündenfall erlöst wurde, und diese allererste Niederschrift des Quäker-Friedenszeugnisses wurzelt unausrottbar in der Eschatologie von Fox, die, wie wir gesehen haben, des Menschen „Aufstieg“ zum Zustand Adams vor dem Sündenfall verkündet und zum Stande Christi, der nie gefallen ist. Als ihn religiöse Eiferer vier Jahre später in Reading angriffen, erklärte er: „Ich bin in die Macht Gottes und den Samen Christus gekommen, der vor dem Teufel war.“ [37]
„Der Gegenstand taucht immer wieder auf. Der Christus des Neuen Bundes ist gekommen, um sein Volk selbst zu lehren, und dadurch hat er es möglich gemacht, den Sündenfall und den Teufel zu überwinden, so daß diejenigen, die ihm folgen, in die ursprüngliche Gott-Mensch-Beziehung wiedergeboren werden. In einer solchen Beziehung wird kriegerische Haltung unmöglich, weil der Freund, der ‚in der Wahrheit‘ ist, ‚von äußeren Kriegen abgebracht wurde‘. Der Krieg wird als ein Merkmal der Ordnung nach dem Sündenfall aufgefaßt, die für die von neuem Unschuldigen nicht mehr maßgebend ist. Der Friede ist ein Teil der ewig gültigen Moral; er ist untrennbar vom vollen Leben des ewigen Königreiches.“ [38]
Als im Januar 1661 das „harmlose und unschuldige Volk Gottes, Quäker genannt“, seine Erklärung [39] bekanntgab, die allgemein für die erste und maßgebendste gemeinschaftliche Aussage der Freunde über

[36] Journal of George Fox, p. 65. CFP Para. 613.
[37] ibid. p. 212.
[38] Sims, op. cit., p. 284.
[39] CFP. Para. 614.

ihr Friedenszeugnis gehalten wird, war sie an König Karl II. gerichtet, und ihr unmittelbares Ziel war eine Absage der Freunde (durch die Betonung ihrer absoluten Weigerung zu kämpfen) an die Männer der Fünften Monarchie, die in London revoltierten.

„Wir lehnen alle äußeren Kriege, Hader und Kämpfe mit äußeren Waffen für jedes Ziel oder unter jeglichem Vorwand ab. Und dies ist unser Zeugnis für die ganze Welt. Der Geist Christi, der uns führt, ist nicht veränderlich, so daß er uns einmal von einer Sache als einem Übel fortruft und uns ein andermal zu ihr hinführt; und wir wissen bestimmt und bekennen es der Welt, daß der Geist Christi, der uns zur vollen Wahrheit führt, uns niemals zu Kampf und Krieg gegen irgendeinen Menschen mit äußeren Waffen bewegen wird, weder für das Ewige Reich Christi noch für die Königreiche dieser Welt."

Im Jahre 1661 waren die Worte „weder für das Ewige Reich Christi" hochbedeutsam für die Abgrenzung der Quäker-Eschatologie von derjenigen der chiliastischen Sekten, die den bewaffneten Aufstand gegen weltliche Mächte im Namen des Königs Jesu dulden könnten. Aber es ist leicht zu sehen, wie die Erklärung von 1661 zu einer Erklärung des Widerstandes gegen jeden Kampf sowohl *für* die Staatsgewalt als auch *gegen* sie werden konnte.

Im zweiten und dritten Stadium der Entwicklung des Quäker-Friedenszeugnisses wurde es sowohl wesentlich in einer Weigerung ausgedrückt, auf das Verlangen irgendeiner Regierung in zwischenstaatlichen Kriegen zu kämpfen, als auch zunehmend in dem Glauben, daß das Kämpfen nicht nur für die Freunde, sondern daß auch der Krieg an sich unrecht sei. Die erste Entwicklungsstufe bedarf keiner weiteren Erklärung, so wollen wir uns der zweiten zuwenden.

Die ersten Freunde vertrauten genügend auf ihre Erneuerung aus dem geistigen Stand des Menschen im Sündenfall, um einen Unterschied zu machen zwischen dem Verhalten, das von ihnen als den „von neuem Unschuldigen" gefordert wurde, und den auf die übrigen Menschen anwendbaren ethischen Normen, die noch nicht von weltlicher Unvollkommenheit und weltlicher Verantwortlichkeit frei waren. In bezug auf Krieg und Frieden bedeutete dies, wie Robert Barclay in der *„Apology"* sagte, daß wir von denjenigen, „die sich noch im Zwischenstadium befinden ..., während sie in dieser Verfassung sind, nicht sagen sollen, daß ein für eine gerechte Sache geführter Krieg vollkommen ungesetzlich für sie sei". Der einschränkende Satz „während sie in dieser Verfassung sind" (dem Zwischenstadium zwischen dem Menschen im Sündenfall und dem vom Sündenfall erlösten Menschen) weist in eine Zukunft, in der die Weigerung, für die Reiche dieser Welt oder für das Ewige Reich Gottes zu kämpfen, nicht mehr eine Verpflichtung nur für eine Minderheit sein wird, sondern für alle Menschen gleich natürlich und unausweichbar, da sie alle zur Wahrheit kommen.

Als jedoch die scharfen Linien von Fox' Eschatologie sich zu verwischen begannen und die Freunde eine weniger absolute Unterscheidung zwischen ihrem eigenen geistigen Stand und dem der anderen zogen, wurde auch die ethische Trennung weniger auffallend.

Das Friedensbekenntnis der Freunde gewann gleichzeitig allmählich eine Form, die dem modernen Pazifismus näher steht: ein starker moralischer Drang, den Krieg zu beseitigen, bestimmte Kriege zu vermeiden oder zu beenden, in dem Glauben, daß der Krieg menschliche Beziehungen zerstört und mit Gottes Willen unvereinbar ist.

Man darf aber nicht denken, daß das Friedenszeugnis der Freunde ganz einfach dem Pazifismus gleichzusetzen ist. Es gibt bedeutsame Unterschiede. Zum ersten halten durchaus nicht alle Freunde das Friedenszeugnis für Pazifismus. Keine Quäkergruppe hat jemals als Ganzes den Krieg oder die Teilnahme von Freunden daran unterstützt. Die Achtung, die man der göttlichen Führung des einzelnen zollt, führt aber dazu, daß zur „Gesellschaft der Freunde" Mitglieder gehören, die den Pazifismus nicht als die ihnen gemäße Haltung betrachten und die es sogar richtig finden, selber zu kämpfen. Zudem gibt es jetzt unter der großen Anzahl von Freunden außerhalb Europas viele, für welche die Bedeutung des Friedensproblems sehr gering ist. Innerhalb Europas, wo die Einheitlichkeit der Freunde im ganzen gesehen mehr hervortritt und der Pazifismus noch die Quäkerregel ist, die für die „Gesellschaft der Freunde" und für ihr Bild in der Öffentlichkeit von hoher Wichtigkeit ist, wird der Pazifismus dennoch in sehr unterschiedlicher Weise verstanden, zum Unbehagen derjenigen, die es gern sähen, wenn alle Freunde einem bestimmten weltlichen oder religiösen Pazifismus nachstrebten.

Der zweite Unterschied ist, daß das Friedenszeugnis der Quäker nichts von der logischen Selbständigkeit des weltlichen Pazifismus hat. Es ist in sich selbst unvollständig: es ist kein Glaubensbekenntnis, aus dem, wie aus einem Bekenntnis ethischer Gewaltlosigkeit, Richtlinien für das Handeln in allen Lebensgebieten fließen. Im Gegenteil, es begann und besteht weiter „als ein Zeugnis für das christliche Leben, das, unter anderen Dingen, friedfertig ist".[40] Abgetrennt vom christlichen

[40] ibid., p. 288. L. Hugh Doncaster, *The Roots of our Peace Testimony, The Friends' Quarterly,* XVI. 6 (April 1969).

Glauben wird es so leblos wie ein von seinem Stengel geschnittener Schößling, sobald der Saft des Evangeliums nicht mehr in ihm pulst. Das Quäker-Friedenszeugnis beruht nicht auf optimistischem menschlichen Selbstvertrauen, sondern auf der Überzeugung, daß Gott allgegenwärtig ist, um seine treuen Diener zu erleuchten und zu stärken, selbst in den Tiefen menschlicher Ratlosigkeit.

In dem Maß, wie das Friedenszeugnis sich ausbreitete, wurde die wiedergewonnene erste Betonung der Unschuld mit ihrer großartigen Einfachheit und ihren weniger bewundernswerten Folgerungen geistiger Überlegenheit schwächer, allgemeiner und weniger subjektiv. Beweisführungen traten in den Vordergrund. Hugh Doncaster gab dreien den Ehrenplatz: „Ich sehe drei hauptsächliche sich ergänzende Möglichkeiten, die in jeder Generation fortlaufend gültig bleiben, obgleich die Betonung schwankt.“[41] Es sind: der Glaube, daß das Licht Gottes in jedem Menschen scheint, das Beispiel von Leben und Tod Christi und das Bewußtsein einströmender Kraft durch die religiöse Gotteserfahrung.

In diesem Jahrhundert bedeutet die Veränderung der Theologie innerhalb der „Gesellschaft der Freunde“, daß für einige von ihnen, nicht für alle, andere Beweisführungen in den Vordergrund getreten sind. Mystische und synkretistische, bibelgläubige und evangelisch eingestellte Freunde, ganz zu schweigen von vielen Quäkern, deren Theologie eine mehr oder weniger abgeschwächte Form von liberalem Protestantismus ist, sie alle haben ihre eigenen besonderen Gründe, eine pazifistische Haltung einzunehmen, zusätzlich zu den allgemeinen und subjektiven Gründen, die schon aufgezählt wurden als anwendbar auf die meisten Quäker, wie immer ihr theologischer Standpunkt sein mag.

Aus dieser Veränderlichkeit einer an sich schon sehr undogmatischen Sammlung von Glaubensrichtungen entsteht die Schwierigkeit, eine heute gültige Auslegung des Friedenszeugnisses zu definieren, wie es von der „Religiösen Gesellschaft der Freunde“ gegeben wird. 1969 wurde eine aus vielen Blickwinkeln interessante Übersicht über dieses Gebiet als besonderes Doppelheft von *„The Friedens' Quarterly“* durch ein Dutzend (hauptsächlich britischer) Freunde herausgegeben. Richenda Scott nahm sie in ihren Leitartikel auf und kommentierte:
„Als eine der ersten Tatsachen taucht sehr deutlich aus den folgenden Seiten auf, daß keiner unserer Mitarbeiter für sich in Anspruch nimmt, leichte und fertige Antworten für die Schwierigkeiten zu ge-

[41] ibid., p. 289.

ben, die aus dem Friedenszeugnis entstehen. Wir bemerken statt dessen ernstes Suchen, nicht in Blindheit und Verwirrung, sondern konzentriert und zielbewußt." [42]

Einer der ermutigendsten Züge dieses großen Suchens ist die „Rückkehr zu den ersten Grundsätzen", das erneuerte Interesse an der Doktrin vom Krieg des Lammes und anderen frühen Quäkervorstellungen. Diese Bewegung ist nicht nur deshalb ermutigend, weil sie das Friedenszeugnis zu erneuern und neu zu definieren sucht, sowohl im Licht seiner Ursprünge als auch gleichzeitig der heutigen Gegebenheiten inner- und außerhalb der „Gesellschaft der Freunde". Die Bewegung ist auch deshalb zu begrüßen, weil sie das Zeugnis von den Außenbezirken des Quäkertums in seinen geistigen Mittelpunkt zurückführt – nicht als Mittelpunkt an sich, sondern als Ergebnis der von den Quäkern erfahrenen Liebe und Wahrheit in diesem Mittelpunkt. Eine solche Rückkehr von den Außenbezirken bekämpft kräftig die ständige Neigung zu einer bestimmten ethischen Aufspaltung, wie man es genannt hat. Wenn ethische Aufspaltung eintritt, werden die Quäkerzeugnisse, die in Wahrheit untrennbar sind von geistiger Erfahrung, in wachsendem Maße als selbständige Elemente angesehen und damit entweder zum Status freiwilliger Sonderleistungen reduziert oder fälschlich zu Glaubenshöhepunkten erhoben. Dieser Vorgang bedeutet den Tod für das Friedenszeugnis.

Die Weigerung, Waffen zu tragen, ist nur der unmittelbarste und die Einzelpersönlichkeit fordernde Teil des praktischen Tuns, zu dem sich die Freunde in der Treue zum Friedensfürsten aufgerufen fühlen. Das Friedensgelöbnis wird auch in manch anderer Weise erfüllt. Es hat zum Beispiel drei Hauptbewegungen im Quäker-„Anliegen" hervorgerufen: Hilfe für Gebiete, die unter den Verheerungen durch Krieg oder Armut leiden, Stärkung internationaler Friedensorganisationen und Übertragung gewaltloser Aktion in das tägliche Leben. Diese Bewegungen sind in anderen Kapiteln dieses Aufsatzes behandelt worden und brauchen hier nicht rekapituliert zu werden.

V. Lösung innerer Spannungen

Wir haben die Quäkeraktion in der Welt von ihren Wurzeln im Quäkerglauben bis zu einigen hervorstechenden Manifestationen in der Praxis verfolgt. Auf diesem Weg haben wir einige Werte geprüft,

[42] *The Friends' Quarterly* XVl. 6. (April 1969) Editorial. p. 241.

die in der Quäkeraktion zutage gebracht werden, und einige Unterschiede in der Art und Weise, wie die Freunde das ausführen, was ihnen, wie sie fühlen, als „Anliegen" auferlegt wurde. Zum Abschluß dieses Kapitels wollen wir noch einen Rückblick auf einige Merkmale der Quäkeraktion in der Welt tun.

Brinton definiert vier „Soziale Grunddoktrinen": er erklärt, daß der Quäkerhilfsdienst (gemeint ist die Arbeit in der Hilfe für Kriegsopfer, Entwicklungshilfe usw. durch persönlichen Dienst unter Quäkerleitung) alle vier Doktrinen in Aktion zeigt.

„Er zeigt *Gemeinschaft,* denn er bemüht sich, die ganze menschliche Rasse in einem Gemeinwesen zu einen, in dem alle gegenseitig voneinander abhängig sind; er zeigt *Gleichheit* in seiner Unparteilichkeit; er zeigt *Einfachheit* in dem von seinen Mitarbeitern verlangten Lebensstandard; und er zeigt *Harmonie* durch sein Hauptziel – die Förderung des Friedens." [43]

Gemeinschaft, Gleichheit, Einfachheit und Harmonie – inwieweit können sie als Grundsteine sozialer Aktion behandelt werden?

Richenda Scott schrieb über das gesamte soziale Zeugnis und Anliegen der Freunde:

„... das Anliegen für Gerechtigkeit in den Beziehungen zwischen Einzelnen und Völkern, für die Überwindung der Armut, für Frieden und Toleranz, geistig und politisch, für die Aufrechterhaltung gesetzlicher Regelung gegen körperliche oder geistige Gewalt." [44]

Es wird aber niemand leugnen wollen, daß innerhalb der Quäkerbewegung innere Spannungen existieren. Es gibt sie zwischen den Aktivisten in der Sozialreform und den Beschaulichen, welche „die Stille im Lande genießen" möchten; zwischen dem Konformisten aus Temperament, der die Stabilität und Solidität der „Gesellschaft der Freunde" betonen möchte; dem Nonkonformisten aus Temperament, der den Nachdruck lieber auf ihre Mißlichkeiten und harten Kanten legen will; und nicht zuletzt zwischen jenen Phantasiewesen, die man als „Absolutisten" und „Relativisten" bezeichnet.

All dies bewahrt das Quäkertum in einem gewissen Gleichgewicht, das zerstört würde, wenn die „Gesellschaft der Freunde" endgültig in das reformistische oder revolutionäre Lager zöge.

Im allgemeinen werden diese Spannungen durch eine den Quäkern eigentümliche Verbindung von Theologie und Soziologie gelöst. Die Theologie ist das gläubige Warten auf Gottes Willen im Gehorsam

[43] Howard Brinton, op. cit. p. 174.

[44] *The Friends' Quarterly* XVl. 6. (April 1969) Editorial. p. 241.

gegen seinen Geist, der den Freunden anbefohlen ist, und in der Achtung vor dem Licht Gottes in jedem einzelnen, so daß man nicht danach strebt, irgend jemanden zu behindern oder zu beherrschen. Die Soziologie ist der hohe Wert, der auf Übereinstimmung als Gruppenziel gelegt wird, und die verhältnismäßig homogene Zusammensetzung der meisten Quäkergruppen in Beziehung zu Normen der Erwartung und des Verhaltens.

Die letzte Beobachtung ist strittig. Die Freunde sind stolz darauf, daß sie dem einzelnen so großes Gewicht zuerkennen, und betrachten sich nicht als leichte Beute für die Wünsche irgendwelcher Gruppen. Für weltliche Gruppen trifft dies wahrscheinlich zu. Aber im Zusammenhang von Quäkergruppen untereinander gibt es einen hochbedeutsamen Unterschied: das Wirken des Heiligen Geistes bringt die im Gottesdienst Versammelten in Übereinstimmung mit dem Willen Gottes und dadurch – und nur dadurch – in eine tiefere Einheit, als sie in normalen sozialen Wechselbeziehungen zu erhoffen wäre. Das ist die göttliche Synthese, in der sich auch die äußerste Spannung zwischen der moralischen Selbständigkeit des einzelnen Quäkers und der Gruppenautorität löst.

So kommen wir zurück zum Heiligen Geist als dem Ferment, in dem sich die Spannung zwischen einzelnen und Gruppen auf ideale Weise in eine echt schöpferische Beziehung wandelt, die für alle, die damit in Berührung kommen, segensreich ist. Ich sage auf ideale Weise, weil die Freunde, da sie Menschen und damit fehlbar sind, oft nicht zu jenem Niveau der Empfänglichkeit für die göttliche Führung gelangen, auf dem man die wahre Einheit im Befolgen des Willens Gottes findet. „Wenn die Menschen im Quäkertum unserer Tage ‚einen neuen Lebensbereich voll Hoffnung für die Zukunft‘ sehen sollen, so wird es darauf ankommen, daß die Freunde hier und jetzt auf die derzeitigen Eingebungen des Heiligen Geistes achten und ihnen folgen ... Geführt von Christus, würde es den Freunden gegeben, die liebevolle Weisheit Gottes in den Angelegenheiten der Menschen zu erkennen und dann zu bezeugen.“ [45]

[45] Committee on Christian Relationships of London Yearly Meeting, *The Holy Spirit and the Church* (London: Friends' Home Service Committee, 1955) p. 20.

Kapitel III

DIE VERKÜNDUNG DER QUÄKER-BOTSCHAFT DIE ENTWICKLUNG DES MISSIONARISCHEN UND INTERNATIONALEN DIENSTES

Winifred White

I.

Was die Freunde für die Verbreitung des Evangeliums getan haben, so wie sie es verstanden und auslegten, fällt in drei Hauptphasen. Zunächst ist da die Zeit, als individuelle Freunde, vielleicht auch Gruppen von zwei oder drei zusammen, entweder in Großbritannien oder auch im Ausland auf Reisen gingen, wenn sie sich von Gott unmißverständlich dazu berufen fühlten, um anderen Menschen von dem inneren Reichtum, den sie hatten erfahren dürfen, etwas mitzuteilen. Diese Reisen führten sie in viele seltsame Gegenden, von den Bahamas und Antigua in Mittelamerika bis zur afrikanischen Küste Marokkos, von den Zinnbergwerken in Cornwall und den Gefängnissen von Newgate in London und von Spandau in Berlin bis zu den Höfen von Potsdam und St. Petersburg, von Wirtshäusern in irischen Dörfern oder in Hertfordshire bis zu den einsamen Bewohnern der russischen Steppe, die von der orthodoxen Kirche abgefallen waren. Aber niemand bemühte sich, diese Anliegen weiter zu verfolgen oder dauernde Kontakte zu formen, und zwischen Missionsarbeit im eigenen Land und solcher in fremden Ländern wurde wenig Unterschied gemacht.

Stephen Grellet etwa, der französische Emigrant, der Quäker geworden war, und sein enger Freund und Kamerad, der Apotheker William Allen, reisten in den ersten Jahrzehnten des 19. Jahrhunderts zusammen durch ganz Europa von Skandinavien bis zum Schwarzen Meer. Beide drängten auf Reformen in der Gefangenenbehandlung in den Ländern, welche sie besuchten, auf die Förderung des Schulwesens unter Kindern aus armen Familien, und sie predigten über Gottes Liebe und Gnade, von der Hoffnung auf Erlösung in Christus vor allerlei Gruppen und Einzelgängern, denen sie begegneten, vom Reichsten bis zum Ärmsten im Lande.

Hannah Kilham (1774–1832), von Haus aus anglikanisch, Witwe eines Methodistenpredigers, trat der „Gesellschaft der Freunde“ nach dem Tod ihres Gatten bei. Sie war eine erfahrene Lehrerin und sprachbegabt und sehr darauf erpicht, die Abschaffung der Sklaverei durchgeführt zu sehen, um einer neuen Generation freier Afrikaner ein besseres Leben zu ermöglichen. Sie schrieb Schulbücher für die afrikanischen Kinder von Sierra Leone, wo der Sklavenhandel zurückging und man damals annahm, die europäischen Siedler würden der Ausbildung afrikanischer Kinder gegenüber eine freundliche Haltung einnehmen. Als ihre Bücher fertig waren, gewann Hannah die Überzeugung, sie sollte damit selber hinausgehen und dafür sorgen, daß Schulen gegründet würden. Sie wollte auch eine geschriebene Form für diese Sprachen finden oder erfinden, um die notwendigen Hilfsmittel für den Unterricht bereitzustellen. Sie wollte auch nicht nur säkulare Erziehung einführen, sondern „ich ging“, wie sie schrieb, „dann einen Schritt weiter und sorgte für religiöse Unterweisung für die Kinder, denn mein Herz fühlte sich ihnen gegenüber engagiert, in einer Weise, der ich unmöglich aus der Ferne hätte gerecht werden können.“

Einzelne Freunde, die mit ihrem Anliegen sympathisierten, spendeten Gelder für Hannah Kilhams Unkosten und für ihre drei Begleiterinnen, und obwohl sie Seereisen fürchtete, fuhr sie doch dreimal nach Westafrika. Sie schrieb auch grammatikalische Lehr- und Wörterbücher afrikanischer Sprachen und überredete Europäer, sich unter den Afrikanern anzusiedeln und die Landwirtschaft und das Handwerk weiterzuentwickeln. Einer ihrer Träume war, eine Hochschule für afrikanische Sprachen zu gründen; aber dazu kam es nicht. Sie starb 1832 auf ihrer letzten Rückreise von Afrika. Ihre kurzen, aber einsichtsreichen Dienste für Westafrika sind nicht vergessen; 1957 wurde eine Straße in Gambia nach ihr genannt.

Daniel Wheeler (1771–1840), Marine-Offizier und Soldat, wurde Quäker und Landwirt und verbrachte viele Jahre in Rußland, wo er im Dienste des Zaren die Sümpfe um St. Petersburg (Leningrad) urbar machte. Im Jahre 1830 fühlte er sich dazu berufen, zwischen den Südseeinseln im Stillen Ozean in seinem eigenen Schiff zu kreuzen, um den dort lebenden Missionaren anderer Kirchen Freude und Mut zu machen bei ihrer Predigtarbeit unter den Eingeborenen. Er traf auch mit James Backhouse (1794–1869) zusammen, der in Australien und Südafrika in ähnlichem Dienste große Reisen unternahm, die christliche Botschaft verkündete, sich mit Missionaren anfreundete und an ihren Problemen Anteil nahm.

Dies sind nur einige Beispiele; an ihnen soll gezeigt werden, wie lange Zeit Freunde, die mit einem persönlichen Anliegen auf Reisen gingen, um die Botschaft von Gottes rettender Liebe und Gnade zu Menschen vieler Rassen, Religionen und Konfessionen zu bringen, der Gesellschaft gedient haben.

II.

Die zweite Phase beginnt mit der Gründung der *„Friends' Foreign Mission Association"* im Jahr 1868, durch die der Überseedienst auf eine mehr permanente Basis gestellt werden sollte. Die Gründung dieser Gesellschaft war eine Abweichung von der Quäkertradition, da sie den Unterhalt bezahlter Arbeitskräfte zur Folge hatte. Viele Freunde betrachteten diese Neuerung daher mit Mißfallen. Die Gesellschaft, kurz *F.F.M.A.* genannt, wurde von der Jahresversammlung daher erst im Jahr 1918 als Komitee anerkannt. Die Arbeit der *F.F.M.A.* wurde von den sehr zahlreichen Freunden eingeleitet und unterstützt, welche von der Flutwelle der evangelischen Erweckungsbewegung ergriffen worden waren, die auf John Wesley im 18. Jahrhundert zurückging und die Anfang des 19. Jahrhunderts auch die „Gesellschaft der Freunde" in Großbritannien mit voller Wucht traf. Die Botschaft, welche von den Quäkermissionaren verkündigt wurde, und die Form des Gottesdienstes, wie er in den meisten Ländern, wo die Mission arbeitete, üblich wurde, unterschied sich nur wenig von derjenigen der großen protestantischen Freikirchen jener Zeit. Ihr Predigen konzentrierte sich auf die Versöhnung durch Jesus Christus, der, als stellvertretendes Opfer für den sündigen Menschen, den Zorn Gottes stillen und Seiner Gerechtigkeit Genüge leisten sollte. In den meisten Fällen wurde die schweigende Andacht in den Missionskirchen aufgegeben und eine programmierte Gottesdienstordnung mit einer vorbereiteten Ansprache oder Predigt an ihre Stelle gesetzt.

Dasselbe gilt auch für die amerikanischen Freunde, die etwa zur selben Zeit wie die englischen Quäker ihre Missionstätigkeit aufnahmen. Die meisten amerikanischen Missionen wurden von solchen Jahresversammlungen gegründet, die selber im Begriff waren, die Quäkerform einer „schweigenden Andacht" aufzugeben und auch in ihren Heimatgemeinden den Ablauf des Gottesdienstes nach einem Programm zu gestalten. In vielen der neuen amerikanischen Jahresversammlungen im sogenannten mittleren Westen herrschte in den Jahren nach 1860 eine gefühlsbetonte evangelische Erweckungsbewegung, aus der ein neues Interesse an Mission und an der Bibel als dem ge-

offenbarten Wort Gottes erwuchs. Jede Jahresversammlung fand ihr eigenes „Feld", in dem sie arbeiten konnte. Ely und Sybil Jones von Neu-England gründeten 1869 eine Quäkerschule in Ramallah in Palästina. Die Jahresversammlungen von New York, Indiana und den westlichen Staaten, alle betätigten sich in Mexiko. Die Jowa-Jahresversammlung fing in Jamaika, die Kansas-Jahresversammlung in Alaska zu arbeiten an, während Ohio in China und Indien Missionen ins Leben rief. Nach Japan wendeten sich die Jahresversammlungen von Baltimore, Kanada und Philadelphia.
Rein zahlenmäßig war die Mission in West-Kenia (Ost-Afrika) die erfolgreichste. Dort wurden 1902 Quäkerwerkstätten für Ausbildungszwecke und eine Schule aufgebaut. Im Lauf der Zeit entstand aus kleinen Anfängen eine unabhängige Jahresversammlung von etwa 40 000 Afrikanern, die 1946 offiziell anerkannt wurde. Dann gibt es noch amerikanische Missionen in Kuba, Guatemala und Bolivien, im afrikanischen Burundi und auf der Insel Formosa. Bei der allgemeinen Konferenz der Freunde in Richmond (Indiana) im Jahr 1887 wurde eine evangelische Glaubenserklärung veröffentlicht, die von den orthodoxen amerikanischen Jahresversammlungen und auch von Dublin (Irland), aber nicht von London angenommen wurde. Bei dieser Gelegenheit wurde der Gedanke vorgebracht, eine Dachorganisation für die gesamte Missionsarbeit der amerikanischen Freunde zu bilden. Bei einer zweiten Konferenz im Jahre 1892 wurde dies für gut befunden, und im Jahre 1894 durch die Gründung des *„American Friends' Board of Missions"* auch wirklich durchgeführt.
Die Missionsarbeit der britischen Freunde entwickelte sich in Zentralindien, auf den Inseln Madagaskar und Pemba, in den westlichen Provinzen von China, in Syrien und anderen Gebieten im Nahen Osten. Der Dienst, den die Quäkermissionare auf sich nahmen, entsprang der Unruhe von Leuten, die sich Gott hingeben, einem Drang in die unbekannte Welt hinauszugehen, oft ohne klare Vorstellung der Richtung ihrer zukünftigen Arbeit, aber in der Bereitschaft, der Führung des Geistes Gottes in der jeweiligen Situation zu folgen. Sie gingen mit der Frohen Botschaft Christi, so wie diese von den Evangeliumsgläubigen jener Tage ausgelegt wurde, und bemühten sich, dieses Evangelium ins Leben und in die Tat umzusetzen, indem sie das dem Menschen eingepflanzte Zeugnis Gottes zu erwecken suchten. So ging neben dem Predigen immer ein Arbeitsprogramm von eminent praktischer Natur einher. Rachel Metcalfe in Zentralindien, zum Beispiel, durch Rheumatismus gehunfähig, lehrte vom Rollstuhl aus Frauen und Mädchen aus den Dörfern um Hoshangabad den Ge-

brauch der Nähmaschine. In Ostafrika brachte man den Männern die Arbeitsweise und den Nutzen eines Sägewerks bei. In Pemba zeigte man entlassenen Sklaven, wie sie ihren Lebensunterhalt durch den Anbau von Kokospalmen und Nelken verdienen könnten.

Der Arbeitsplan in den verschiedenen Missionsfeldern war mehr oder weniger derselbe. Zunächst wurde eine Schule gebaut, dann ein Krankenhaus oder wenigstens eine ärztliche Praxis eröffnet; gleichzeitig damit lief die seelsorgerische Gemeindearbeit. In manchen Gebieten wirkten die Freunde eng mit anderen Kirchen zusammen, zum Beispiel in Madagaskar mit der Londoner Missionsgesellschaft, in Westchina mit mehreren anderen Kirchen bei der Gründung, in der Verwaltung und im Lehrkörper der Vereinigten Westchina-Universität in Chengtu. Die Knaben- und die Mädchenschule, die von den ersten Quäkermissionaren in Madagaskar in der Hauptstadt Arivonimamo gegründet worden waren, sind heute berühmt als zentrale Höhere Lehranstalten. Bis zum Jahr 1954 war die Malagasy-Jahresversammlung, die seit 1881 besteht, soweit, daß sie 40 000 Pfund im Jahr für beinahe 300 Kirchen und 70 Schulen aufbrachte, die, im Lande verteilt, ihr unterstanden. Als im Jahre 1969 für den Norden der Insel die Vereinigte Protestantische Kirche geschaffen wurde, gingen die Malagasy-Freunde in dieser als organischer Teil auf. Es wurde vorgesehen, daß, wenn sie es so wünschen, ihre Kinder nicht getauft werden brauchen und daß auch das Sakrament von Brot und Wein nicht in seiner äußeren Form beachtet werden braucht. Jeder einzelne Freund soll in diesen Dingen seiner eigenen Überzeugung folgen. Die Freunde in England zeigen auch weiterhin Interesse und leisten den Gruppen finanzielle Hilfe; ein oder zwei englische Freunde leben ebenfalls auf der Insel und betätigen sich innerhalb der Vereinigten Kirche. In Tananarive ist jetzt ein Quäkerzentrum, das von einer ortsansässigen (Malagasy-)Gruppe geschaffen worden ist und unterhalten wird. Es wird als neutraler Treffpunkt für Diskussionen, Konferenzen und praktische Arbeiten gebraucht und soll auch Unterkunft für einige Gäste bieten, damit Besucher aus allen Teilen der Welt hier einen Treffpunkt in einer Atmosphäre der Freundschaft mit wenigstens einem Teil der Bevölkerung Madagaskars finden können.

Ein Abkömmling der Mission aus der Mitte des 19. Jahrhunderts wird immer noch von den britischen Freunden betreut; es handelt sich um die Höhere Lehranstalt der Quäker in Brumana im Libanon. Zwei Quäker von Neu-England, Elie und Sybil Jones, hatten hier während zweier Besuche in den Jahren 1867 und 1869 den Grundstein zur Quäkerarbeit im Nahen Osten gelegt. Bei einer Andachtsversammlung, die sie in Beirut hielten, war ein ehemals katholischer Schweizer, namens Theophilus Waldmeier, anwesend; dieser wurde sehr ergriffen durch das, was Sybil Jones bei dieser Gelegenheit sagte. Waldmeier, eine dynamische und vielseitige Persönlichkeit, war damals 32 Jahre alt und hatte bereits einige Jahre als Missionar in Abessinien (Äthiopien) gewirkt; aber diese Andacht gab seinem Leben eine neue Richtung. Nicht viel später trat er der „Gesellschaft der Freunde" bei, und seiner treibenden Kraft verdankt die Knabenschule in Brumana ihre Entstehung. Im Lauf der Zeit übernahm die Missionsgesellschaft der Freunde die Verantwortung dafür. Zur Zeit sind Schüler und Lehrer aus 25 Ländern an dieser Schule. Manche Kinder kommen von weither, so aus Persien, Äthiopien und dem Irak. Neben Wohnschülern nehmen auch Tagesschüler und seit 1970 auch 12 Schülerinnen am Unterricht teil. Sozial gesehen sind die Schüler von sehr verschiedener Herkunft. Söhne von Staatsministern und Arbeitern, auch arme Waisen und Flüchtlingskinder arbeiten und spielen Seite an Seite. Sowohl auf religiösem Gebiet als auch im nationalen Denken herrscht große Divergenz der Anschauungen, wodurch die jungen Leute ein Gefühl für Toleranz und Respekt für andere Standpunkte gewinnen; so kann es passieren, daß zwischen einem Moslem und einem christlichen Libanesen eine enge Freundschaft erwächst.

In anderen Missionsfeldern geht die Entwicklung dahin, daß die staatlichen und gemeindlichen Stellen die Verantwortung für Schulen und Krankenhäuser übernehmen und die Europäer sich allmählich zurückziehen. Amerikanische Freunde halten ihren Zusammenhang mit der Mädchenschule bei Tokio in Japan aufrecht, ebenso mit der wohlbekannten Höheren Schule in Kaimosi in Westkenia und der neuen Mittelschule in Kamusoya, ungefähr 80 Kilometer von Kaimosi.

Auch die Schule in Ramallah, das im jetzt besetzten Teil von Jordanien liegt, ist noch in Betrieb (und wird auch von der Deutschen Jahresversammlung gefördert; Anm. d. Übers.). Dies also sind die wichtigsten Überreste der älteren Missionsarbeit.

III.

Es ist schwierig und wirkt etwas gekünstelt, wenn man die verschiedenen Strähnen des Quäkerdienstes zu trennen und zu klassifizieren versucht als Missionsarbeit, als Unterstützungs- und Hilfsdienst oder als internationalen Dienst; aber um der Klarheit willen sollte man es doch tun. Der Hilfsdienst für Kriegsopfer, für Verfolgte und für die Opfer von natürlichen Katastrophen ist diejenige Tätigkeit, durch welche die Quäker vor allem bekannt geworden sind. Während des Irischen Konflikts von 1688/1689 zwischen den katholischen Anhängern Jakobs II. und den Protestanten, welche König Wilhelm III. unterstützten, geschah es zum ersten Mal, daß die Freunde die Kriegsopfer mit notwendigen Vorräten versorgten. Geld wurde auch während des griechischen Freiheitskampfes von 1823/1824 gesammelt, um den notleidenden Griechen zu helfen. Dann wiederum sammelten die Freunde Spenden im großen Ausmaß für die hungernde irische Bevölkerung während der Kartoffelmißernten in den Jahren nach 1840 und verteilten das Geld, wobei sie auch kooperative Maßnahmen ergriffen, um Bauern und Fischern wieder zu einer produktiven Tätigkeit zu verhelfen. Finnische Fischer und Landwirte, deren Häuser im Krimkrieg vom Beschuß durch britische Kriegsschiffe zerstört worden waren, erfuhren ebenfalls Hilfe durch die Quäker.

Unmittelbar nach dem deutsch-französischen Krieg von 1870/1871 wurde zum ersten Mal ein Hilfsdienst-Komitee für Kriegsopfer *(Friends' War Victims Relief Committee)* gegründet und ein Quäkerteam von 40 Leuten in die Gebiete um Metz, nach Paris und in das Loiretal entsendet, um bei der Wiederherstellung zerstörter Ländereien unter Einsatz von Dampfpflügen zu helfen, nachdem zuerst die unmittelbaren Bedürfnisse an Lebensmitteln und Kleidung gedeckt worden waren. Ähnliche Hilfe mit Geld und Vorräten leisteten die Freunde bei der russischen Hungersnot von 1892.

Der Weltkrieg von 1914–1918 rief eine der größten und nachhaltigsten Hilfsaktionen zur Bekämpfung schlimmster Entbehrungen hervor. Ein Sofortausschuß wurde im August 1914 gegründet, um den Deutschen, Österreichern, Ungarn und Türken zu helfen, die über Nacht zu „feindlichen Ausländern" geworden waren, ohne Rücksicht auf die Länge ihres Aufenthalts in Großbritannien. Diese Hilfe wurde während der ganzen Jahre ihrer Internierung auf der Insel Isle of Man fortgesetzt; ihre Aufgabe war es, für die Zivilinternierten Beschäftigung und Unterrichtsstunden zu arrangieren und freundschaftliche Beziehungen aufrechtzuerhalten sowie Verständnis zu fördern.

„Friends' Ambulance Unit", eine Sanitätergruppe, die 1914 eingerichtet wurde, diente unmittelbar hinter der Kampflinie in Flandern und Frankreich bereits im Herbst dieses Jahres, wobei sie die Kranken und Verwundeten jeder Nation und Konfession, sowohl Militär als auch Zivilisten, gleichermaßen betreute.

Im September 1914 wurde wieder ein Komitee für Kriegsopferhilfe gebildet, und bereits im November waren 33 junge Leute in Frankreich, um beim Wiederaufbau zerstörter Wohnhäuser und bei der

Instandsetzung verwüsteter Äcker zu helfen, unter besonderer Berücksichtigung älterer Leute und Kinder. In Chalons-sur-Marne wurde ein Entbindungsheim eingerichtet, das während der ganzen Kriegsjahre von Edith Pye geleitet wurde; in weniger als fünf Jahren wurden hier 980 Babies geboren, und nur eine einzige Mutter starb davon, obwohl die Stadt häufig schwer bombardiert wurde und das Krankenhaus aus Sicherheitsgründen zeitweise evakuiert und in den städtischen Weinkeller verlegt werden mußte. Nach dem Krieg wurde das Hospital einem französischen Komitee übergeben, und 1922 wurde es in neuen Gebäuden als *„Maison Maternelle de la Marne"* eröffnet, – in Erinnerung an ein kleines Werk eifrigen Dienstes und an die Inspiration der Oberin, Edith Pye, während der Kriegsjahre.
Zu den Arbeiten des Kriegsopferfürsorgekomitees gehörte auch die Betreuung von mehreren hundert belgischer Flüchtlinge, die in dem neutralen Holland Zuflucht gesucht hatten, von polnischen Flüchtlingen, die vor den Deutschen in die russischen Wolgaprovinzen geflohen waren, und die Zusammenarbeit mit dem serbischen Hilfswerk für Vertriebene, die ihre Heimat verlassen mußten, als die österreichische Armee sie besetzte.
Nach dem Eintritt der Vereinigten Staaten in den Krieg im Jahre 1917 gründeten auch die amerikanischen Freunde ihr Hilfskomitee, dessen erster Vorsitzender der Quäker-Gelehrte und Historiker Rufus M. Jones war, und das seitdem unter dem Namen *„American Friends' Service Committee"* weiterbesteht und Freunde aller Richtungen des amerikanischen Quäkertums zur Mitarbeit heranzieht. Unter Mitwirkung des amerikanischen Roten Kreuzes und der Regierung war es für 475 amerikanische Freunde möglich, nach Frankreich zu gehen und beim Wiederaufbau von Wohnhäusern und Bauernhöfen in den zerstörten Gebieten mitzuarbeiten, zum Teil mit und neben den britischen Quäkerteams. Eine kleine Gruppe ging auch zusammen mit englischen Freunden nach Rußland.
Nach Beendigung der Kämpfe arbeiteten britische und amerikanische Freunde zusammen an dem gewaltigen Problem, das Los der Kriegsopfer zu erleichtern. Im Herbst 1919 wurde Herbert Hoover, selbst ein Quäker, Leiter der allgemeinen amerikanischen Hilfskommission; er lud die Freunde in den USA und England dazu ein, in ganz Deutschland und Österreich ein Kinderspeisungsprogramm in die Wege zu leiten. Auch in Polen und Rußland waren amerikanische und englische Freunde in Zusammenarbeit mit der Wiederseßhaftmachung rückkehrender Flüchtlinge und von 1921 bis 1923 mit der Bekämpfung der Hungersnot beschäftigt.

Unterdessen machten sich sowohl englische als auch amerikanische Freunde Gedanken über einen länger andauernden internationalen Dienst. Carl Heath, der Sekretär des nationalen Friedensrats – letzterer hatte sich nach Ausbruch des Kriegs unter dem Druck nationaler Forderungen allmählich aufgelöst –, war der „Gesellschaft der Freunde" beigetreten. Im September 1917 machte er bei einer Quäkertagung in Skipton in Yorkshire den Vorschlag, die Freunde sollten ihre eigenen Gesandtschaften in vielen Städten Europas und darüber hinaus unterhalten, nicht so sehr, um Quäkertum zu predigen, als vielmehr, um einen Geist der Versöhnung zu pflegen.

„Die Vorstellung von einer Quäker-Gesandtschaft", so schrieb er später, war die von einer Gesandtschaft (um das zweideutige Wort „Botschaft" = *„Embassy"* zu vermeiden) der Stadt Gottes bei jeder der großen Städte der Menschen. Das Evangelium zu predigen, ja, aber nicht nur zu predigen. Ein integriertes Leben sollte mit seiner Freiheit, Freude und Intelligenz Männern und Frauen guten Willens überall vor Augen geführt werden. Das Herz jeder solchen Gesandtschaft wäre die Andacht, das Kultivieren der Anwesenheit Gottes, und in ihrem aktiven Verhalten, ob es sich nun um die Linderung von Not, um Wiederaufbauarbeit, Bildungsaufgaben, ärztliche und sanitäre Hilfe, um Friedenspropaganda, Gefängnisfürsorge, Klubs, Vorträge, Forschung oder um sonst etwas handelte, würden die Gesandtschaften Christus in neuer Weise den Menschen nahebringen, und zwar durch das, was an Weite und Kraft in dem angewandten Mystizismus liegt, der für die Quäker-Gesellschaft charakteristisch ist."

Diese Vision übte eine tiefgreifende Wirkung auf die Tagung und die nachfolgende Jahresversammlung aus, und ein „Rat für Internationalen Dienst" wurde gebildet. Wenige Jahre nach Kriegsende gab es bereits *„International Centres"* – ein Ausdruck, der sich statt des Wortes *„Embassies"* = Botschaften durchsetzte – in Paris, Berlin, Frankfurt, Nürnberg, Genf, Wien, Warschau und Moskau (später auch in Indien und Pakistan). Die Mitarbeiter waren zum Teil britisch, zum Teil amerikanisch, aber auch Mitglieder der jüngeren Jahresversammlungen auf dem Kontinent wurden zugezogen, Jahresversammlungen, die im Gefolge der Quäkerarbeit in und nach dem Weltkrieg sich in Deutschland, Holland, Frankreich und der Schweiz gebildet hatten. Von Anfang an waren diese *Centres* als Treffpunkte gedacht, wo Freunde von anderen lernen könnten und anderen etwas bieten könnten, und diese Idee wurde von Quäkern aller Nationen sehr gut aufgenommen.

Hier war nichts zu spüren von der herablassenden Bevormundung, deren Überreste man in der älteren Missionsarbeit zu spüren glaubte.

Aber mit der Zeit kam die Erkenntnis zum Durchbruch, daß in Wirklichkeit alle Dienste, welche die Freunde tun, einheitlich unter einer zentralen Körperschaft zusammengefaßt werden sollten. So wurden im Jahr 1927 die beiden Organisationen *„Council for International Service"* und *„Friends' Foreign Mission Association"* zum *„Friends' Service Council"* vereinigt.[1]

Die *Centres* in Paris und Genf, in Wien, Berlin und London bestehen weiter; nach dem Zweiten Weltkrieg kamen die neuen Mittelpunkte Delhi und Dakka in Indien und Pakistan dazu, dann Nairobi in Kenia und Tannanarive in Madagaskar. Die übrigen *Centres* sind dem Wandel der Zeit, dem Zweiten Weltkrieg und der neuen Mächtegruppierung in Europa zum Opfer gefallen. Es gibt keinen einheitlichen Plan für alle; die Aktivitäten sind verschieden, je nach den Umständen. In London und New York haben sich später spezielle Treffpunkte entwickelt – *William Penn House* und *Quäker House* –, wo Gelegenheiten für Diplomaten und Vertreter bei den Vereinten Nationen und für andere, die sich mit internationalen Angelegenheiten befassen, geboten werden zu zwanglosem Beisammensein, ohne Öffentlichkeit, und wo man sich frei und in freundschaftlicher Atmosphäre unterhalten kann. Diese Möglichkeiten sind nicht auf London und New York beschränkt. Sie sind ein Teil der Idee des *Centres,* und „Diplomatenessen" werden sogar dann geschätzt, wenn sie auch einmal in einem schäbigen Kellerraum stattfinden. „Ihre Gäste müssen Sie schon sehr gern haben, daß sie *hierher* kommen", rief ein entsetzter Besucher, der sich ein „Quäker-Zentrum" etwas luxuriöser vorgestellt hatte und erstaunt war, daß nicht einmal für die einfachsten Reparaturen und Erneuerungen Geld vorhanden sein sollte.

Was man in einem *Centre* über Quäkerprinzipien aus mündlichen Erklärungen erfährt, ist von Ort zu Ort und von Zeit zu Zeit verschieden. Wenn Fragen gestellt werden, wird Information gegeben, oft von Mensch zu Mensch und nicht so oft in öffentlichen Veranstaltungen. Wer mehr wissen will, ist willkommen, wenn er an einer Andacht teilnimmt; er kann auch Bücher ausleihen und sich mit anderen gleichgesinnten Suchern und mit den Gastgebern unterhalten. Manchmal wird ein *Centre* auch bei einer Regierung vorstellig, zum Beispiel wegen der wiederholten Verurteilung von Kriegsdienstverweigerern zu Gefängnisstrafen, in gewissen Ländern, oder wegen der offensichtlichen Notlage von Flüchtlingen und Einwanderern.

[1] Zu dieser Zeit ging das Interesse an der Missionsarbeit zurück und hörte nach dem Zweiten Weltkrieg ganz auf. (Anm. d. Übers.)

Um sicher zu sein, daß Diplomaten völlig frei sprechen können, ohne sich an die offizielle Parteilinie und die in ihrem Land übliche Version halten zu müssen, werden die Treffen zwar angesagt, aber es wird nichts über ihren Verlauf berichtet.

So wurde es auch bei anderen Konferenzen für Diplomaten gehalten, die von britischen und amerikanischen Freunden seit 1950 in einer Reihe von Ländern abgehalten worden sind. Es war hierbei beabsichtigt, gegenseitiges Verständnis zu fördern und den arbeitsüberlasteten Männern und Frauen Anreiz und geistige Erfrischung zu geben, die vielleicht tiefer wirkt, als Diskussionen über kulturelle Dinge und intellektuelle Unterhaltung es tun könnten.

Seminare und Arbeitslager für Studenten und sogar für Schulkinder werden als Versuch mit ähnlichem Ziel, nämlich besserem internationalem Verständnis, veranstaltet. In den Arbeitslagern, in denen eine praktische Aufgabe im Interesse der Allgemeinheit in Angriff genommen wird, wie etwa die Anlage eines Kinderspielplatzes auf einem verwahrlosten Grundstück oder die Ausgestaltung eines unbewohnten Hauses zum Gemeindemittelpunkt *(Community-Centre)*, wird die Erfahrung gemacht, daß gemeinsame Tätigkeit den Mangel an gemeinsamer Sprache aufwiegen kann, obwohl die reichste Erfahrung da gewonnen wird, wo die Campteilnehmer miteinander oder auch mit den Bewohnern der Ortschaft, für die sie arbeiten, wirklich Gespräche führen können. Die von drei Partnern getragenen Projekte, in denen junge Briten, Amerikaner und Russen zusammen arbeiten und studieren, sind ein bezeichnendes Beispiel für den internationalen Versöhnungsimpuls.

Als Hitler im Jahr 1933 anfing, die Juden zu verfolgen, bekam der Ausdruck Nothilfe *(relief)* eine neue und dringliche Bedeutung. Über Nacht wurde aus dem „Berliner Zentrum" ein Ort, wo rasch etwas für die vielen aufgeregten und verwirrten Menschen getan werden mußte, die sich hier hereindrängten. Zehntausende flohen aus dem Lande. Englische Freunde bildeten ein „Deutschland-Hilfskomitee", das 17 Jahre lang in Funktion blieb und während dieser Zeit annähernd eine halbe Million Pfund verausgabte. Wenn seine Arbeit auch nur einen kleinen Teil der in Europa entwurzelten Menschen berührte, so waren es doch viele Hunderte, denen man helfen konnte. Bei Ausbruch des Kriegs von 1939 wurde wieder eine Sanitätergruppe *(Friends' Ambulance Unit)* aufgestellt. Diese Organisation hatte nach einiger Zeit enge Beziehungen zu der schon vorher bestehenden Überseearbeit der Freunde in vielen Teilen der Welt. In den sieben Jahren seines Bestehens hatte der „*Unit*" 1300 Mitglieder. Eines davon schrieb darüber:

„Unser *Unit* begann mit dem Krieg, und als wir Mitglieder wurden, waren wir alle junge Leute, und auch von unsern *Unit*-Leitern war kaum einer über 35 Jahre alt. Wir betrachteten es als *unsere* Einheit, in der *wir* die Verantwortung trugen für das, was wir daraus machen wollten."
In groben Zügen beschrieb Edward Milligan die Arbeit so: „Bis zu den gefrorenen arktischen Wäldern Finnlands, bis zu dem Wüstensand von Tobruk und El Alamein, in die malariaverseuchten Dörfer Syriens und die Krankenhäuser der bergigen Hauptstadt Äthiopiens, mit den gefahrvollen Lastwagenkarawanen der Straße nach Birma, bis ins hungernde Indien, nach Italien, zum Balkan, zu den griechisch-kleinasiatischen Inseln, nach Westeuropa und Österreich, überall kamen Mitglieder des *Units* hin. Sie versahen die verschiedensten Dienste, wie ärztliche und Sanitäterhilfe, Transport von Kohlen und Lebensmitteln und ihre Verteilung, Wiederaufbau oder Instandsetzung zerstörter Häuser usw."
Auch in England arbeitete ein solcher Hilfsdienst in den Luftschutzkellern der großen Städte, in Krankenhäusern, die zu wenig Personal hatten, bei der Betreuung von alten Leuten, die wegen der Gefahr von Bombenangriffen aus ihren Häusern evakuiert worden waren. Sie mußten freundlich behandelt, beraten und praktisch unterstützt werden, um mit der neuen, ungewohnten Situation fertig zu werden.
Ende 1944 schickte das *American Friends' Service Committee* und der *Friends' Relief Service* Freiwillige, die bereit waren, unter dem *„Secours Quaker"*, der Hilfsorganisation der französischen Jahresversammlung, zu arbeiten. Da im ganzen Land Lebensmittelknappheit herrschte, wurden an besonders bedürftige Bevölkerungsgruppen, Kinder, alte Leute, Studenten und Flüchtlinge, die gesammelten Vorräte systematisch verteilt. Flüchtlinge aus der Zeit des spanischen Bürgerkriegs wurden auf neue Berufe umgeschult, in denen sie, auch die Kriegsversehrten, sich ihren Lebensunterhalt verdienen konnten. Für junge Spanier, die nicht in einer der französischen technischen Schulen unterkommen konnten, wurden eigene Lehrgänge eingerichtet.
In Deutschland wurde das Quäker-Hilfsteam gerufen, um sich der befreiten Opfer von Belsen anzunehmen. Dann wurden die Freunde auch in verschiedene Landesteile geschickt, um in Lagern für *„displaced persons"* (für Leute, die von den Nazis während der Kriegsjahre nach Deutschland verschleppt worden waren) zu arbeiten. Überall hatten sie auch mit der Betreuung von Kindern und Jugendlichen zu tun, besonders in Köln.
Auch in Polen waren bis Ende 1946 30 Angehörige des Quäker-Hilfs-

werks mit der Wiederansiedelung von Familien an der Weichsel und in Ostpreußen beschäftigt, wo ganze Ortschaften vernichtet worden waren. In Österreich unternahm ein Team Wohlfahrtsarbeit in Lagern für verschleppte Personen und richtete eine überdachte Arbeitsstätte für körperbehinderte Flüchtlinge ein, die bis Juli 1967 weitergeführt wurde.

Es war eine große Freude, als nach dem Zweiten Weltkrieg bekannt wurde, daß sich der Quäkergeist in Deutschland auch in der scheinbar aussichtslosen Situation der Kriegsjahre bewährt hatte. Einzelne Freunde hatten, unter großem Risiko für sich selbst, getan, was sie konnten, um den Opfern der Naziverfolgung zu helfen. Die Deutsche Jahresversammlung war 1925 gegründet worden; die Zahl der Mitglieder war klein, und sie lebten sehr verstreut. Zudem war durch die Auswanderung vieler unter dem Hitlerregime ihre Zahl noch weiter zusammengeschmolzen. Trotzdem, während die britischen Freunde internierten Deutschen und Flüchtlingen in England halfen, halfen einige Deutsche den alliierten Gefangenen, indem sie ihnen Bücher, Musikinstrumente und Sämereien zukommen ließen. So wie die britische Regierung die Quäkerhilfe für deutsche Internierte anerkannte, so erkannte die deutsche Regierung die Bemühungen der deutschen Quäker an, indem sie ihre Pakete für Kriegsgefangene kostenlos in die Gefangenenlager befördern ließ.

Nach dem Zweiten Weltkrieg war es für die deutschen Freunde schwierig, gemeinsame Andachten für Mitglieder von beiden Seiten der Zonengrenze abzuhalten. Nach langem Widerstand mußten die Freunde schließlich zwei Hauptgruppen als zwei Jahresversammlungen konstituieren. Die deutschen Freunde sind aber nach wie vor bestrebt, „die andere Seite" zu verstehen. Auf der westlichen Seite haben sie an den Nachbarschaftsheimen mitgewirkt und auch bei anderen Wohlfahrtsaufgaben der Nachkriegszeit. Eine Inspiration für Freunde in anderen Ländern war aber das Beispiel ihres mutigen und andauernden Versuchs, eine christliche Antwort auf den Haß und die Verständnislosigkeit der Gegenseite in einer gespannten Situation zu finden.

Als die Nachkriegshilfe in Frankreich zu Ende ging, wurde in Paris ein Quäker-Zentrum eingerichtet, das ein Kern oder Wachstumszentrum für Quäker-Interessen und -Aktivitäten sein sollte. Im Jahr 1933 wurde die Jahresversammlung der französischen Freunde gegründet. Sie war klein und die Mitglieder lebten zum Teil weit verstreut in den Provinzen. Trotzdem hat sie zusammengehalten. Die Freunde, die in Paris und Umgebung leben, haben sich für Gefängnisreform,

Flüchtlinge, Kriegsdienstverweigerer aus Gewissensgründen, Studenten und für die Versöhnung zwischen Deutschland und Frankreich eingesetzt. Britische und amerikanische Freunde hatten von 1936 bis 1939, während des spanischen Bürgerkriegs, Kinderspeisungen in Spanien organisiert, und britische und französische Freunde haben dann später den spanischen Flüchtlingen in Südfrankreich geholfen. Eine Internationale Schulkommune ist in der Nähe der spanischen Grenze durch einige französische Freunde ins Leben gerufen worden. Die neueste Entwicklung zeigt die Inbetriebnahme einer Herberge für Nordafrikaner, die in Paris sehr schwer Unterkunft finden konnten und auf Hilfe angewiesen waren, wo es sich um die Erlangung der verschiedenen Sozialvergünstigungen und Unterstützungen handelte.

Einige englische Freunde haben sich in Jordanien und im Gazastreifen die Betreuung von Frauen und Kindern in den Lagern für verdrängte Araber zur Aufgabe gemacht. Freunde von Nord- und Mitteleuropa waren bis vor kurzem in Algerien als ländliche Entwicklungshelfer tätig.

Amerikanische und britische Freunde haben ein gemeinsames Betätigungsfeld in Quang Nai in Vietnam gefunden, wo sie eine Werkstätte für künstliche Gließmaßen für die vielen Kinder und Erwachsenen betreiben, die im Krieg verstümmelt worden sind. Die Patienten erhalten auch Anleitung im Gebrauch der Glieder. Zugleich bemüht man sich um eine geeignete Berufsausbildung für ältere Leute, deren Kriegsverletzungen allmählich ausgeheilt sind.

In Nigerien läuft ein Hilfs- und Wiederaufbauprogramm, das 246 Ortschaften und über eine viertel Million Einwohner umfaßt. Hier soll der Schaden behoben werden, der durch den Bürgerkrieg entstanden ist. Von den 106 Helfern, die hier arbeiten, sind die meisten gut ausgebildete Nigerianer.

Das dörfliche Hlekweni-Projekt in Rhodesien ermöglicht Kontakte und Zusammenarbeit zwischen schwarzen und weißen jungen Leuten, die sich gemeinsam bemühen, afrikanischen Bauern bessere landwirtschaftliche Kenntnisse und handwerkliche Fähigkeiten zu vermitteln und ortseigenes Management zu entwickeln. Zweck dieses *Centre* ist es, das, was die Regierung der Bevölkerung angetan hat, wiedergutzumachen und ein Beispiel für die Zusammenarbeit und das freundschaftliche Zusammenleben in Freud und Leid zwischen Afrikanern und Engländern zu geben.

In Johannesburg werden soziale und wohltätige Unternehmen aus einem eigenen Quäkerfonds finanziert und mit Hilfe von ortsansäs-

sigen Mitgliedern durchgeführt, mit der Idee, Freundschaft, gegenseitiges Verständnis, praktische Hilfe und guten Rat sowohl unter Bedingungen städtischen Bevölkerungsdrucks als auch unter denen des Elends auf dem flachen Land zu bringen.
Nach dem Mau-Mau-Aufstand von 1952 fing ein kleines Quäkerteam an, in den Gefangenenlagern für Eingeborene, die im Zusammenhang mit dem Aufstand festgenommen worden waren, Möglichkeiten zur Ausübung ihrer verschiedenen Handfertigkeiten zu schaffen. 1958 zog ein Teil dieser Gefangenen zusammen mit dem Team in eine neue Siedlung, wo sie an ein normales ländliches Gemeindeleben und an Arbeit gewöhnt werden sollten. Der Name der Niederlassung war „Muciiwa Urata", was Freundschaftsheim bedeutet. Durch ausgedehnte Bewässerungsanlagen wurde hier der Reisanbau stark intensiviert. Ein anderes Quäkerteam gründete 1954 in Ofafa am Rand der Hauptstadt Nairobi eine neue Siedlung für Afrikaner. Hier leben jetzt 11 000 Menschen um einen eigenen Ortskern und sind stolz auf das, was sie geschaffen und daraus gemacht haben. Sie halten auch engen Kontakt mit dem Quäker-Zentrum in der Stadtmitte von Nairobi.

Kapitel IV

DIE QUÄKER UND DIE ANDEREN KIRCHEN

MARGARET C. MCNEILL

Die Beziehung der „Gesellschaft der Freunde" zu anderen Kirchen ist etwas verwirrend. Die frühen Quäker scheuten sich nicht, die Kirche ihrer Zeit als abtrünnig zu brandmarken, und es kann nicht geleugnet werden, daß eine gewisse Angriffslust – verbunden mit brüderlicher Liebe – dem Quäkertum eigentümlich geblieben ist. Und doch kann diese kleine Gemeinschaft, die sich ihrer Eigenart so bewußt ist, Berührungspunkte mit ganz anders gearteten Richtungen der Kirche finden. Sie kann den Mystizismus in der katholischen Kirche bejahen, sie zeigt eine starke Unabhängigkeit in ihrer Verwaltung wie nur irgendeine Freikirche, sie ist sich mit den Mennoniten und Brüdern einig in ihrem Friedenszeugnis und achtet den Nonkonformismus der Unitarier. Am paradoxesten ist es, wie die Quäker die christliche Einheit verstehen. Sie können sich von ihren Mitchristen nicht trennen und fühlen sich dennoch außerstande, bedingungslos teilzunehmen an ökumenischer Organisation.

Das Folgende ist ein kurzer Versuch zu zeigen, wie es zu dieser Lage gekommen ist und in welcher Richtung man eine künftige Entwicklung erwarten darf. Man muß jedoch dabei berücksichtigen, daß man die Beziehungen zwischen den verschiedenen existierenden Kirchen nicht gut einer statischen Prüfung unterwerfen kann. Auffallende Veränderungen haben in den verschiedenen Konfessionen der christlichen Kirche stattgefunden, die ihre Einstellung zueinander beeinflußt haben. Was vor dreihundert Jahren die Ursache für Meinungsverschiedenheiten und Kirchenspaltung war, hat heute seine Gültigkeit verloren, und Verfahren, die in einem anderen Zeitalter ihre Bedeutung hatten, sind heute veraltet. Wenn man dieses bedenkt, dann ist es gut zu untersuchen, wie die charakteristischen Glaubensüberzeugungen der Quäker und ihre Handlungen die Einstellung der „Gesellschaft der Freunde" zu den anderen Kirchen gegenwärtig beeinflussen.

(Dieser Beitrag betrifft die Lage in Großbritannien. Die Geschichte der Entwicklung des Quäkertums in den USA ist von gewissen Umständen begleitet, die in bezug auf die ökumenische Verbindung zu einer ganz anderen Lage führen.)

Auf drei Gebieten unterscheidet sich das Quäkertum deutlich von den anderen Kirchen: im Gottesdienst, in der Ablehnung von Glaubenssätzen und in der Kirchenverwaltung. Die Praxis hat ihre Grundlage im Glauben; doch wenn dieser Quäkerglaube untersucht wird, dann findet man statt einer dogmatischen Neuerung eher eine Verschiebung der Akzente des Glaubens.

Sogar in der erhitzten Atmosphäre der theologischen Debatten im religiösen Leben des 17. Jahrhunderts in England blieben die frühen Freunde unerschüttert, wenn ihre Gegner sie der Ketzerei beschuldigten. Statt dessen erhoben sie den Anspruch, die Wirklichkeit der reinen und zentralen Wahrheit, wie sie sich in der Urgemeinde offenbart hatte, in ihrer Zeit wiederentdeckt zu haben. Ihre Erkenntnis in bezug auf das Erleben des auferstandenen Christus innerhalb der „Andachtsgruppe", hinsichtlich der Priesterschaft aller Gläubigen in der Ordnung des kirchlichen Lebens und betreffs der Unzulänglichkeit menschlicher Aussagen über das Wirken des Geistes, kam aus der Überzeugung, daß sie berufen seien, ein neues Zeitalter der Regeneration der ganzen Kirche zu verkünden.

Da die gemeinsame Andacht der Quäker auf der Überzeugung beruht, daß die „Andachtsgruppe" in erster Linie aufgerufen ist, schweigend auf das Wirken des Heiligen Geistes zu warten und daß nicht vorauszusehen sei, wie die Anwesenden auf den gegenwärtigen Geist reagieren, weil es ja eine Sache des Gehorsams gegen den inneren Anstoß des Geistes ist, ob eine Ansprache erfolgt oder alle in andächtigem Schweigen verharren, so kann die Form (oder besser gesagt: die Formlosigkeit einer solchen Andacht) nicht mit einer liturgischen Struktur vereinigt werden. Manchmal wird irrtümlich angenommen, Schweigen sei das Kennzeichen des Quäkergottesdienstes, und manche glauben, daß, wenn sie bei der liturgischen Form eine gewisse Periode der stillen Meditation einführten, dann könnten die beiden Gottesdienstformen zufriedenstellend miteinander verbunden werden. Aber damit wird der fundamentale Unterschied zwischen beiden übersehen. Zum Wesen der Quäkerandacht gehört es, daß man sich ganz abhängig von der Führung des Geistes fühlt.

Ferner wird die Bedeutung der Gemeinschaft in der Quäkerandacht oft unterschätzt; sie ist nicht eine Versammlung von Einzelpersonen, in der ein jeder *seine* Verbindung zu Gott sucht, sondern eine Zusammenkunft, bei der die Gegenwart des Geistes alle zu einem „Körper" verbindet, so daß ein neues Gewahrwerden der Nöte des Nächsten und eine neue Schau durch die Teilnahme an den Erkenntnissen des anderen ermöglicht wird.

Hier wird die Quäkerandacht von ihrer wahrsten und besten Seite beschrieben, aber allzuoft erreicht sie das Niveau bei weitem nicht und sinkt herab zu toter Passivität oder zu oberflächlichen Äußerungen. Aber wenn dieses geschieht, sehen die Freunde den Grund dafür in ihrem eigenen Mangel an Glauben und streben danach, ihre Überzeugung dadurch auf die Probe zu stellen, daß sie immer aufs neue ihre Abhängigkeit von Gott und ihr Offensein ihm gegenüber lebendig erhalten.

Wie ist die Wirkung eines solchen gemeinsamen Schweigens in der Andacht auf andere christliche Traditionen und was vermissen andere Christen darin?

Obgleich ich betont habe, daß die Teilnahme der ganzen „Andachtsgruppe“ dem Schweigen in der Andacht seine Bedeutung gibt, so wird jede religiöse Tradition, in der Kontemplation geübt wird, die Dynamik des konzentrierten Schweigens zu schätzen wissen, und es ist nicht überraschend, daß viele Katholiken kaum Schwierigkeiten haben, an einer Quäkerandacht teilzunehmen. Es ist auch interessant, daß man in vielen Kirchen die Konzeption des „stillen Wartens“ neu überdenkt, da heute der starke Streß des modernen Lebens uns alle schonungslos zu überwältigen droht.

Andererseits finden wir heute auch eine neue Wertschätzung des liturgischen Elementes im Gottesdienst und eine noch nicht dagewesene Bereitschaft in einigen Kirchen, die Möglichkeit des Gebrauchs zeitgemäßer Medien zu erforschen. Jenen, die sich zu dieser Richtung hingezogen fühlen, erscheint das Nichtbeachten alles Rituellen bei der Quäkerandacht eine ungeheure Verarmung zur Folge zu haben, so wie jene, die an die Form des Gemeindegottesdienstes der Freikirchen gewöhnt sind, sich der geistigen Nahrung beraubt fühlen, die ihnen durch die Predigt geboten wird. Es ist vielleicht für einen Quäker, der nichts als die Quäkerbräuche kennt, schwierig, die prophetische Kraft der Predigt zu schätzen oder zu erkennen, in welchem Ausmaß ein ernsthaftes Studium mit entsprechender Ausbildung die Fähigkeit verleihen kann, anderen geistige Nahrung zu geben. Schon der Gedanke an eine vorbereitete Predigt erscheint dem Quäker als ein Verlust des „Erwartungsfaktors“ in der Andacht, wogegen der Freikirchler fühlen mag, daß er in der Quäkerandacht nicht die Gewißheit hat, die notwendige Kraft zu empfangen, die er durch die Wahrheit, wie sie von den Worten der Schrift getragen wird, mitbekommt.

Für einen Quäker ist es wahrscheinlich noch schwieriger, die ganze

Tiefe des Rituals, das sowohl auf die Sinne des Gehörs und Gesichts als auch durch bedeutungsvolle Bewegung während des Gottesdienstes wirkt, ganz zu erfassen. Je mehr der Anhänger des Ritus die vielfältige Bedeutung eines jeden Vorgangs als ein Mittel zur Anbetung erläutert, um so mehr wird der Quäker fürchten, daß die Mittel das Ziel verdunkeln, indem sie das freie Wirken des Geistes mehr einschränken, als befreien.

Jedoch das Bemühen aller Beteiligten, Nächstenliebe zu üben, kann diese Unterschiede gelten lassen, wenn die Absicht rein ist. Nichts braucht den Quäker daran zu hindern, zeitweise dankbar die Wahrheit aufzunehmen, die durch eine Predigt oder durch Teilnahme am Liedersingen und Gebeten zu ihm kommt, ebenso wie jeder aufrechte Kirchgänger aus einer anderen Tradition vertrauensvoll eingeladen ist, an einem Quäkertreffen teilzunehmen. Wenn man aber so auf Toleranz und Nächstenliebe baut, um die Unterschiede zu überwinden, dann ignoriert man eine große Abweichung der Quäkerandacht von allen andern Formen christlichen Gottesdienstes, nicht berücksichtigend, wie sich die Auffassung von der sakramentalen Natur der Andacht auswirkt.

Bisher ist wenig geschrieben worden über die Ablehnung der Sakramente durch die Quäker, aber das heißt nicht, daß die Quäker diese Angelegenheit leicht nehmen. Man kann sie eher damit erklären, daß die Quäker jedem Versuch, religiöse Erfahrung durch intellektuelle Aussage zu definieren, mißtrauen. Für einen Quäker kann der Wert der Sakramente nämlich nur geprüft werden an der Wirklichkeit der Erfahrung, die sie symbolisieren.

Was Quäker jedoch nicht zu diskutieren bereit sind, ist ihre Auffassung vom sakramentalen Prinzip; es geht dabei nicht um Argumente, sondern um etwas, was der inneren Erfahrung entspringt, welche sie davon überzeugt, daß sich Gott in unbegrenzter Vielfalt uns offenbart in und durch unsere Umgebung, sowie durch unsere menschlichen Eigenschaften, die in Jesus Christus ihren Höhepunkt erreicht haben. Ferner würden Quäker sagen, daß sie mit allen anderen Christen an der Realität der Kommunion teilhaben, da sie auch erfahren dürfen, wie gemäß dem göttlichen Versprechen Christus gegenwärtig ist, wo die Andächtigen in seinem Namen versammelt sind. Weit entfernt davon, das sakramentale Prinzip zu leugnen, wenden es die Quäker auf jedes Lebensgebiet an. Wenn sie aber gedrängt werden, sich zu äußern über ihre Einstellung zu den zwei spezifischen Kanälen der Gnade, die in den sichtbaren Formen des heiligen Abendmahls und der Taufe symbolisiert werden, dann neigen Quäker dazu zu schweigen, weil sie durch den Nachweis aus Vergangenheit und Gegenwart sich darüber klar sind, daß die Konzentration auf die sichtbaren Mittel, sei es zu ihrer Rechtfertigung oder zum Beweis ihrer Wirksamkeit, die Trennung unter den Christen nur vertieft, und die eigentliche Erfahrung, für welche alle diese heiligen Gebräuche Hilfsmittel sind, blockiert.

Dieselbe Haltung zeigt sich, wenn Freunden vorgehalten wird, daß sie Jesu Gebot, wie es in der Schrift steht, nicht beachten. Die Einstellung der Freunde zur Autorität der Bibel wird später in diesem Kapitel geprüft. Auf diesen speziellen Vorwurf würden Freunde antworten, daß die großen Strukturen und komplizierten Doktrinen, welche die Kirche auf den Worten der Einsetzung aufgebaut hat, zeigen, wie unvollkommen das Wesentliche der Gebote Christi verstanden worden ist. Und doch muß hier gesagt werden, daß viele Freunde wohl wissen, daß die Auffassung der Quäker von der Kommunion innerhalb der Andacht, die soviel mehr Gewicht auf die ständige Gegenwart Christi bei seinen Jüngern legt, als auf das Opfer, durch welches diese Gegenwart möglich wurde, der tückischen Schwäche menschlicher Vergeßlichkeit gefährlichen Vorschub leistet.

Der Geist ruft uns in Erinnerung, was (einmal durch Christus) getan worden ist, so wie er uns auch in die Wahrheit dessen führt, was jetzt ist. Freunde vernachlässigen auf eigene Gefahr den historischen Aspekt, ohne den die Erfahrung der Kommunion ihren bestimmten christlichen Offenbarungscharakter verliert.

Wie schon gesagt wurde, ist die Nichtbeachtung der äußeren Sakramente der Punkt, an dem die Trennung der Quäker von ihren Mitchristen im Gottesdienst am stärksten empfunden wird; denn es entsteht eine Trennung da, wo die Einheit am augenscheinlichsten sein sollte. Und doch stellte sich heraus, daß der Geist wechselseitiger Nachsicht und Demut sich als Band erwiesen hat, das der Spannung konfliktgeladener Überzeugungen standhält. Wenige Freunde würden heute die geheiligten Gebräuche anderer Zweige der Kirche verurteilen. In den letzten Jahren hat zudem ein führender Anglikaner mutig erklärt: „Könnte es nicht sein, daß es Gottes Wille ist, daß es innerhalb seiner sakramentalen Kirche auch Männer und Frauen mit der besonderen Berufung gibt, eine religiöse Ordnung (Gesellschaft) zu bilden, welche die Funktion hat, hier und jetzt in dieser Welt die Wahrheit: ‚*Deus non alligatur sacramentis*' (Gott ist nicht an die Sakramente gebunden) zu bezeugen? Ist es möglich, daß in dieser Periode unserer Spaltung er die ‚Gesellschaft der Freunde' berufen und dazu eingeübt und vorbereitet hat, jene Funktion in seiner vereinigten

Kirche zu erfüllen?"[1] Es scheint gegenwärtig so zu sein, daß der von der Beachtung heiliger Bräuche abweichende Kurs noch fortdauern muß, obwohl dies eines der stärksten Hindernisse für die Teilnahme der Quäker an den Bestrebungen für eine organische Einheit bildet, die sich in vielen anderen Kirchen entwickelt. Gelegentlich werden Freunde bei einem Abendmahlgottesdienst auf der Basis christlicher Bruderschaft willkommen geheißen und eingeladen, mit allen anderen teilzunehmen. In solchen Fällen überläßt die Freiheit des Quäkertums es den einzelnen Freunden, der Einladung Folge zu leisten, wenn sie die Führung des Geistes spüren – sei es, um die erfahrene Einheit durch die Teilnahme an dem symbolischen Akt zu bekunden, sei es, um zu bezeugen, daß die Verwirklichung der Einheit den äußeren Akt vergeistigen kann.

Wenn die Freunde zögern, über die Teilnahme am Sakrament des Altars zu diskutieren, so sind sie noch schweigsamer bei dem Thema „Taufe". Kirchliche Dogmen über die Bedeutung der Taufe sowie theologische Lehrmeinungen berühren ein Gebiet, auf dem Freunde besonders die Gefahr sehen, daß Undefinierbares durch Worte gefesselt und gefangengehalten wird. Obwohl die theologische Interpretation der Geheimnisse der Eucharistie für viele Freunde wenig Überzeugungskraft hat, ist die Erfahrung, welche die Worte übermitteln möchten, etwas, das Freunde mit voller Gewißheit anerkennen können. Freunde sind nicht annähernd so bereit, die Erfahrung, die dem Ritus der Taufe zugrunde liegt, anzuerkennen. Sie würden gerne mit ihren Mitchristen die Realität des Bundes, der alle verbindet, die bewußt oder unbewußt vom Lichte des Geistes Christi in die Gemeinschaft der Kirche geführt werden, bejahen, aber sie leugnen energisch, daß dieser Bund durch einen beabsichtigten Ritus ins Leben gerufen worden ist, oder, daß die Kirche Christi mit der Gemeinschaft der Getauften identifiziert werden kann. Wenn die Kindertaufe angesehen wird als ein sichtbares Zeichen des lebendigen Verantwortungsgefühls einer Gemeinde gegenüber dem neuen Leben, das ihr anvertraut ist, haben die Freunde keine Schwierigkeit, ihre Bedeutung anzuerkennen, und es ist in einigen Quäkergemeinden üblich, die neugeborenen Kinder der Mitglieder zu diesem Zweck in einen Gottesdienst zu bringen. Aber es ist klar, daß diese Einstellung jene Christen nicht befriedigen kann, für die die Kindertaufe eine viel tiefere Bedeutung besitzt.

[1] Leonard Hodgson, *„The task of the 3rd World Conference on Faith and Order"*. *The Ecumenical Review,* Oct. 1952.

Was die Erwachsenentaufe oder die Taufe von Gläubigen betrifft, so würden Freunde wiederum die fundamentale christliche Erfahrung anerkennen, daß es die Gabe des Heiligen Geistes und nicht der eigene Wille ist, die den Menschen befähigt, das Licht Christi in seinem Leben widerzuspiegeln. Die Freunde freilich verstehen darunter eine fortdauernde Erfahrung. Das schließt nicht aus, daß von George Fox an zahlreiche Freunde einen bestimmten Augenblick der Erleuchtung, der zum Wendepunkt ihres geistigen Lebens wurde, erfahren haben. Es gibt ihrer wahrscheinlich ebenso viele, die davon überzeugt sind, daß die Kraft des Geistes in ihnen arbeitet, die aber durchaus keinen bestimmten Augenblick nennen könnten, an dem ihnen dieses zuerst bewußt wurde. Deshalb ist es für Freunde unmöglich, das Erlebnis eines Gläubigen, „ein neuer Mensch" zu sein, gleichzusetzen mit der Feier seiner Taufe oder Konfirmation.
Es wäre auch zu fragen, ob Quäker aus Abscheu vor Aberglauben die tiefe psychologische Erkenntnis von der Symbolik des Tauf- und Abendmahlsritus nicht etwa ungenügend verstanden haben. Aber hierauf komme ich später zurück.
Wir müssen uns also damit abfinden, daß in der Begegnung der Quäker mit den meisten ihrer Mitchristen die Frage der Sakramente eher trennend als verbindend wirkt. Es liegt nicht einfach daran, daß die meisten Freunde nicht fähig sind, ihre Interpretation in den theologischen Ausdrücken, die bei den anderen Kirchen gebräuchlich sind, auszudrücken. Der Kernpunkt der Verschiedenheit liegt in der „Voraussetzung, daß Gottes Gnade, die Mitgliedschaft in der Kirche und der Besitz des Geistes in einer Weise untrennbar von gewissen Riten und Praktiken sind".[2] Wirklich aufregend in der Entwicklung der Kirchen heute ist es, daß wir lernen, daß die, welche zu dieser Voraussetzung „Ja" und jene, welche „Nein" dazu sagen, nicht unwiderruflich getrennt sind, sondern in der größeren Einheit einer getreuen Jüngerschaft zusammengehalten werden.
Wir wenden uns nun einem zweiten Gebiet zu, auf dem sich die „Gesellschaft der Freunde" von anderen christlichen Kirchen unterscheidet, die an einem übereinstimmenden Glaubensbekenntnis festhalten. Dieses stellt einen Stein des Anstoßes dar, der die Gesellschaft von der Teilnahme an der wichtigsten Institution der ökumenischen Bewegung, dem Ökumenischen Rat der Kirchen, ferngehalten hat. Tatsächlich brachte die Auseinandersetzung innerhalb der Gesellschaft bei der Frage der Annahme der Mitgliedschaft in jener Körperschaft und in

[2] M. A. Creasey, *The Quaker understanding of Baptism,* 1957.

ihrem nationalen Gegenstück, dem Britischen Kirchenrat, die Folgen, die sich aus diesem Quäkerzeugnis ergeben, mehr denn je in den Brennpunkt der Aufmerksamkeit. Freunde haben gewiß viel Erfahrung im Nicht-mittun, im Nonkonformismus. In der Vergangenheit erduldeten sie mit anderen Dissidenten schwere Benachteiligungen durch das Strafrecht, weil sie Eide verweigerten, den Zehnten nicht zahlten, das Tragen von Waffen ablehnten, ja sogar die übliche höfliche Anrede vermieden. All dies entsprang einer glühenden Treue zur Idee der religiösen Freiheit, die jede Form von Zwang ablehnt und nur die göttliche Autorität des „Inneren Lichtes“ anerkennt. Aber die Entscheidung, welche die Gesellschaft treffen mußte, als sie die Einladung zur Mitgliedschaft im Ökumenischen Rat erhielt, schien gerade das zu verneinen, was sonst den Quäkern so sehr am Herzen liegt, nämlich die Manifestation des Geistes der Versöhnung.

Die Vorbedingung für die Mitgliedschaft im Ökumenischen Rat lautete in ihrer ursprünglichen Fassung:

„Der Ökumenische Rat der Kirchen ist eine Gemeinschaft von Kirchen, die unseren Herrn Jesus Christus als Gott und Heiland anerkennen.“

Hier war eine Glaubensfeststellung getroffen, die es allen Unterzeichnungswilligen möglich machen sollte, Mitglied zu werden. Warum sah sich die Londoner Jahresversammlung der „Gesellschaft der Freunde“ außerstande, diese Feststellung für sich zu akzeptieren?

Um die komplexe Natur dieser Entscheidung richtig verstehen zu können, darf man nicht vergessen, wie sehr die Freunde in den ersten Jahren unseres Jahrhunderts die Anzeichen im kirchlichen Leben für den wachsenden Wunsch nach wirklicher christlicher Einheit begrüßt und die Anfänge der ökumenischen Bewegung unterstützt haben.

Ganz bestimmt haben sich die englischen Freunde nicht geweigert, die Mitgliedschaft im Ökumenischen Rat anzunehmen, weil sie etwa gegen die Konzeption der christlichen Einheit gewesen wären. Es war für viele Freunde eine schmerzliche Entscheidung, und sie war nur gerechtfertigt durch ihre noch tiefere Überzeugung, daß „eine zur Formel erhobene Glaubensaussage keine rechte Basis für die Förderung der Einheit bilde“ – so ausgedrückt während der Londoner Jahresversammlung 1940, als die Einladung abgelehnt wurde.

„Die vorgeschlagene Grundlage ist für Freunde unannehmbar, weil sie glauben, daß keine Formulierung ihrer Glaubensgrundlage gerecht werden kann und den Ruf zur Andacht und zum Dienst im gemeinsamen Leben, um unseres Herrn Jesus Christus willen, ausdrücken kann, von dem sie sich mit anderen Christen angesprochen fühlen.“

„Freunde glauben, daß es vom Standpunkt des Rates selbst ein Fehler ist, eine Formulierung anzunehmen, die für eine Anzahl Christen bestimmt unbefriedigend ist, und sie meinen, es wäre besser, die Mitgliedschaft für alle Kirchen offenzuhalten, die christlich sein wollen und den Wunsch äußern, beizutreten und die Arbeit des Rats zu fördern."

Ein weiterer Auszug aus demselben Dokument ist ebenfalls wichtig: „Obwohl wir nicht in der Lage sind, die an uns ergangene Einladung anzunehmen, möchten wir so weit wie möglich mit denen in Verbindung bleiben, die sich bemühen, alle Christen in eine tiefere Gemeinschaft zu ziehen."

Seitdem das geschrieben worden ist, hat es viele Beispiele gegeben für die Realität der Einheit zwischen Freunden und Christen anderer Kirchen, und zwar dort, wo sie gemeinsam versuchen, der Not in der Welt entgegenzutreten.

Ich habe die Stellung der „Gesellschaft der Freunde" in England zum Ökumenischen Rat der Kirchen deswegen so ausführlich dargestellt, weil sich hierin die Konsequenzen der Quäkerhaltung gegenüber Glaubensartikeln in einer bestimmten Situation kristallisiert haben. Diese Haltung haben sie jedoch seit den frühesten Zeiten eingenommen. Die klarste Darlegung stammt jedoch aus neuerer Zeit und findet sich in der Erklärung aus dem Jahr 1917: Die wahre Grundlage der christlichen Einheit *(The true basis of Christian Unity):*

„Wir weisen nicht im geringsten den Versuch zurück – der Mensch als rationales Wesen muß ihn machen –, die Gedanken, die in der religiösen Erfahrung inbegriffen sind, intellektuell zu formulieren ... Aber man sollte sich immer darüber im klaren sein, daß alle solche Versuche etwas Vorläufiges an sich haben und niemals als endgültige und letzte Wahrheit hingestellt werden können. Es muß immer Raum geben für Entwicklung und Fortschritt, und das christliche Denken und Forschen sollte niemals durch Theorien gehemmt werden. Zu den Gefahren der formulierten Glaubenssätze gehören etwa diese: Sie neigen dazu, Gedanken über Dinge, die stets jenseits aller endgültigen, menschlichen Aussage liegen, in feste Formen zu bringen. Sie fesseln die Suche nach Wahrheit und dem ihr genügenden Ausdruck. Sie richten einen Zaun auf, der manche aufrechte, suchende Seele, die gerne innerhalb einer Kirche wäre, heraushält."

Solche Einstellung gegenüber Glaubensbekenntnissen birgt offensichtlich mehrere Gefahren in sich. Die haarscharfe Unterscheidung zwischen Dogma und Dogmatismus ist schwer aufrechtzuerhalten, und paradoxerweise kann gerade das Fehlen von Glaubenssätzen im Quäkertum selbst zum Dogma erhoben werden. Da Quäker der Möglichkeit, religiöse Erfahrung in theologische Sprache zu kleiden, mißtrauen, erliegen sie zuweilen der Versuchung, sich auf eine vage, gefühlsmäßige Terminologie zu verlassen, um ihrem Glauben Ausdruck zu verleihen, und während sie schnell mit der Feststellung bei der Hand sind, die Theologie habe ihre Grenzen überschritten, scheinen sie gegenüber der wesentlichen Funktion, die sie am richtigen Ort zu erfüllen hat, blind zu sein. Zum Glück zählt die Gesellschaft unter ihren Mitgliedern einige, die wirklich fähig sind, den Inhalt des Quäkertums in theologischer Fassung darzustellen, aber die Mehrzahl der Freunde fühlt schlicht und ehrlich, daß dieses ganze Gebiet nicht ihre naturgemäße Heimat ist. Es überrascht deshalb nicht, daß da, wo Christen aus verschiedenen Traditionen in einer von allen verstandenen und akzeptierten theologischen Erklärung ihre gemeinsame Ausgangsposition finden, die Quäker vielmehr ihre Gemeinschaftsbasis mit anderen Christen bei der Zusammenarbeit im praktischen Hilfsdienst erspüren.

Nicht weniger wichtig sind die Auswirkungen, welche die Quäkereinstellung zu den Dogmen mit sich bringt, wo es sich um die Begegnung mit Nichtchristen, mit Anhängern des Humanismus und mit Agnostikern handelt, denn bei diesen Begegnungen erkennt man am besten die Gefahren und auch die Stärke dieses besonderen Zeugnisses. Das Freisein von abgeschlossenen Glaubensdefinitionen hat Freunden eine gewisse Bereitschaft gegeben, das, was in den großen nichtchristlichen Religionen, wie im Hinduismus, im Buddhismus und im Islam, an Wahrheit enthalten ist, wahrzunehmen und daran Anteil zu nehmen. Hierbei besteht kein Monopolanspruch der Freunde. Ins einzelne gehende Studien der verschiedenen Weltreligionen sind vielmehr durch Gelehrte in anderen Kirchen unternommen worden. Aber das sind sozusagen Forschungen von Spezialisten gewesen, und es kann mit Recht behauptet werden, daß die Offenheit für Erleuchtungen aus der nicht-christlichen Welt, sowie das Übermitteln eigener Erleuchtungen an dieselbe, in das Denken jedes Quäkers „eingebaut“ ist.

Das hat die Bereitschaft, sich auf gleicher Ebene zu treffen, genährt. Ebenso ist es, wenn sich Quäker an Humanisten bzw. Anhänger des Humanismus wenden und dabei nicht die Unterschiede auf Grund formulierter Definitionen des christlichen Glaubens als erstes in den Mittelpunkt des Gesprächs rücken, wie es häufig bei solchen Begegnungen geschieht, sondern sich zunächst auf die Gebiete konzentrieren, auf denen Übereinstimmung herrscht, was fruchtbarer sein dürfte. Gerade bei solchen Begegnungen ist das Erlebnis der spezifisch christlichen Offenbarung der Brüderlichkeit, der innere Drang, der ein Treffen ins Leben ruft, höchst bedeutsam. Daran mag es liegen, daß Freunde so sehr zögern, ihre christliche Bestimmtheit in eindeutiger Begrifflichkeit auszudrücken.

Was bereits über das Verhältnis der Quäker zu Glaubensbekenntnissen gesagt wurde, gilt ebenso für die Haltung der Freunde der Bibel gegenüber. Diese könnte von denjenigen Christen, welche die Autorität der Heiligen Schrift zum Mittelpunkt ihres Glaubens machen, mit schwerwiegender Mißbilligung angesehen werden.

Diese Einstellung entstand ursprünglich dadurch, daß die Quäker sich freimachten von der puritanischen Abhängigkeit vom Buchstaben der Bibel und von der puritanischen Behauptung, außerhalb der Schrift gäbe es kein Zeugnis von Gottes Geist im menschlichen Herzen. Dies verneinten die frühen Quäker aufs heftigste. Sie erklärten, es sei der Geist und nicht die Schrift, der „Menschen in die Wahrheit führt". Dennoch behaupteten George Fox und andere Quäker seiner Zeit immer wieder, daß alles, was ihnen durch das Wirken des Geistes direkt offenbart wurde, in vollem Einklang mit der Schrift stehe, und sie zitierten dauernd die Heilige Schrift, um ihre Predigt zu bekräftigen. Tatsächlich war ja die Wirklichkeit der geistigen Führung, auf die sie sich beriefen, in der Bibel selbst belegt. Es konnte also keine Rede davon sein, die Freunde beachteten die Bibel nicht. Ihre Botschaft, die wie ein großer Sturmwind der Befreiung auf Männer und Frauen einwirkte, die sich mit der Unfreiheit des wörtlichen Bibelglaubens abkämpften, war ganz im Evangelium verwurzelt.

Ist dies wieder eine der typischen Haarspaltereien der Quäker, die viele andere Christen so verwirrend finden? Besteht die ursprüngliche Überzeugung die Probe durch die Zeit und ist sie von Bedeutung für die Situation heute?

Zunächst muß man zugeben, daß das moderne Verständnis psychologischer Zusammenhänge die Vereinfachungen der frühen Freunde, die behaupteten, ihnen sei die Erkenntnis der Wahrheit unabhängig von der Heiligen Schrift gegeben worden, in Frage stellt. In Wirklichkeit waren sie geistig durchtränkt von biblischer Lehre, und niemand würde heute leugnen, daß Ideenassoziation die Richtung unseres unterbewußten Denkens stark beeinflussen kann.

Ferner war es die genaue Buchstabengläubigkeit, welche die Puritaner des 17. Jahrhunderts unter Religiosität verstanden, wozu die Freiheit der Quäker einen scharfen Kontrast bildete; aber dieser Gegensatz ist nicht länger maßgebend, außer bei einigen extremen Fundamentalisten. Zwischen diesen und den Quäkern besteht noch die alte Differenz, aber im übrigen befinden sich die Quäker jetzt auf der Seite der Mehrheit. Im modernen Quäkertum ist das Besondere an der Stellung zur Bibel bedingt durch die Weigerung der Freunde, der biblischen Offenbarung einen exklusiven Vorrang zu geben. Sie meinen, derselbe Geist, der die Verfasser der biblischen Bücher inspirierte, arbeite auch in den Herzen von Menschen außerhalb der christlichen Kirche und sei auch in nicht-christlichen Schriften erkennbar. Sogar in dieser Beziehung stimmt man weit mehr mit anderen Christen überein als früher, da die Kenntnis von der Rolle, welche die Weltreligionen in der Menschheitsgeschichte gespielt haben, eine sehr veränderte Einstellung zu den Beziehungen zwischen „Christen" und „Heiden" gebracht hat. Das Gebiet, auf dem die heutigen Quäker nicht auf dem laufenden sind, ist die biblische Exegese. Die „Gesellschaft der Freunde" hat gewiß mehrere bedeutende Bibelgelehrte hervorgebracht, und während der ganzen Zeit, in der an der Neuübersetzung und Herausgabe der „Neuen Englischen Bibel" gearbeitet wurde, haben Freunde mitgewirkt. Aber man muß eingestehen, daß sich die Freunde bei dieser Aufgabe sehr auf die Führung der anderen verlassen mußten. Hinzu kommt, daß die Freunde, insofern, als die Theologen anderer Kirchen heutzutage die Anwendbarkeit der biblischen Theologie auf die derzeitige menschliche Situation darlegen, noch viel zu lernen haben.

Die dritte ungewöhnliche Verfahrensweise der Quäker, mit der wir uns beschäftigen, ist ihre Form des Kirchenregiments. Dieses entspringt direkt der Quäkerauffassung von der Natur der Autorität, die sowohl die Achtung vor der Einzelperson als auch die Bereitschaft, korporative Verantwortlichkeit zu akzeptieren, umschließt; auch geht es von der Überzeugung aus, daß die Geschäfte und Angelegenheiten des täglichen Lebens gestützt auf das Andachts- und Gebetsleben und auf diese bezogen sein müssen. Freunde stehen durchaus nicht allein mit diesen Überzeugungen, aber man kann vielleicht behaupten, daß sie ihre Konsequenzen besonders kompromißlos gezogen haben. In der Verwaltung der Quäkergemeinschaft ist ohnehin die Verantwortung aller Mitglieder bei der Ordnung des inneren Lebens der Gesellschaft und ihrem Dienst an der Welt eng verbunden mit dem Vertrauen auf direkte göttliche Führung der Gemeinschaft. Dieses Kirchenregiment, das ohne die Autorität einer ausgebildeten Geistlichkeit oder dazu bestimmter Führer vor sich geht, an dem jedes Mitglied beteiligt ist oder zum mindesten Zugang zu allen Stellen

hat, die sich mit Planung und Administration befassen, muß dem Außenstehenden als das äußerste an Demokratie erscheinen.
Doch für den Quäker scheint diese Form der Kirchenregierung nicht in erster Linie demokratisch zu sein, sondern sie erscheint ihm als das gemeinsame Befolgen der göttlichen Führung. Wie fehlerhaft und begrenzt auch die Reaktion darauf sein mag, wie langsam man auch bei diesem Verfahren vorwärtskommen mag, die Quäker bleiben davon überzeugt, daß durch diese Methode die größtmögliche Einigkeit und die beste Entscheidung erzielt wird.
Es macht sich daher bemerkbar, daß, wenn es zu zwischenkirchlichen Beratungen oder Unternehmungen kommt, es an einer entsprechenden Dienststelle fehlt, mit der die Geistlichkeit anderer Konfessionen Verbindung aufnehmen kann. Aber es ist ein großer Unterschied zwischen dem Verfahren, durch welches bei der „Gesellschaft der Freunde" das Resultat gemeinsamer Überlegungen in Worte gekleidet wird, und jenem, durch welches die Erklärungen anderer Kirchen zustande kommen. Obgleich es zweifellos Mitglieder der Gesellschaft gibt, die durch ihr Ansehen als führende Exponenten des Quäkertums betrachtet werden, so wird jede Gruppenerklärung so angesehen, als ob alle Mitglieder daran teilhätten. Abweichende Meinungen werden nicht einfach überstimmt, weil keine Entscheidung durch Mehrheitsbeschluß herbeigeführt wird, und obwohl ein tiefes Verantwortungsgefühl dazu beiträgt, das Gedankengut aus der Vergangenheit getreu zu erhalten, ist die Gesellschaft nicht an eine „hochheilige" Grundsatzformel oder überlieferte Tradition gebunden. Was nach Ansicht der Quäker ein solches System davor bewahrt, in eine Sackgasse widerstrebender Meinungen zu geraten, ist die Gegenwart des göttlichen Geistes, der alle, die sich seiner Führung unterwerfen, in Einmütigkeit zusammenbringt. Die Schwachheit und Unvollkommenheit der menschlichen Natur verhindert allzuoft die Verwirklichung dieser Erwartung. Aber die Quäker bleiben unerschüttert bei ihrer Überzeugung, daß nur diese Methode mit ihrem Glauben vereinbar ist.
Der Unterschied dieser Art von Kirchenverwaltung und denjenigen anderer Konfessionen ist vielleicht weitreichender als irgendein anderer Unterschied, der hier aufgeführt wurde, denn in diesem Falle haben die Freunde nicht nur ein anderes System zu ihrer Verwaltungsgrundlage gemacht, sondern sie haben es auch auf die praktische Handhabung menschlicher Probleme und besonders auf die Lösung von Konflikten und das Herbeiführen der Einigkeit mit Erfolg angewendet. Dies könnte wirklich unter Umständen der positivste Beitrag sein, den das Quäkertum gegenwärtig anzubieten hat. Auf den

ersten Blick scheint die Hartnäckigkeit der Quäker, zu warten, bis innerhalb der Gruppe ein gemeinsames Gefühl *(„Sense of the Meeting")*[3] die Bereitschaft, einen Schritt vorwärts zu tun, klar bestätigt hat, die ökumenische Bewegung innerhalb der „Gesellschaft der Freunde" im Gegensatz zu mancher anderen Kirche, stark zu verzögern.

Aber es ist nicht bloß Vorsicht, die diese Quäkerhaltung diktiert. Eher steht dahinter die tiefe Überzeugung, daß die Einigkeit, welche durch diese Disziplin erreicht wird, wirklich bleibend ist, während jeder auferlegte Druck, wie vernünftig er auch erscheinen mag, untauglich ist, das zu schaffen, was ein Geschenk des Heiligen Geistes ist. Während es den englischen Freunden deshalb unmöglich war, sich der Organisation der ökumenischen Bewegung anzuschließen, ergreifen sie eifrig jede Gelegenheit, die ihnen der Rückgang des Konfessionalismus bietet, um mit anderen Christen den Dienst der Kirche an der Welt zu teilen sowie auch ein tieferes Verständnis ihrer verschiedenen Gesichtspunkte in dem lebhaften und herzlichen Gedankenaustausch bei interkirchlichen Konferenzen und Studiengruppen zu gewinnen, im Vertrauen darauf, daß sie sich in der rechten Richtung bewegen.

Ein Beispiel für die praktische Auswirkung solcher Überzeugung war der Anteil der Quäker am Aufbau der Colleges in Selly Oak, einer Hochschulgruppe in Birmingham, in welcher die Hauptrichtungen der protestantischen Kirchen vertreten sind, und welche ursprünglich aus der Quäkerstiftung „Woodbrooke" hervorging. „Woodbrooke" ist ein Zentrum, das in Vergangenheit und Gegenwart viel getan hat, um Freunde in Berührung mit dem Denken und dem Dienst anderer Christen in der ganzen Welt zu bringen.

Das Studium der ökumenischen Bewegung wird vielleicht zu oft beschränkt auf die Prüfung der Glaubensanschauungen, durch die sich die verschiedenen Zweige der christlichen Kirche voneinander unterscheiden. Obwohl es wichtig ist, daß solche Prüfung ehrlich und furchtlos vorgenommen wird, findet man im Bereich der persönlichen Begegnung ein Anzeichen für die fruchtbare und wachsende Verwirklichung der Gemeinschaft – wenn auch gleichzeitig weitere Schwierigkeiten dabei zutage treten. Hier, beim persönlichen Umgang nämlich und bei der Zusammenarbeit, ist es nicht nur der Unterschied, wie man von Haus aus an die Dinge herangeht, sondern es sind auch die

[3] Um zu einer Entscheidung zu kommen, warten die Freunde immer auf ein Gruppengefühl: Rechtes Maß und rechte Ordnung unter Gottes Willen und *„the sense of the Meeting"*, welches der „Schreiber", der Vorsitzende, zu erspüren und in Worte zu fassen hat. (Anm. d. Übers.)

Angewohnheiten im Denken und Betragen, das Gefühlsbetonte und das, worauf man besonderen Wert legt, die berücksichtigt werden müssen. Anders ausgedrückt: das angesammelte Ergebnis einer besonderen Umgebung und Lebensordnung spielt eine nicht zu unterschätzende Rolle im gegenseitigen Sich-Kennenlernen.

Wir sollten uns daher genauer ansehen, auf welche Weise Geschichte und Umgebung den Charakter der „Gesellschaft der Freunde" geformt haben und wie dadurch die Beziehungen der Quäker zu ihren Mitchristen beeinflußt wurden.

Die große Bedeutung der Philanthropie in der Geschichte der Quäker entspringt ihrer frühzeitigen Erkenntnis der Christenpflicht, den Mitmenschen in materieller Notlage zu helfen. Diese führte sie später zu der Überzeugung, daß soziale Verantwortung und Gerechtigkeit nur dann richtig funktionieren, wenn sie in Übereinstimmung mit „Gottes liebevollen Absichten" gebracht werden. Bei solchem Dienst erfuhren Freunde zuerst die Bereicherung, die ihnen durch die Zusammenarbeit mit anderen Christen, die sich aus ähnlicher Überzeugung derselben Aufgabe gewidmet hatten, zuteil wurde. Im 19. Jahrhundert kämpften sie Seite an Seite mit anderen gegen Sklaverei und für soziale Gerechtigkeit, wodurch sie aus der Zurückgezogenheit des vorhergehenden Jahrhunderts herausgeholt wurden. Seitdem hat das Engagement der Quäker in der Erziehung, im Verhältnis der Rassen zueinander und in jeder Art von Sozialarbeit sie zunehmend mit Vertretern anderer Konfessionen zusammengeführt, während durch die technische Entwicklung unseres Zeitalters die Notwendigkeit christlicher Verantwortung gegenüber der Welt klarer und dringlicher gesehen wird. Heute befähigt die ökumenische Bewegung die Kirche, auf diesem Gebiet so einstimmig zu sprechen wie nie zuvor, und Freunde finden viele Möglichkeiten, bei gemeinsamen Bemühungen mitzuhelfen; sie nehmen aktiv Anteil an Organisationen wie „Christliche Hilfe" und „Christliche Aktion". Obgleich die „Gesellschaft der Freunde" in England nicht Mitglied im Weltkirchenrat ist und beim Britischen Kirchenrat nur „assoziiertes" Mitglied, wurden bezeichnenderweise einzelne Freunde schon oft eingeladen, wegen ihres Spezialwissens oder ihrer Erfahrung an der Arbeit einer der vielen Abteilungen oder Kommissionen dieser beiden ökumenischen Körperschaften teilzunehmen, und sie haben diese Einladungen im allgemeinen gerne befolgt.

Es mag daran erinnert werden, daß eines der ersten Gebiete, auf dem die Schmach der geteilten Kirche den Antrieb zu einer ökumenischen Entwicklung verstärkt und belebt hat, das Feld der Äußeren Mission war. Wie die Freunde, konfrontiert mit diesem besonderen Anruf, versucht haben, ihm gerecht zu werden, wird in einem anderen Kapitel behandelt. Hier aber ist es wichtig, darauf aufmerksam zu machen, daß die Reaktion der Quäker auf Situationen des Leidens und auf Katastrophen dazu geführt hat, nicht nur Freunde in entlegene Gebiete mit vollständig andersartigen Lebensbedingungen zu entsenden, sondern dabei auch die Erfahrung der Gemeinschaft mit allen, die in den Werken des Erbarmens und des Heilens im Einsatz sind, zu machen, wobei das Gefühl der Verbundenheit die Glaubensunterschiede überwand. Die tatkräftige Teilnahme am Hilfswerk nach jedem Weltkrieg brachte die Freunde in Berührung mit Mitarbeitern aus fast allen anderen Kirchen und führte sie in Elendsgebiete, wo sie es lernten, an den Leiden der Allgemeinheit Anteil zu nehmen, ob es nun in der Hauptsache Katholiken, Orthodoxe, Protestanten oder auch Moslems oder Hindus waren. So wurden Bande geknüpft, die niemals wieder gelöst wurden, und es wurde der Grund zu einem großen, positiven Beitrag in ökumenischen Beziehungen der „Gesellschaft der Freunde“ gelegt.

Das Quäker-Friedenszeugnis hat auch eine wichtige Rolle dabei gespielt, Freunde zu schöpferischen Begegnungen mit ihren Mitchristen zu bringen. Lange Zeit hindurch war die „Gesellschaft der Freunde“ fast die einzige Organisation innerhalb der christlichen Kirche, die eindeutig erklärte, daß Krieg gegen den Willen Gottes sei und daß die Nachfolge Christi den Glauben an die Macht der Liebe fordere, wie hoch auch die Opfer sein mögen, die man dafür bringen muß, da man auf Waffengewalt als Mittel zur Lösung menschlicher Konflikte verzichtet. Die schreckliche Erfahrung zweier Weltkriege und die selbstmörderische Torheit des ungehemmten Wettrüstens hat Christen in vielen Teilen der Kirche wachgerüttelt angesichts der drohenden Gefahr. Quäker, Mennoniten und Brüder erleben nun, daß ihre Botschaft von Katholiken, Orthodoxen und Protestanten gehört wird.

Wir können hier nicht den Versuch machen, die soziologischen Faktoren, die bei der Entwicklung der „Gesellschaft der Freunde“ in Großbritannien eine Rolle gespielt haben, zu prüfen; aber ihre Auswirkungen haben gewisse Konsequenzen für ihr Verhältnis zu anderen christlichen Konfessionen. Im allgemeinen gehören die Mitglieder der Gesellschaft vorwiegend der Mittelklasse an. Das war nicht immer der Fall. Die meisten Quäker der ersten Generation waren kleine Bauern, Handwerker oder Händler, obwohl mitunter auch einige bemerkenswerte Beitritte aus dem Landadel und der Gutsbesitzerklasse vorkamen. Ihre Nachkommen im 18. Jahrhundert waren ständig erfolgreich im Handel und Bankwesen, und als das Industriezeitalter begann, spielten Freunde eine zunehmend einflußreiche Rolle als Fabrikanten.

Jetzt, das heißt in den letzten hundert Jahren, hat sich der Anteil der Freunde in den akademischen Berufen, besonders im Lehrerberuf, ständig vergrößert. Dadurch und durch die Erinnerung an die in der Frühzeit erlittene Ächtung, haben die Quäker, soweit sie wohlhabend sind, ein starkes Gefühl für die Verantwortung, die mit Reichtum verbunden ist, und eine lebhafte Sympathie mit den Unterprivilegierten der Gesellschaft. Gleichzeitig hat ihr Interesse für und ihre hohe Einschätzung der Erziehung in nicht geringem Maß ihre intellektuelle Aktivität gesteigert. Während ihrer ganzen Geschichte sind die Quäker von dem Studium der Naturwissenschaften in ihren verschiedenen Sparten angezogen worden, und eine Anzahl bedeutender Wissenschaftler ist aus ihren Reihen hervorgegangen. Dabei ist die Vorurteilslosigkeit der Freunde von Bedeutung, die die Voraussetzung für jede wissenschaftliche Forschung ist, sowie die zusätzliche Bereitschaft, die revolutionären Konsequenzen modernen religiösen Denkens zu prüfen. Wie Maurice Creasy, Studiendirektor am Woodbrooke College, in seiner Swarthmore-Vorlesung von 1969 *(„Bearings“)* ausgeführt hat, enthält der Begriff der sogenannten „Neuen Reformation“ Gedankengänge, welche die Freunde, trotz ihres instinktiven Mißtrauens gegen Theologie, als alte Bekannte erkennen sollten. Wahrscheinlich empfinden auch die Freunde, da das Studium der Naturwissenschaft und dasjenige der Theologie sich heute eher aufeinander zubewegen, anstatt sich zu bekämpfen, daß sie in ein so fruchtbares Gespräch mit anderen Christen über diese Fragen gezogen werden, wie nie zuvor.

Man muß jedoch diese letzte Beobachtung dahingehend einschränken, daß es auch heute noch bei den Freunden ein beträchtliches Mißtrauen gegenüber dem Intellektualismus gibt. Trotz der Vorteile des Universitätsstudiums, für dessen Verbreitung die Freunde viel getan haben, machen sie immer noch häufigen Gebrauch von dem Ausspruch von George Fox: „Die Erziehung in Oxford oder Cambridge genügt nicht, Männer zu Dienern Christi zu bereiten und zu qualifizieren.“

Obwohl Freunde heute zu ihrer eigenen Bestürzung finden, daß sie im Lauf der Zeit in hohem Maß mit einer bürgerlichen Kultur eine Verbindung eingegangen sind, welche die Universalität ihrer Botschaft entsprechend eingeschränkt hat, so hat doch das Erbe der Quäker, innerhalb ihrer Gesellschaft keinen Rangunterschied und keine hierarchische Würde anzuerkennen, sie mit einem wichtigen Aktivposten im Feld menschlicher Beziehungen ausgestattet. In der Vergangenheit machte die unerschütterliche Weigerung der Quäker, einen Titel oder eine Anrede, die einen Menschen über den anderen erhob, anzuerkennen, sie lächerlich und brachte sie in eine schiefe Lage. Sie ertrugen dies ohne Bitterkeit und überlieferten ihren Nachkommen eine tiefverwurzelte Achtung vor der Würde jedes menschlichen Wesens als eines Gotteskindes, das in sich „Das von Gott" trägt. Dieses, zusammen mit der Anerkennung der vollständigen Gleichheit der Geschlechter, gibt Freunden bei Begegnungen mit ihren Mitmenschen eine gewisse ruhige Gelassenheit, die alle Unterschiede von Klasse, Rasse oder Bekenntnis überwindet. Diese Einfachheit verlangt nach wie vor Integrität. Obgleich sie nicht wie früher die anderen wütend macht, kann sie sie doch noch aus der Fassung bringen. Gelegentlich mögen Freunde immer noch anstößig oder naiv erscheinen. Doch wenn diese quäkerische Einfachheit aufrichtig und frei von aller Befangenheit ist, dann schafft sie eine Atmosphäre gegenseitigen Vertrauens und gegenseitiger Freundlichkeit.

Wenn man die Kraft der Liebe erkannt hat, die Gegenliebe hervorruft, wenn man plötzlich einen verwandten Geist erkennt, wo man ihn am wenigsten erwartet hat, weil er womöglich einer anderen Kultur und einem anderen Glauben angehört, dann weiß man, warum sich die Quäker weigern, die Gemeinschaft der Kirche durch formulierte Lehrsätze oder sichtbare Institutionen einzuschränken. Wenn sie außerhalb dieser organisierten Kirche besser Zeugnis ablegen können für die Realität der Einheit, welche größer ist als das, was man definieren kann, dann fühlen sie sich auf dem richtigen Platz.

Die Wichtigkeit der oben erwähnten Faktoren beim Aufbau fruchtbarer Beziehungen zwischen Christen unterschiedlicher Herkunft und Tradition ist leicht einzusehen. Mit unserer fortschreitenden Erkenntnis psychologischer Zusammenhänge bemerken wir auch weniger deutliche, aber vielleicht um so stärkere Einflüsse, welche sich auf die Beziehungen zwischen Gruppen auswirken, einschließlich der ökumenischen. Das Erkennen einiger zugrunde liegender Faktoren, die unsere Haltung und unser Benehmen beeinflussen, ist oft eine beunruhigende, aber nützliche Selbstprüfung, und es erhebt sich für Freunde die unbequeme Frage, bis zu welchem Grad ihre religiöses Verhalten bedingt ist durch Erziehung und Umgebung. Da sich die „Gesellschaft der Freunde" über die Länder der Erde verbreitet, müssen englische Quäker einsehen, daß ihr Denken manchmal mehr von ihrem angelsächsischen Erbe als von ihrem Quäkertum herrührt.

Freunde sollten auch erwägen, inwieweit ihre Quäkerumgebung und -erziehung sie daran gehindert hat, andere Formen des religiösen Ausdrucks zu verstehen und schätzen zu lernen. Generationen hindurch schlossen sich Quäker faktisch aus von aller Kunstausübung, und wir haben schon erwähnt, daß diese Haltung vielleicht zu einer Verringerung ihres Verständnisses für die Tiefen des liturgischen Gottesdienstes geführt hat. Eine weitere Frage ist nicht weniger schwierig, inwieweit nämlich die Anziehungskraft des Quäkertums mit dem Temperament zusammenhängt. Solch eine Betrachtungsweise steht glatt im Widerspruch zu vielen Quäkeräußerungen. Gleichwohl gibt es Beweise dafür, daß die Bedürfnisse von Menschen mit bestimmtem Temperament vom Quäkertum in seiner jetzigen Form nicht befriedigt werden können. Solche Fragen erfordern ein besonderes Studium. Zwei psychologische Faktoren freilich, die die „Gesellschaft der Freunde" angehen, fallen ins Auge und mögen hier Erwähnung finden, da sie einen direkten Einfluß auf die Beziehungen zwischen Freunden und anderen Christen haben.

Der erste dieser Faktoren macht einen Rückblick auf die Geschichte des englischen Quäkertums erforderlich. In den ersten 50 Jahren der Bewegung war das Quäkertum durch einen stark nach außen dringenden Geist geprägt.

Das Hauptanliegen der ersten Freunde war die Verbreitung ihrer Botschaft. Sie erlebten ihre Einheit in dieser Missionsarbeit. Es ist bezeichnend, daß in jenen frühen Tagen diejenigen, die in dieser Arbeit standen, besser gesagt von dieser Bewegung mitgerissen waren, nicht versuchten, unter irgendeinem Namen aufzutreten. Sie gebrauchten zwar verschiedene Bezeichnungen für sich selbst, aber es war der Spitzname „Quäker", der von ihren Widersachern abfällig gemeint war, unter dem sie im ganzen Lande bekannt wurden. Unter dem Namen „Quäker" wurden sie dann das Opfer bitterer und grausamer Verfolgung.

Was die Freunde in den ersten 50 Jahren ihrer Geschichte mit erstaunlichem Mut an Leiden ertrugen, gab ihnen ein Gefühl der wirklichen Stärke ihrer Gemeinschaft. Im folgenden Jahrhundert gingen sie aus dieser schweren Prüfung der Zahl nach vermindert, der potentiellen Führerschaft beraubt und schlimm verarmt hervor, aber sie fühlten sich ihrer Identität mehr wie zuvor bewußt. Und diese Identität war es, die sie auf der nächsten Stufe ihrer Entwicklung unter allen Umständen beibehalten wollten. Aus der strikten Kleiderordnung, den strengen Sitten und der wachsenden Hartnäckigkeit, die Reinheit ihres Glaubens vor jedem Flecken des Kompromisses zu bewahren,

entstand die „Religiöse Gesellschaft der Freunde", starr und exklusiv bis zu dem Grad, daß sie jedes Mitglied, welches sich ihren festgelegten Bräuchen nicht fügen wollte, ausschlossen.
Hier ist nicht der Ort, die spätere evangelische Erweckungsbewegung und die anderen Faktoren, welche die Gesellschaft aus ihrer Isolierung rissen und wahrscheinlich dadurch am Leben erhielten, zu prüfen. Worauf es ankommt, ist an die psychologische Wirkung zu denken, die diese Periode dadurch hatte, daß sie das „Quäker-Image" herausbildete. Daß jenes „Image" des 18. Jahrhunderts wenig Ähnlichkeit mit dem des modernen Quäkertums hat, ist nicht ausschlaggebend. Was bedeutsam ist, ist die Tatsache, daß es überhaupt ein „Quäker-Image" gibt. Es ist paradox, daß eine Gesellschaft, die bei der Organisation ihrer Mitgliedschaft die größte Offenheit zeigt und in welcher es einen verwirrenden Spielraum für verschiedene Glaubensanschauungen gibt, sich doch in beachtlicher Weise ihrer Identität bewußt ist, nicht greifbar, aber unmißverständlich. Der häufige Gebrauch des Adjektivs „quäkerisch" unter heutigen Freunden, was auch immer man darunter verstehen mag, ist bezeichnend. Sie fühlen sich identifizierbar, ja tief im Bewußtsein vieler Quäker ist die Furcht, daß die Ökumene den Verlust dieser Identität bringen würde. Das ist nicht einfach ein Festhalten an alten Eigenarten, sondern ein tiefsitzendes Problem. Identität und Berufung durch die „innere Stimme" sind nämlich eng verbunden. Wenn das eine geopfert wird, was wird dann aus dem anderen?
Wenn der soeben erwähnte psychologische Faktor daher kommt, daß die Gedanken der Freunde um ihre eigene Identität kreisen, so entsteht ein weiterer Faktor aus der Beschäftigung mit der Identität anderer Konfessionen. Das kommt daher, daß ein verhältnismäßig hoher Anteil der Männer und Frauen aus anderen Kirchen in die Gesellschaft eingetreten sind. Es ist schwer, diese Behauptung ohne Zuhilfenahme von statistischen Angaben zu belegen, aber man kann wohl mit Sicherheit sagen, daß 40 Prozent der englischen Mitglieder von außerhalb der Gesellschaft stammen. Es ist auffallend, daß heute jene, die der Gesellschaft beitreten, vorher oft keinerlei religiöse Bindung gehabt haben. Aber bis vor 20 oder 30 Jahren waren neue „Mitglieder aus Überzeugung" gerade solche, die aus mancherlei Gründen von ihren Ursprungskirchen geistig nicht befriedigt waren. In einigen Fällen bewahren diese neuen Mitglieder der Gesellschaft für die Kirchen, die sie verlassen haben, Liebe und Verständnis, aber bei vielen anderen, wie bei den meisten der ursprünglich zum Quäkertum Übergetretenen, hat die neue Mitgliedschaft ein Gefühl der Befreiung aus-

gelöst. Es überrascht deshalb nicht, wenn sie mit Mißtrauen jede Entwicklung beobachten, die so aussieht, als ob man drauf und dran wäre, das wieder anzunehmen, was einen früher zum Austritt bewegt hat. Freilich offenbart eine solche Haltung eine sehr oberflächliche Einschätzung der Ziele und des Geistes der ökumenischen Bewegung, und doch muß man sie ernst nehmen. Andernfalls würde man zu wenig Verständnis für den geistigen Kampf zeigen, aus welchem heraus sie ihre Mitgliedschaft gewechselt haben, und es ist verständlich, daß solche Freunde jede Entwicklung, die zu einer organischen Kirchenunion als Hauptmerkmal der Ökumene führen könnte, mit besonderer Aufmerksamkeit verfolgen und als solche heftig ablehnen.

Unglücklicherweise ergeben diese beiden psychologischen Grundhaltungen zur Identität ein ganz verzerrtes Bild. In beiden Fällen wird das Quäkertum selbst zum Mittelpunkt des Interesses, anstelle des Zieles, für welches das Quäkertum ins Leben gerufen wurde. Die Freunde sind durchaus nicht die einzigen, die hierin versagen. Jede Kirche wird von derselben Versuchung betroffen. Je tiefer das Gefühl der Treue und Ergebenheit zu der Gemeinde ist, in welcher die Realität der Bruderschaft erfahren wurde, um so größer wird die Versuchung sein. Auch ist diese nicht nur beschränkt auf die Treue zur eigenen Kirche. Die ökumenische Bewegung selbst ist der Gefahr ausgesetzt, die Loyalität der Christen auf die Kirche auszurichten, anstatt auf den Herrn und Meister der Kirche.

Damit kommen wir nun zum Kernproblem. Wir müssen ja bedenken, daß wir die ökumenische *Bewegung* untersuchen, nicht eine statische Lage, bei der es einfach darum geht, verschieden geformte Stücke aneinanderzupassen. Wenn wir glauben, daß das Wehen des Heiligen Geistes gegenwärtig alle Zweige der Kirche durchzieht und sie mitreißt in eine erneuerte und sich erneuernde Form, die vollkommener geeignet ist, die Sendung der Kirche zu erfüllen, dann stellt sich für Freunde die Frage, ob sich ihre Gesellschaft klar ist über die Richtung, die sie in Befolgung des göttlichen Rufes einschlagen soll, oder nicht. Von Zeit zu Zeit hat die Gesellschaft im Lauf ihrer Geschichte selbst nach einem frischen Verständnis ihrer Berufung gesucht und hat es auch erhalten. Nun, da die anderen Kirchen, in vielen Fällen mit Hangen und Bangen, ihren Weg in die Zukunft suchen, muß sich die „Gesellschaft der Freunde" auch selbst ehrlich und demütig prüfen. Freunde sind derzeit wirklich stark beunruhigt darüber, was denn die wahre Natur ihrer Berufung als Gesellschaft sein könnte. Dies wiederum verlangt ein klares gemeinsames Verständnis vom Wesen der christlichen Kirche überhaupt, und noch tiefer gehend, ein klareres Bekenntnis zur zentralen Stellung Jesu Christi. In diesem Punkt besteht ein beträchtlicher Meinungskonflikt. Da aber die Disziplin der Gesellschaft verlangt, daß Freunde tolerant zueinander seien, ohne daß ein Teil den anderen überstimmt, damit alle zusammen zur Einigkeit geführt werden können, muß bei anderen Christen ein verwirrender Eindruck entstehen von dem Auseinanderklaffen der Ansichten, die frei in Quäkerzeitschriften und bei Quäkerversammlungen geäußert werden.

Vielleicht können die wichtigsten Unterschiede der Standpunkte folgendermaßen zusammengefaßt werden:

1. Die Auffassung, die einen positiven Wert in der Unterschiedlichkeit der Konfessionen sieht, wonach jede *einen* Aspekt der religiösen Wahrheit enthält und so für eine Art der verschiedenen persönlichen und intellektuellen Bedürfnisse da ist, so daß sie in freier Vereinigung sich gegenseitig ergänzen.

2. Die Auffassung, welche die „Religiöse Gesellschaft" als eine Art *Vorläufer* oder *Pionierbewegung* innerhalb der christlichen Kirchen sieht, die jedoch nicht durch eine dogmatische Orthodoxie eingeschränkt ist und daher die Freiheit hat, um neue Gebiete der Offenbarung zu erforschen, sich den Nöten zu stellen, die bis dahin unerkannt geblieben sind, und eine lebende Brücke zu bilden zwischen der institutionellen Kirche und den Außenstehenden, soweit sie ernsthaft nach Wahrheit suchen.

3. Jene Auffassung, die zurückgeht auf den Anspruch der frühen Quäker, daß das Quäkertum eine umfassende und von anderen unterscheidende Deutung des Christentums zum Ausdruck bringt, die ihm geschenkt wurde zur Erneuerung der *ganzen* Kirche.

4. Jene Auffassung, welche die „Gesellschaft der Freunde" aufgerufen sieht, für eine Wahrheit zu zeugen, die von bleibendem Wert für das Leben der ganzen Kirche ist, und doch gleichzeitig ihre besondere Erkenntnis in Beziehung setzt und in Zusammenhang bringt mit dem *gesamten* christlichen Glauben und christlicher Erfahrung, wodurch sie sich selber verändert und bereichert.

Jede dieser Auffassungen hat ganz klar einen direkten Bezug auf das Ausmaß und die Form der Quäkerbeteiligung an der ökumenischen Bewegung und erklärt den weiten Spielraum der Standpunkte, der es so schwierig macht zu sagen, wie die Gesellschaft gerade jetzt zu einem bestimmten Problem steht. Aber wenn Freunde zuerst und vorwiegend darin geübt sind, untereinander zur Klarheit zu kommen, indem sie treu der Führung des Heiligen Geistes folgen, dann glauben sie, daß derselbe Geist in jedem Teil der Kirche wirkt. Und da jeder dem inneren Befehl folgt, werden sie alle zur Einheit geführt werden, denn, um Worte des frühen Freundes, Isaac Pennington, zu zitieren, die er 1659 schrieb:

„Es gibt einen Weg: Christus und Gottes Wahrheit; und derjenige, der im Glauben lebt und jenem Lichte gehorcht, das von seinem Geist in das Herz eines jeden Gläubigen strahlt, hat eine Ahnung von dem *einen* Herzen und dem *einen* Weg und weiß, daß die Verschiedenheit der Gebräuche, die auch göttlichen Ursprungs ist, die wahre Einheit nicht zerbrechen kann."

Kapitel V

DIE AMERIKANISCHEN QUÄKER UND DIE ÖKUMENISCHE BEWEGUNG

DEAN FREIDAY

In weiten Kreisen amerikanischer Freunde herrscht wenig Begeisterung für die ökumenische Bewegung. Einige stehen den kürzlich verkündeten ökumenischen Zielen kritisch gegenüber, andere den Praktiken der Kirchenräte. Viele mißtrauen jeder Art von „Ekklesiastizismus" oder „Institutionalismus". Die streng orthodoxen und bibelgläubigen Quäker, die im *„Friends' United Meeting"* verbunden und hauptsächlich im mittleren Westen der Vereinigten Staaten zu finden sind, wurden Mitglied des *„Federal Council of Churches of Christ in America"* (= Nordamerikanischer Kirchenbund) bei seiner Gründung im Jahre 1908 und hielten ihre aktive Mitgliedschaft aufrecht, als aus diesem Bund 1950 der Nationale Kirchenrat wurde. Die „Vereinigte Versammlung der Freunde" war auch eingetragenes Mitglied des 1948 in Amsterdam gebildeten Ökumenischen Rats der Kirchen. Freunde, die extremer evangelisch eingestellt sind, sowie deren Jahresversammlungen haben die Zugehörigkeit zu beiden Organisationen vermieden, da sie diese für zu liberal halten und zu sehr einem „sozialen Evangelium" zugewandt. Die theologisch liberaleren und die linksgerichteten Quäkergruppen, eingeschlossen in die als *„Friends' General Conference"* bekannte Dachorganisation, gehören mit ihren Jahresversammlungen durch kürzliche Vereinigung mit orthodoxeren Gruppen von Freunden zum Nationalen Kirchenrat und zum Ökumenischen Rat der Kirchen, obgleich einige der Jahresversammlungen in der *„Friends' General Conference"* sich strikt von ökumenischen Aktivitäten fernhalten.

Die Quäker hegen wie viele andere eine Abneigung gegen Glaubensbekenntnisse. Aber ist das Ableugnen jeglichen Bedürfnisses nach religiöser Aussage ein legitimer Sprößling dieses Widerstandes? Sind die von den Quäkern vorgeschlagenen Alternativen und der besondere Nachdruck, den sie auf bestimmte Dinge legen, klar genug, um die Aufmerksamkeit in einer Weise auf ihre Überzeugungen zu lenken, die andere dazu einladen könnte, sie sich anzueignen, das heißt sie zu übernehmen?

Die Spaltung in Geistlichkeit und Laien bei den anderen kann Schwierigkeiten für Freunde bieten, die einige ihrer Energien der ökumenischen Bewegung widmen wollen. Die Bedeutung des persönlichen „Anliegens" durch drei Jahrhunderte Quäkergeschichte ständig als Mittel der Einwirkung auf die Gesellschaft aufgezeigt, scheint in den ökumenisch üblicheren Annäherungsversuchen „von oben herab" verlorengegangen zu sein. Auch der äußerst wichtige Faktor der persönlichen Kontakte erscheint in diesen eher institutionellen Annäherungsversuchen abgestumpft.

Vielleicht kann man den Ökumenischen Rat und die nationalen Organisationen als „wohlwollende Bürokratien" beschreiben, obgleich sie ohne Frage offen und bemerkenswert frei für neue Einsichten bleiben, dazu aufrichtig und tüchtig. Aber es gibt Einschränkungen bezüglich des Ausmaßes, in dem der einzelne in der ökumenischen Maschinerie mitwirken kann, und auch in der Art und Weise, wie ökumenische Betätigungen ins Kirchenvolk hineinreichen. Offenbar kann nicht jeder einzelne mit dem Gefühl für „Anliegen" seinen Weg in die kleinen oder großen Kirchenräte finden. Wünschenswert ist, daß er sich auf lokaler Ebene beteiligt, also an der Stelle, wo die ökumenische Bewegung steht oder fällt und wo sie unglücklicherweise am schwächsten zu sein scheint. Selbst in den meisten örtlichen Kirchenräten ist die Initiative im wesentlichen „klerikal" und patriarchalisch. Emsige Bemühungen, die Laienmitwirkung auf freiwilliger Basis zu vergrößern, haben keinen Erfolg gehabt. Es müßte doch für das durchschnittliche Kirchenmitglied einen Platz geben, an dem es sich zur Mitwirkung berufen fühlt, besonders in den sogar die Vorstädte plagenden Fragen der Pflege und Fürsorge für andere. Sicherlich würde die Ankunft des ewigen Reiches Christi beschleunigt, wenn jeder Christ dazu gebracht werden könnte, von all den Jahren seines Lebens zwei Wochen für diese Art von Dienst herzugeben. Eine solche Gelegenheit zu christlichem Dienst, Mission oder Versöhnungswerk ist ganz verschieden von einer Philanthropie „von oben herab". In unserem eigenen lokalen Rat der Kirchen gibt es eine Gruppe von 30 Frauen, die seit über zehn Jahren die im Bezirksgefängnis inhaftierten Frauen besuchen, und, wenn Mütter dabei sind, in deren Familien aushelfen. Sie beschaffen Kleidung, erteilen Ratschläge und sorgen bei der Entlassung für Arbeitsmöglichkeiten. Mehr von dieser Art Dienstleistungen müßte auf ökumenischer Ebene betrieben werden.

Sowohl die Arbeit der Quäker für bessere Rassenbeziehungen als auch ihr mannigfaltiger Einsatz im weltlichen Dienst würden wahrscheinlich von einer Koordinierung mit gleichartigen ökumenischen Bemühungen profitieren. Man fragt sich, ob die Zeit nicht reif dafür ist, daß die Freunde wenigstens ihre Arbeit für die Rassenbeziehun-

gen mit derjenigen des Nationalen Kirchenrats vereinigen. In den letzten Jahren hat diese Organisation all ihre Kräfte vollständig neu geordnet, um der gestellten Aufgabe gerecht zu werden.
Es ist auch möglich, daß im Bereich der Weltentwicklungshilfe der Ein-Prozent-Fonds der Freunde für unterentwickelte Länder seine Ziele am wirkungsvollsten durch ökumenische Kanäle erreichen könnte.

I. Der Grad der Verschiedenheit in der Quäker-Theologie

Auf theologischem Gebiet stellt der Grad der Verschiedenheit des Quäkertums die meisten Probleme. Der einzige gemeinsame Ausgangspunkt für alle Quäker ist das frühe Selbstverständnis ihrer Bewegung. Man muß dies etwas näher erörtern, bevor man fortfährt, die ökumenischen Konsequenzen der heutigen Lage in Amerika zu betrachten. Die Freunde selbst sind sich sehr wenig des Grades bewußt, bis zu dem die frühe Quäkerbewegung ihre besonderen Ansichten nicht nur über Krieg, Frauen und Andacht hegte, sondern auch über die grundlegende christliche Lehre. Die Scholastik gab eine sorgfältige systematische Darstellung einer besonderen mittelalterlichen Synthese vorchristlicher griechischer Philosophie mit christlichen Überzeugungen. Daß die Quäker dies verwarfen, ging Hand in Hand mit gleicher Ablehnung der gesamten nicht-biblischen Terminologie der hauptsächlichen traditionellen Theologie. Die frühen Freunde betrachteten es als schwerwiegenden Irrtum und Verzerrung der christlichen Botschaft, sie in andere als biblische Ausdrücke zu fassen. Das ist vielleicht einer der Gründe, warum vieles in ihrer Lehre von der modernen, als „biblische Theologie" bekannten Wissenschaftsrichtung bestätigt wird.
Dies kann konkret erläutert werden durch den Vergleich von Aspekten des quäkerischen Gottesverständnisses mit denjenigen anderer westlicher Christen. Die Quäker hatten keine Geduld mit der „Drei-Personen"-Terminologie der üblichen trinitarischen Lehre mit all ihren feinen Unterscheidungen zwischen „gezeugt" und „nicht vom Menschen gemacht". Sie glaubten fest an die Dreieinigkeit Gottes, die Göttlichkeit Christi und die Anwesenheit und „gnadeverleihende" Rolle des Heiligen Geistes. Aber sie vermischten die Rollen dieser Personifizierungen so zwanglos wie der Apostel Paulus. Die Streitfrage, ob der Fürsprecher vor Gott Christus oder der Heilige Geist sei, oder eine vierte oder fünfte „Person" in der Dreifaltigkeit, war ihnen völlig unerheblich. Sie konnten für die gleichen Aspekte der

Göttlichkeit in beliebiger Reihenfolge sagen: „Geist", „Christ-Geist", „das Wort", „der Mahner" oder „Gott". Die scholastische Systematisierung der göttlichen Funktionen war für die Quäker „Begriffsreligion" und gehörte nicht zum „reinen Wissen", das von Gott kommt. Christus war für die Freunde das Wort Gottes, das allen Menschen heute und immerdar seine Gegenwart und sein Licht leiht. Er tut ihnen seinen Willen kund, einzeln und gemeinsam. Sein Geist, seine Weisheit und Gnade sind seinen Jüngern erreichbar. Seine Liebe und Kraft stützen sie in Zeiten der Prüfung. Seine Lehre und sein Beispiel sind die Grundlage ihres Lebens. Diese Art von „Christologie" war das Zentrum alles frühen teologischen Verständnisses der Quäker. Ihre Lehre betonte sein *Werk,* nicht seine *Person,* und sie bietet immer noch einen wichtigen Ausgleich zur traditionellen Theologie, deren Abirren in metaphysische Haarspaltereien in seiner Fruchtlosigkeit erst jetzt allgemein sichtbar wird.

Die Frage, welche die frühen Freunde durch ihre Auffassung der Sakramente, des sogenannten „Kirchenjahres", des geistlichen Dienstes und der Andacht erhoben, war sehr grundsätzlich. Es wurde gefragt: Inwiefern unterscheidet sich christliche Offenbarung von derjenigen des Alten Bundes? Im Gegensatz zu Calvin, der beide Testamente auf gleicher Ebene sah, verstanden sie das Neue Testament als absolut andersartig. Und die neutestamentarische Auslegung dieser Fragen im besonderen war für sie kein stückweises Beibehalten von Ordnungen des Alten Testaments. Die Freunde verwarfen die Riten des Alten Testaments, einschließlich der Taufe, Feiertagsheiligung und Festveranstaltungen des Tempelkults. Sie sahen keinen Grund, „Kommunion" und „göttliche Anwesenheit" auf eine Oblate am Altar zu beschränken.

Der theologische Beitrag der frühen Quäker ist bis zu diesem Punkt entwickelt worden, wo klar wurde, daß die Quäkerbewegung ihrer Art nach von den existierenden Zweigen des Christentums verschieden war. Sie als radikales Puritanertum oder Protestantismus einzustufen, gäbe nur eine teilweise Erklärung. Es hieße, die „Radikalität" einer Herausforderung zu verdunkeln, die bis zu den Wurzeln des Christentums vorstieß. Die Tiefe und Klarsicht dieser Herausforderung kann als sehr konstruktives Element in der jetzigen ökumenischen Neubeurteilung dieser Dinge dienen, wenn man die Auffassung der Quäker entsprechend formuliert.

Eine weitere Begrenzung dieses potentiellen Beitrags bedeutet die ungelöste Frage, ob das künftige Quäkertum an seinen Ursprüngen festhalten oder sie fast völlig abstreifen wird.

Es ist einer der merkwürdigen Einfälle der Geschichte, daß das moderne Quäkertum einige Anzeichen aufweist, zu einem rein rationalistischen Humanismus zu werden, obgleich seine Anfänge die Reaktion auf und einen Protest gegen die Übergriffe des Rationalismus auf die Offenbarung darstellten. Im 17. Jahrhundert vertraten die Cambridge-Platonisten eine anglikanische, philosophische Haltung gegenüber der Herausforderung durch den Rationalismus und den Humanismus der Renaissance. Im gleichen Zeitraum war der Sozinianismus von Lelio und Faustus Socinus in mancherlei Weise ein Vorläufer der modernen Lehre der Unitarier. Zur selben Zeit gab man einer allgemeinen theologischen Neigung nach, das Transzendente herunterzuspielen, das Christentum auf Theismus zu reduzieren und Jesus auf einen Platz unter den Propheten zu verweisen.

Im Gegensatz dazu beseitigten die Quäker alles, was einer unmittelbaren Beziehung zu Gott im Wege stand. Christus war nicht nur der „Gegenstand des Glaubens", er war „gegenwärtig" bei jeder Andachtsversammlung und präsidierte jeder Beratung der Kirchenverwaltung. Seine „Gegenwart" als Kraftquelle und Helfer gab seinen Jüngern die Stärke, große Leiden zu ertragen und dem Tod freudig entgegenzusehen. Anstelle der vorherrschenden Ansicht von der „Offenbarung" als eines logisch entwickelten Dogmenkomplexes sahen die frühen Freunde die Offenbarung als ein möglicherweise tägliches Vorkommnis, in dem die allmähliche Entfaltung des Willens Gottes stattfindet. In diesen „Eröffnungen", wie sie gern genannt wurden, bringt der Geist Christi dem Gläubigen alle Dinge in Erinnerung.

Für die ersten Freunde stand die Rolle Christi als Wort Gottes und Licht der Welt im Mittelpunkt, immer bereit, Gottes Gebote auszudrücken und sie für diesen Augenblick, diese Stunde, diese Zeit auszulegen. Über 400 Freunde gingen in den ersten 50 Jahren der Quäkerbewegung nach langer Gefangenschaft und grausamer Behandlung willig in den Tod. Sie waren überzeugt, daß Gott eine neue Blüte der apostolischen Vision bewirkt hatte, und sie sahen ihre eigene Erfahrung als Wiederholung derjenigen aus dem ersten Jahrhundert des Christentums. Sie glaubten fest, daß, was sie taten und erduldeten, der Wille Gottes für sie sei, und daß er sie aufgerufen hatte, für ihn zu sprechen – „Zeugnis abzulegen" – in Wort und Tat.

Wenn man heute einen Quäker fragt, für wen er spricht und warum er das tut, was er tut, werden die Antworten einer Anzahl von Freunden eine ganze Kette von Glaubensüberzeugungen darstellen. Die große Mehrzahl, sogar in Amerika, wo die Vielschichtigkeit am größten ist, dürfte noch eine gewisse Vorstellung von Christus als dem

Mittelpunkt ihres Glaubens haben. Andere werden vom Leben Jesu als beispielgebend für ihr Verhalten reden und seine Lehre im Sinne eines von mehreren Hauptwegen zur Wahrheit als „inspiriert“ bezeichnen. Einige werden das Quäkertum als von Gott berufen sehen, um die aus allen Religionen der Welt zu gewinnende Wahrheit auf einen Nenner zu bringen. Andere werden nur von dem Guten in allen Religionen sprechen – eine Art von neuzeitlicher Deismus. Einige werden ohne irgendeinen Bezug auf transzendentale Dinge über die Versöhnung zwischen den Menschen und ihren Umgang miteinander reden.

Wenn dieser Begriff der göttlichen Autorität auch gespalten erscheinen mag, so zweifle ich doch, ob er es ärger ist als vieles im amerikanischen Protestantismus und Anglikanismus. Die theologische Schule vom „Tod Gottes“ und Bischof Pike haben für einen größeren Teil dieser Gruppe gesprochen, als sie offiziell gern zugeben möchten. Aber im Quäkertum, wo das „Durchschnittsmitglied“ entweder die Kirchenzucht selbst festlegt oder über jedes Wort befragt wird, das darin aufgenommen wird, tritt die Unterschiedlichkeit offener zutage. Was aber an Übereinstimmung besteht, ist wirklich vorhanden und nicht nur eine offizielle Lackschicht über einem Großteil von Skeptizismus.

Das Tragische an all diesem ist, daß sowohl Protestanten als auch Quäker zu einer Art Clubbildung in der Religion neigen. Im Quäker-„Club“ bildet jetzt der Sonntag den Zeitpunkt, um zusammenzukommen und darüber zu beraten, wie die Schlacht gegen das „Böse“ steht. Das ist ein Kampf des einzelnen, geführt nach den Richtlinien persönlichen Glaubens. Die wenigen traditionellen Grenzen, die noch einigermaßen beachtet werden, bieten nicht viel, was man Nicht-Quäkern übermitteln könnte. Es gibt nur „soziale Aktion“. Und da die finanzielle Unterstützung für einen großen Teil hieran von Nicht-Quäkern kommt, möchte man es sowieso nicht riskieren, sie durch zu vieles Reden über Glaubensdinge zu verärgern.

Ist es erstaunlich, daß es auf dieser Art von Basis wenig Sinn für Mission gibt? Für die Quäker pflegte Mission in der Ansicht ausgedrückt zu werden, daß das Quäkertum eine „Bewegung“ ist – nicht etwas Geringeres als eine „Kirche“ (das heißt im konfessionellen Sinn), sondern etwas Größeres. Die Freunde brachten eine Botschaft der Versöhnung und der Hoffnung, ja sogar der Erlösung, an alle Menschen in ihrer derzeitigen Ratlosigkeit gerichtet. Und diese Botschaft brachte „Leben“ (im christlichen Sinn) im Überfluß, nicht eine endlose Jagd nach Vergnügen und eine Status-beladene Übersättigung

an Besitztümern, sondern verantwortungsvolle Selbstlosigkeit, Einfachheit und Demut.
Wenn man diese Art von Zeugnis abzulegen hat, müßte man sicherlich einige Verantwortung fühlen, dies im ökumenischen Zusammenhang zu tun. Freunde mit einer so klaren Verpflichtung sehnen sich danach, sie mit anderen zu teilen. Es gab keinerlei Zweifel an der Ursache ihrer Gottesverehrung. Sie war dazu da, die Menschen zu Christus zu bringen und sie dort zu lassen (das heißt, sie dort zu halten); das ist ungefähr, was George Fox sagte. In der Schule Christi werden alle Menschen demütige Schüler, die ihre gemeinsame Aufgabe zusammen suchen.
Die ernsten Fragen nach der Glaubwürdigkeit und der Bestimmung, die der weltliche Mensch heute ständig an die Kirche stellt, verlangen diese Art des Zusammenwirkens. Und nur unter solcher Verpflichtung werden wir unser Ich abstreifen können, unseren konfessionellen Stolz und unsere verschanzten Positionen. Ein neues Pfingsten und neue Flammenzungen werden den Glauben und das Zeugnis der Kirche nur dann wiederbeleben, wenn wir diese Art von Gemeinschaft und Anliegen besitzen.
Während ein „Club" für religiöse Diskussion einigen Leuten anziehend erscheinen mag, besonders wenn sie ungünstige Erfahrungen mit einer „Kirche" gemacht haben, in der die Glaubenssätze etwas zu dogmatisch waren (und im „Club" schien dies nicht der Fall), so wünschen sich die meisten doch etwas mehr Substanz auf ihrem geistigen Gerüst. Das „Suchen" ist nicht glanzvoll genug, um die Menschen dazu zu bewegen, daß sie in einer tief verpflichteten Weise für ihren Glauben leben. Und wenn es einen christlichen Fortbestand geben soll – Treue zum apostolischen Kern religiöser Wahrheit, wie andersartig er auch für den modernen Menschen ausgelegt werden muß –, so kann diese Aufgabe besser auf ökumenischer Basis gelöst werden.
Man braucht nur einige dieser Versuche zu weltlichem Christentum, religionslosem Christentum, christlichem Humanismus oder anderen Bemühungen um „Relevanz" flüchtig zu streifen, um zu entdecken, um welch schwierige Aufgabe es geht. In einem halben Jahrhundert haben sich unsere Weltanschauung, unsere Denkmodelle, unsere Moral, unsere Verkehrs- und Nachrichtenmittel, unsere Architektur und unsere Literatur radikal gewandelt. In vielen Fällen haben sogar die Worte, die wir gebrauchen, andere Bedeutungen entwickelt, als sie vor 50 Jahren hatten. Während eine 200 Jahre dauernde kritische Prüfung der religiösen Quellen unser Wissen um ihren Zusammenhang und ihre genaue Bedeutung sehr erweitert hat, nahmen eine wachsende

Weltlichkeit und ein blinder Glaube an die Naturwissenschaften gleichzeitig einen zerstörenden Einfluß auf weite Gebiete des Glaubens. Wenn die Quäker weiter nichts von größerer ökumenischer Teilhaberschaft gewinnen würden, so bekämen sie doch wachsenden Respekt für ihre Mitbrüder in anderen Konfessionen, die alle Weisheit brauchen, die sie aufbringen können, um mit dieser neuen Skepsis fertig zu werden.

Ursprünglich war das Quäkertum geradezu Avantgarde in dieser Bewegung. Neue Bibelübersetzungen und deren weitere Verbreitung brachten eine bedeutende Neubeurteilung ihres Inhalts mit sich. Es war auch eine Zeit der Skepsis, die versuchte, die Chemie von der Alchemie zu trennen, die Astronomie von der Astrologie, die Physik von der Zauberei und die Medizin von der Hexenkunst. Dies alles stellte dem Christentum viele religiöse Probleme. Und doch überlebte allein das Quäkertum von den 100 oder mehr neuen Sekten, die im 17. Jahrhundert in England so heftig um eine neue brauchbare Synthese kämpften.

Heutzutage gibt es viele Quäker, die viel zu einer lebenswichtigen Neuformulierung der grundlegenden christlichen Wahrheiten beitragen könnten, in einer den modernen Geist ansprechenden Weise. Das eindeutige Merkmal des Quäkertums ist und bleibt eine apostolisch treue Neuinterpretierung der Quellen, die es mit anderen Christen teilt. Die Katholiken mit ihren Millionen von Anhängern verlassen ihre von ihnen selbst lange aufrechterhaltene Isolation. Hierin muß für die viel weniger zahlreichen Quäker eine Lehre liegen.

So könnte eine ökumenische Perspektive auch einen hoffnungsvoll konstruktiven Ausblick auf das Quäkererbe für die Quäker selbst bringen. Obgleich die bestehende Unterschiedlichkeit des Quäkertums auf der amerikanischen Bühne sehr groß ist, hat es kürzlich auf der Ebene der Jahresversammlungen ziemliche Einigung gegeben. So ist also eine ökumenische Bewegung innerhalb der Reihen der Quäker im Entstehen, die sie zu einer weiteren Würdigung führen könnte und zu dem Wunsch, ihren Mitchristen im weiteren Zusammenhang des Christentums als Ganzes näherzukommen.

II. Beziehungen zu anderen Kirchen

Die Einladung an das „*World Committee of Friends*", Beobachter zum Zweiten Vatikanischen Konzil zu entsenden, und die sehr wirksame Verbindungsarbeit des amerikanischen Quäkers Douglas Steere öffneten vielen amerikanischen Freunden die Augen für die Möglichkeiten einer Zusammenarbeit mit den Katholiken. Das betrifft nicht nur ihr schon lange erkanntes beiderseitiges Interesse an der Entwicklung der persönlichen Geistigkeit, sondern auch das wachsende katholische Anliegen für den Frieden und für verschiedene Formen sozialer Aktion. Interessanterweise führt die theologische Basis, obgleich sie etwas verschieden ist, zu gleichen Anliegen. Auf dem Gebiet der Geistigkeit gibt es tatsächlich eine theologische Konvergenz. In gewissem Sinn besteht zwischen Katholizismus und Quäkertum eine kontrapunktische oder polyphone Beziehung. Beide verstehen „Erleuchtung" in ziemlich gleicher Weise. Sie sehen das „innere Licht Christi" als Basis besseren Selbstverständnisses und tieferer Verpflichtung. Eine neuere katholische „Ethik" oder „Moraltheologie" sagt, die Verkündigung des Neuen Testaments „offenbart, daß menschliche Güte und guter Wille uns Gottes menschliches Gesicht zeigt" und „daß Gottes Antlitz für andere nicht sichtbar ist, wenn es nicht sichtbar wird in uns". Hier sind wir offenbar konfrontiert mit etwas, das Fox' Forderung ähnelt, wir sollten „das Göttliche in jedem Menschen ansprechen". Wenn man dies mit einer Neudefinition von „katholisch" verbindet, um von dem Gebrauch des Wortes „als Etikett für eine bestimmte Gruppe" loszukommen, so wird eine enge Übereinstimmung mit dem frühen Universalismus der Quäker herauskommen. „‚Katholizität' bleibt nicht länger ein menschlicher Anspruch, sondern wird eher zur tatsächlichen Universalität von Gottes sichtbarer Anwesenheit in der Menschheit ... ohne irgendwelche Einschränkungen aus Gründen der Farbe oder der Kultur ... oder des Ethos." Dies führt zu einer Religion, deren ursprüngliche Form „nur die sein kann, in der man Gott dient, wo er sich zunächst und üblicherweise zeigt ... in anderen Menschen".

Zwischen amerikanischen Freunden und Katholiken besteht seit langem Zusammenarbeit durch die Beteiligung vieler Quäker an *„Dorothy Day's Catholic Worker Movement"* (Katholische Arbeiterbewegung). Amerikanische Freunde nehmen mit Katholiken, Orthodoxen und anderen an einer ökumenischen Gruppe für das geistige Leben teil, die seit 1965 jährlich zusammenkommt, und am Kolloquium für Glauben und Kirchenverfassung, dessen Basis breiter ist als diejenige des Nationalen Kirchenrats, obgleich seine Versammlungen durch diese Organisation koordiniert werden. Von Anfang an haben Katholiken daran teilgenommen.

Die pazifische Jahresversammlung der Freunde trifft sich seit einigen Jahren in einem katholischen Exerzitienhaus, und der Gedankenaustausch ist herzlich. Die Freunde sind bei der Messe anwesend, und die Mönche wohnen der Andachtsversammlung bei. Viele amerikanische Freunde kommen in den Tätigkeiten ihrer örtlichen Kirchenräte mit Katholiken zusammen, sie beten während der Gebetswoche für christliche Einheit mit ihnen, sie nehmen gemeinsam an privaten Gesprächen teil oder arbeiten zusammen an der Verbesserung ihrer Gemeindeverwaltungen.

III. Die historischen Friedenskirchen

Seit vielen Jahren gibt es informelle Kooperation zwischen den Mennoniten, der „Kirche der Brüder" und den Quäkern in Fragen der internationalen Hilfe und der Alternativen zum Militärdienst. Von 1964 an hat es zunehmend Gespräche und Diskussionen zwischen ihnen auf theologischer Ebene über Fragen der religiösen und theologischen Erwachsenenbildung gegeben, über Veröffentlichungs- und Verwaltungsprobleme, wie sie kleinen Gruppen eigen sind.

Eine Vereinigung auf breiterer Basis, die sich „Kirche der Gläubigen" nennt, hat für einen weiteren Berührungspunkt gesorgt. Es war das Ergebnis des Zusammenlaufens mehrerer Fäden. Die akademische Konvergenz, auf der dieser Kontakt beruht, entstand aus der über dreißigjährigen Arbeit eines Mennoniten-Gelehrten, der die Forschung und die Schriften zusammenfaßte und koordinierte, die eine Wiederherstellung der Vision der Wiedertäufer ermöglichten – eine Bemühung, an der viele Kirchenhistoriker und Theologen beteiligt sind. In letzter Zeit wurde die historische Theologie der umfassenderen Gruppierung, zu der die Wiedertäufer gehören, durch den Theologieprofessor der Hollis-Stiftung in Harvard erforscht. Der Hauptpunkt seiner Arbeit ist, daß diese Kirchen eine radikale Reformation gegen die „obrigkeitliche" Reformation des Luthertums und des Calvinismus vertraten. Im wesentlichen brachte die obrigkeitliche Reformation eine Absage an die päpstliche Autorität und ihre Auswechslung gegen diejenige der Obrigkeit (der Stadtväter im Genf Calvins, des Monarchen in England und Skandinavien, der Fürsten in Deutschland). Die liturgischen und theologischen Reformen waren milde. Wo die obrigkeitliche Reform „Äste abschlug", plädierte die radikale Reform dafür, eine Axt zu nehmen und den Baum mit der Wurzel abzuhauen.

Die „Kirche der Gläubigen" steht in dieser radikalen Tradition. Sie stellt fest, daß Kirchen, in denen der durchschnittliche Gläubige den

Ton angibt und die Kirche regiert, genau solche legitimen und apostolischen Urbilder des Christentums sind, wie die „Hochkirchen". Sie versucht, Verwandtschaften zu anderen Gruppen von Christen zu bestimmen, ohne daß ein Aufzeigen historischer Bindungen verlangt wird. Zuallererst unter den Merkmalen der Kirche der Gläubigen stehen „Jüngerschaft und Katholizität". Der Dienst am Leben wird gegenüber dem bloßen Lippendienst betont. Die Auffassung dieser Kirche von dem, was mit der Nachfolge der Apostel gemeint ist, besteht eher darin, „in der Weise und der Tugend der ersten Nachfolger Jesu Christi zu leben", als darin, Anspruch auf eine ununterbrochene Folge institutioneller Autorität zu erheben.

Die Gruppe ist der Ort der meisten „Anliegen", nicht nur für heutige Missionsarbeit, sondern für Jesus, in dem sie eher den Herrn über die Machtkonstellationen der Gesellschaft sieht als einen nur persönlichen Erlöser. Sie betrachtet die Kirche als „Gottes Vorhut", deren Funktion es ist, „dort zu sein, wo Aktion ist, und ihre Hilfsmittel in den Kampf zu werfen, sei es *für* die Bürgerrechte, *gegen* die südafrikanische Rassentrennung oder um bessere Bedingungen in den städtischen Elendsvierteln zu schaffen".

Während es, wie in jeder Gruppierung, Punkte geben wird, über welche die Freunde verschiedener Ansicht sein mögen, ist die Grundatmosphäre der Gruppe harmonisch. Obgleich sie nicht der gewöhnlich „Hauptstrom" genannten Art angehört, vertritt sie doch eine Majorität des amerikanischen Protestantismus. Sie ist nicht antikatholisch. Es gibt katholische Beobachter bei ihren Konferenzen, und Zusammenarbeit mit Katholiken ist nicht ausgeschlossen. Sie schlägt als Ziel weder organisatorische Verschmelzung vor noch die Gründung einer rivalisierenden Organisation für die Welt- oder Nationalen Kirchenräte. Statt dessen wird sie *ad-hoc*-Zusammenkünfte benutzen, um Ziele im ökumenischen Engagement ins Auge zu fassen und die geistige Rüstung für das Zeugnisablegen zu schaffen. Dies würde auch den Freunden helfen, ihr Selbstverständnis zu klären.

IV. Künftige ökumenische Teilhaberschaft

So sehr ich mir wünschte, daß Gegnerschaft und Gleichgültigkeit gegenüber ökumenischem Streben bei den Freunden verschwinden, so ist dies doch unwahrscheinlich. Die existierende Art von emotionellem, unlogischem oder auf Unwissenheit beruhendem Widerstand jedoch kann zum mindesten abgeschwächt werden. Das von Ferner

Nunn 1970 veröffentlichte Flugblatt ist ein hoffnungsvoller erster Schritt zur größeren Verbreitung genauerer Informationen. Was am meisten benötigt wird – und doch fast unmöglich in den verschiedenen Konfessionen anzuregen –, ist stärkere Beteiligung der Kirchgänger.

Wenn die ökumenische Bewegung jemals so geachtet wird, daß niemand unter den Freunden sich durch sie bedroht fühlt, wird das Salz in der Tat seine Würze verloren haben. Während die Herausforderung der schwarzen Kampfgruppen in Amerika die ökumenische Bewegung zu einer harten Aufgabe gemacht hat, können die ökumenischen Organisationen kaum als unwichtig bezeichnet werden. Wie lange Freunde, die sich um bessere Rassenbeziehungen bemühen, den riesigen und bedeutungsvollen, vom Nationalen Rat der Kirchen ins Leben gerufenen Schlichtungsbemühungen in den städtischen Krisenherden noch gleichgültig gegenüberstehen werden, ist zum Teil eine Frage der konfessionellen Selbstisolierung. Die Antwort auf solche Fragen steht im Zusammenhang mit dem, was auch alle anderen Kirchen angeht, nämlich mit der Frage: Inwieweit reflektiert deine Gleichgültigkeit gegenüber der ökumenischen Bewegung den Mangel an tiefer und echter Hingabe an unser aller Herrn und Meister?

Kapitel VI

DAS QUÄKERTUM ALS DRITTE STRÖMUNG IM CHRISTENTUM

John Yungblut

Die Quäker sind nicht die erste und wahrscheinlich auch nicht die letzte Gruppe, die Anspruch darauf erhebt, eine dritte Strömung im Christentum darzustellen. Außerdem gibt es bei jedem solchen Anspruch immer eine heimliche, anmaßende Einbildung, daß diese dritte Strömung womöglich vom reinsten Wasser, direkt aus der Quelle, stammen könnte. Hier sollte man wohl gleich zu Beginn unserer Untersuchung einen energischen Verzicht anmelden, damit wir nicht in diese Falle geraten und uns selber disqualifizieren bei der Erklärung einiger legitimer Unterscheidungen und der einzigartigen Gelegenheiten, die aus diesen Unterscheidungen entstehen.

Wir müssen auch gleich am Anfang eine weitere Einschränkung der These zugeben, die wir entwickeln werden. Während bisher die Hauptspaltungen im Christentum vertikal verliefen und die verschiedenen Konfessionen nach dogmatischen, liturgischen oder strukturellen Gesichtspunkten trennten, könnten heute vielleicht die wichtigeren Unterscheidungen als horizontal verlaufend beschrieben werden, die quer durch alle Konfessionen gehen. Es ist zum Beispiel wahrscheinlich, daß sich einige Angehörige der Episkopalkirche heute manchen Quäkern näher fühlen (und umgekehrt) als anderen Mitgliedern ihrer eigenen Konfessionsgruppe. In unseren Zeiten ist die Nachrichtenübermittlung derart, daß neue Perspektiven nicht auf irgendeine religiöse Gruppe beschränkt sind und alle Gruppen die gleichen Zugangsmöglichkeiten zu den im sich schnell erweiternden Bereich der „Weltstadt" auftauchenden Ideen haben, wenn sie auch nicht im gleichen Maße geneigt sind, das zu nutzen.

Daher kommt es, daß diejenigen, die sich zur Teilnahme an gewaltloser *„direct action"* für soziale Reform in allen Gruppen bewogen fühlen, einander enger verbunden sind, als es durch konfessionelle Bindungen geschehen könnte. Wer sich gedanklich veranlaßt fühlt, ein moderner Mensch nach Teilhards Definition zu werden, der nichts, nicht einmal sich selber, anders zu sehen vermag, als in Begriffen biologischer Raum-Zeit, der wird auch Mitglieder-Brüder dieser neuen

„Kirche" in anderen Konfessionen erkennen und eine Bindung zu ihnen fühlen, welche die alten Trennlinien überwindet und überbrückt. Natürlich haben sich Mystiker schon immer gegenseitig durch Zeichen und Symbole zu erkennen gegeben, die anderen nichts bedeuten. Sie hatten schon immer die Gewohnheit, alle Dogmen oder Lehren eher wegen ihrer metaphorischen und mythologischen Bedeutung zu verstehen, als in ihrem buchstäblichen Sinn. In diesen Fragen fühlen sich einige Mitglieder der „Religiösen Gesellschaft der Freunde" Einzelmitgliedern anderer Gruppen bedeutend näher als vielen innerhalb ihres eigenen Kreises.

Nichtsdestoweniger können, nachdem diese Einschränkungen gemacht worden sind, einige Verallgemeinerungen zur Unterstützung des Anspruchs der „Religiösen Gesellschaft der Freunde" gebracht werden, daß sie eine dritte Strömung im Christentum darstelle.

Der radikale Bruch der Quäker mit den protestantischen und auch mit den katholischen Traditionen basiert auf dem, was sie mit Vorbedacht als Quelle aller Autorität erwählt haben. Die römisch-katholische Kirche sieht letzte Autorität in der Hierarchie, an deren Spitze der Papst steht. Allerdings erinnert sie uns immer daran, daß dies seinen Ursprung in dem biblischen Befehl hat, durch den Petrus von Jesus zum obersten Apostel in seiner Kirche berufen wurde. Die Protestanten haben sich andererseits durch Luther und Calvin der Bibel als letzter Quelle der Autorität zugewandt, da angenommen wurde, daß die Kirchenräte bei der Auslegung der biblischen Botschaft auf keine nennenswerten Schwierigkeiten stoßen würden. Natürlich gibt es viele Verschiedenheiten in der Nachdrücklichkeit und im Vorgehen beim Erraten des Sinnes von Gottes Wort, aber die Protestanten sind allgemein der Überzeugung, daß die endgültigen Antworten auf alle wichtigen Fragen in der Heiligen Schrift zu finden sind.

Die Freunde haben sich von Anfang an, also seit George Fox, bezeichnenderweise an eine andere Quelle der Autorität gehalten, die weder aus der Hierarchie noch aus der Heiligen Schrift kommt, sondern die Gestalt eines „inneren Mahners" annimmt, den man je nachdem als „Heiligen Geist", das „innere Licht", das „Licht im Innern", die „Saat Gottes" oder den „inwendigen Christus" kennt. Fox wies darauf hin, daß die Heilige Schrift eine Auslegung verlangt, die am Ende durch den Geist bestimmt wird, der demjenigen innewohnt, welcher die Auslegung vornimmt. Diese ganz persönliche Deutung muß innerhalb der Gemeinde der Gläubigen immer überprüft werden, wenn es sich um das Wohlergehen anderer handelt. Das heißt, im gemeinsamen Schweigen werden die Regungen des Geistes erwartet, ebenso, wie man auf die Führung des „inneren Ratgebers" in der Einsamkeit wartet. Der am meisten Betroffene gibt die ersehnte Deutung. Wenn es Meinungsverschiedenheiten gibt, sollte man die Entscheidung verschieben, bis klar wird, was der Heilige Geist in diesem Falle fordert.

Man muß die Heilige Schrift mit der vom „inneren Licht" geschenkten Erleuchtung lesen. Wenn sich Verschiedenheiten der Auslegung ergeben, wendet sich der Angehörige einer Kirche an den ordinierten Geistlichen oder Bischof als Schiedsrichter, während Entscheidung suchende Freunde die Hilfe einer „Geschäfts-" oder „Andachts-Versammlung" in Gegenwart aller auf der Basis der Gleichheit anzurufen pflegen. Schließlich würde außerdem das Gewicht der Tradition in der „Gesellschaft der Freunde" dem einzelnen, nachdem er zuerst die Zustimmung im Sinne des „*Meetings*" angestrebt hätte, das Recht zugestehen, seiner eigenen „Führung" zu folgen – unter der Voraussetzung, daß andere Freunde in keiner Weise gezwungen würden, dabei mitzumachen.

Was wir über das Verständnis der Heiligen Schrift gesagt haben, trifft ebenso zu für die Suche nach Gottes Willen in allen anderen Gebieten des Lebens und der Arbeit. Jeder einzelne Quäker soll die Gültigkeit jeder ihm zuteil werdenden Führung auf die Probe stellen (er muß den Geist prüfen, um zu sehen, ob es der Heilige Geist ist), soweit diese Gültigkeit nicht bereits die allgemeine Anerkennung durch Gottes Versammlung gefunden hat. Wo es sich um eine Angelegenheit ohne gleichwertiges, schon vorhandenes Beispiel handelt, muß der einzelne sein Anliegen der korporativen Weisheit der Versammlung unterwerfen, dem Wirken des Heiligen Geistes innerhalb der „Andachts-" oder der „Geschäfts-Versammlung", je nachdem, was im einzelnen Fall geeigneter erscheint. In letzter Instanz aber, wenn geduldige Überprüfung wiederholt stattgefunden hat, wird der einzelne Quäker von der Tradition ermutigt, trotz fehlender Übereinstimmung seinem eigenen „Licht" zu folgen, wenn das Anliegen oder die Führung fortbesteht.

In diesem Zusammenhang sei an die Streitthese des Nikolaus von Kues (1401–1464) erinnert, daß die Menschen, während sie einst im Zeitalter des Vaters lebten (in biblischen, besonders alttestamentarischen Ausdrücken) und später im Zeitalter des Sohnes (dem christlichen Abschnitt), sich jetzt dem Zeitalter des Heiligen Geistes nähern könnten. Mit dem Entstehen der „Gesellschaft der Freunde" erschien zumindest eine kleine Gruppe von Christen, die beschloß, die Lehre vom „innewohnenden Geist" ernst zu nehmen. Hatte nicht der Sohn Gottes versprochen, uns zur ganzen Wahrheit zu führen, wenn der Heilige Geist kommen würde? Wir müssen aber hier erkennen, daß eine neue Lehre – oder die neue Bestätigung einer alten – ihre erste Wirkung stets im inneren Erleben der Menschen findet. Es folgt der Zwang, sich über dieses Erleben klar zu werden und es in anderen Menschen durch theologische Formulierung und praktisches Zeugnis zu fördern.

Wir müssen daher zuerst die Art des Quäkererlebens erforschen, wenn wir versuchen, das historische Quäkertum zu verstehen und uns über seine derzeitigen Möglichkeiten Gedanken zu machen. Dabei müssen wir uns daran erinnern, daß wir es nicht als eine historische Einzelerscheinung ansehen dürfen, außer darin, daß es aus einzigartigen Zusammenhängen entstand und so eine einzigartige Formulierung verlangte.

Die Freunde kamen aus dem Strom des Protestantismus, genauer gesagt, aus der anglikanischen Strömung, und zwar aus dem puritanischen Flügel der anglikanischen Kirchengemeinschaft „*Church of England*". Moralische Ernsthaftigkeit war ein Teil dieses puritanischen Erbes. In gewissem Sinn war der geschenkte Glaube derjenige eines gegen die Falschheit und Heuchelei wirklichkeitsfremden Rituals rebellierenden Moralisten. Dieser Teil des Erbes stand fest in der prophetischen Tradition. George Fox und seine Anhänger wußten, was es heißt, sich in der Sünde zu wissen, nicht nur dem verborgenen Drama innerhalb ihrer eigenen Seelen, sondern auch stellvertretend das Sündengewicht der Gesellschaft und die Abtrünnigkeit der Kirche tragen zu müssen. Sie sahen das Böse in all seiner Scheußlichkeit, und es erfüllte ihre Herzen mit Schrecken. Es schien ihnen, als ob sie einem inneren und äußeren Meer der Dunkelheit gegenüberstünden.

Bisher waren sie Puritaner gewesen, Protestanten in ihrer eigenen Epoche. Aber diesem Erleben stand das Gegengewicht einer anderen, innerlich erfahrenen und bewußt gewordenen Wirklichkeit gegenüber. Das war die Erfahrung des „inneren lebendigen Gottes", des „immanenten Gottes", des „Heiligen Geistes", des „inneren Lichts", der „Saat Gottes". So sicher sie Menschen in der Sünde waren, erfuhren sie doch unmittelbare Rettung. Sie wurden von der Unmittelbarkeit der Erlösung durch die Überzeugung heimgesucht, daß es in ihnen eine Festung gäbe, die für die Kräfte des Bösen uneinnehmbar sei, ein Heiligtum, das der Belagerung durch die Sünde standhält. Das Meer des Lichts kann das Meer der Dunkelheit überwältigen.

Sie waren Erben des Bildes vom transzendenten Gott, des Bildes vom Menschen, der ihm durch den Sündenfall auf ewig entfremdet wurde.

Aber sie entdeckten, daß sie von der guten Kunde eines Bildes vom Menschen beherrscht waren, in dem Gott seine irdische Wohnung genommen hat. Nie hat es einen noch so verdorbenen Menschen gegeben, in dem nicht der „göttliche Funke" lebte. Der Mensch mußte zu dem werden, was schon in ihm lag: nämlich zum „Sohn Gottes". Dieser Teil der Erfahrung wurde jenen Menschen nicht durch den vorherrschenden Protestantismus ihrer Zeit zuteil.

In gewissem Sinn waren sie auch die Erben des katholischen Glaubens, das heißt dessen, „was immer überall von allen geglaubt worden war".

In ihrer eigenen bestimmten Weise empfingen sie eine hohe Lehre von der Kirche Christi und legten sie neu aus, jedoch ohne hierarchische Struktur und kirchlichen Apparat. Es war ihnen auch durch die göttliche Vorsehung, man könnte sagen durch ein Wunder, die zutiefst „katholische" Erfahrung beschieden, in der tiefsten Bedeutung des Wortes „universal"; das heißt nicht nur das, was immer überall von allen geglaubt worden war, sondern eine besondere Form der Erfahrung, die einige Männer und Frauen heimgesucht hat, vom Anfang der Geschichte des Menschen an, in jeder Kultur und jedem Klima, die daher zugleich uralt und universal ist, was Aldous Huxley die „perennierende Philosophie" nannte und wir hier mit „mystischer Erfahrung" bezeichnen.

Sie kannten Gott nicht durch die Magik liturgischer Wiederholung, auch nicht durch philosophische Erörterungen, sondern aus den Tiefen ihres eigenen lebendigen Seins. Der Drang zur Reform war nicht auf irgendeine äußere transzendente Macht beschränkt, sondern schon im Innern anwesend. Sicherlich war der erste Schritt, das geheimnisvolle Eindringen in das Bewußtsein des Menschen, transzendent und hing mit dem Willen des Menschen zusammen. Es war auch notwendig, daß der Mensch aus eigenem Willen darauf antwortete. Aber die Möglichkeit zur verwandelnden Kraft der Erlösung wohnte in jedem Menschen. Die Rettung lag ganz nahe, im Wesen des Menschen selber. Stetiger Gehorsam, der zur anfänglichen willensmäßigen Antwort auf die Lebensordnung dazukommt, war nötig, um im Stande der Gnade zu bleiben. Aber das kritische Element in der Erfahrung ist die Verwirklichung Gottes im Inneren. Die Freunde mußten von einer „göttlichen Gegenwart" sprechen. Bildliche Hinweise waren vom Evangelium des Johannes gegeben worden. Die Freunde übernahmen sie und erfüllten sie mit ihren eigenen Gedankenverbindungen und besonderen Bedeutungen.

Es ist nicht verwunderlich, daß sie eine neue Einstellung zur letzten

Quelle der Autorität gewannen. Das Erleben an sich brachte seine eigene Autorität mit sich und überdeckte verständlicherweise alle anderen Autoritätslehren. Die Erfahrung verwandelten sie in den vorherrschenden puritanischen Begriff von der Grundverderbtheit des Menschen. Dies hieß nicht, daß die Menschen nicht im schmerzlichsten Stand der Sünde leben könnten. Die Quäker haben nie die Existenz des Bösen im Innern des Menschen geleugnet. Es handelte sich eher darum, daß sie durch Erfahrung einen inneren Ausweg entdeckt hatten, ein Mittel zur Befreiung, auch durch den bereits bestehenden göttlichen Funken in der Seele. Hierin waren sie „von der Freude überrascht". Es lief auf die Wiederentdeckung der „frohen Botschaft" hinaus, daß nicht nur einige Auserwählte durch einen transzendenten Gott zur Rettung bestimmt waren, wie ihre Zeitgenossen glaubten, sondern daß jeder Mensch vom transzendenten Gott mit dem Mittel zur Rettung beschenkt worden war, und zwar gerade durch die „innere Anwesenheit" dieses selben Gottes.

Wie der Autor des vierten Evangeliums wegen der besonderen Art seines persönlichen Erlebens nur ein einziges Lied singen konnte – daß Gott die Liebe ist –, so mußten diese ersten Quäker unendliche Variationen über dieses einzige Thema spielen, daß der Heilige Geist seine Wohnung im Menschen habe und den gehorsamen Menschen zur vollen Wahrheit zu führen bereit sei. Die Dienste, Ratschläge und Entscheidungen amtlich eingesetzter Priester und Bischöfe seien nicht notwendig. Die offiziellen Sakramente und alten Liturgien seien nicht das einzige wirksame Heilmittel, das Unsterblichkeit bringen könnte. Die Heilige Schrift selbst verlange nach Deutung, und der einzige vertrauenswürdige Ausdeuter sei dieser gleiche innere Mahner, der für den einzelnen Gläubigen unmittelbar zu erreichen sei.

Es wurde schnell offenbar, daß es hier eine inhärente Gefahr gab. Der Heilige Geist schien nicht in allen Menschen das gleiche Wort in gleicher Klarheit und gleich augenscheinlicher Echtheit zu sprechen. Daher mußten die Einfälle des einzelnen etwas kontrolliert werden. Die *„Ranters"* (religiöse Eiferer) zeigten denen, die Augen hatten zu sehen und Ohren zu hören, welche Verwüstung in der Einzelpersönlichkeit und in der Gemeinschaft angerichtet werden konnte, wenn es keine objektive Kontrolle gab. Die Freunde sahen diese Überprüfung in der Versammlung Gottes gegeben, die zur Andacht oder zu geschäftlicher Regelung zusammengetreten war. Der Vorgang war der gleiche, da die zu Rate gezogene Autorität ebenderselbe Geist im anderen Menschen war. Aber in dieser gemeinschaftlichen Prüfung der Geister zur Feststellung, ob sie vom Heiligen Geist seien, bestand ein

Berufungsgericht zur Verwerfung, weiteren Befragung oder Bestätigung. Um welche Frage es sich auch handelte, immer wurde die entsprechende Stelle in der Heiligen Schrift zu Rate gezogen, und die Kirche behielt natürlich eine gewisse Autorität, aber die letzte Entscheidung lag doch beim „innewohnenden Geist". Und es verstand sich immer von selbst, daß für einen Menschen von George Fox' Selbstvertrauen die entscheidende letzte Autorität nach Erschöpfung der Weisheit der Gemeinde das „innere Licht" des einzelnen sein mußte, sogar wenn es im betreffenden Fall sich als Irrtum („Finsternis") erweisen sollte.

Dies kann nur als *mystische* Auffassung religiösen Erlebens bezeichnet werden. Die Abhängigkeit in erster und letzter Instanz beruht auf der unmittelbaren und direkten Erfahrung des göttlichen Willens und der Identifizierung mit ihm. Der Gläubige entdeckt in sich selbst die Absichten Christi, die Absichten Gottes, die an einem gewissen Punkt untrennbar und ununterscheidbar vom Funktionieren seines eigenen Geistes und Willens sind. Wir müssen hier darauf bestehen, daß dies tatsächlich mystische Überzeugung ist, und daß das Quäkertum von Anfang an sowohl der Glaube eines Mystikers als auch derjenige eines Moralisten war. Dieser grundlegende mystische Zug besteht darüber hinaus darin, nicht nur das Göttliche im eigenen Wesen zu erkennen, sondern es auch in anderen Menschen zu sehen und festzustellen. Wirklich, man sollte fröhlich über die Erde schreiten und auf das Göttliche in jedem Menschen eingehen.

Es wird nicht oft genug erkannt, daß der Antrieb für diesen Lebensstil aus dem Zusammenwirken zweier Aspekte der mystischen Sicht kommt: der Erfahrung der göttlichen Gegenwart im eigenen Wesen und der Erfahrung dieser göttlichen Gegenwart in anderen Menschen. Darüber hinaus ist es dieses mystische Erleben, das hinter der Ablehnung kirchlicher Herrschaft und liturgischer Bräuche in der Andacht liegt. Die Erwartung, die den „Andachtsversammlungen" zugrunde liegt, besagt, daß jeder einzelne verpflichtet ist, jenen unergründlichen Mittelpunkt zu erreichen, wo alle eins mit Gott und miteinander sind. Daher kann die „Heilige Kommunion", wie die Freunde sie verstehen, stattfinden, und sie tut es auch.

Aus dieser gleichen mystischen Fähigkeit, sich mit Gott und den Menschen zu identifizieren, entspringt die Leidenschaft für soziale Reform in Gestalt bestimmter historischer Bräuche („Zeugnisse"). Da der Mensch die Saat Gottes und des Guten in sich trägt, kann die Religion eine diesseitige Nebenbedeutung haben und nicht nur eine jenseitige. Jede für soziale Reform jeglicher Richtung aufgewendete Anstrengung besitzt etwas, das für sie arbeitet, schon bevor sie in ein Programm gefaßt wird. Dies ist ein wesentliches Verfahren, dem Göttlichen im anderen Menschen gerecht zu werden. Dort wartet die stille göttliche Gegenwart auf die Gelegenheit, das herrliche Zeugnis abzulegen: „Denn ich bin hungrig gewesen, und ihr habt mich gespeist. Ich bin durstig gewesen, und ihr habt mich getränkt. Ich bin ein Gast gewesen, und ihr habt mich beherbergt. Ich bin nackt gewesen, und ihr habt mich bekleidet. Ich bin krank gewesen, und ihr habt mich besucht. Ich bin gefangen gewesen, und ihr seid zu mir gekommen" (Matth. 25, 35–36).

Es handelt sich nicht nur darum, daß man Gott im noch ungeformten christlichen Leben in anderen Menschen dient. Das mystische Erleben besteht darin, daß man das eigene Leben mit dem anderen identifiziert, daß man Hunger, Durst, Einsamkeit, Schutzlosigkeit, Krankheit und Gefangenschaft stellvertretend erfährt, wenn Mitmenschen sich in einem solchen Zustand befinden. Es verdient festgehalten zu werden, daß es der Mühe wert ist, für Reformen zu arbeiten, weil selbst diejenigen, die am meisten Verantwortung für das Fortbestehen sozialer Übel tragen, möglicherweise zugänglich sind. Wie schwer sie auch zu erreichen sein mögen, wie erstickt von Selbstsucht, Furcht, Habgier oder Feindseligkeit, auch sie tragen den „göttlichen Funken" in sich. Soziale Arbeit ist motiviert und wird gestützt durch die Erfahrung mystischer Identifizierung und die vertrauensvolle Erwartung, daß Reformen auf dieser Erde möglich sind. Erfüllung ist da für die Menschen auf dieser Erde, was auch immer die nächste Welt „Himmlisches" enthalten mag.

So ist das mystische Element im Quäkertum sowohl für die im einzelnen Menschen (in dem diese tätige „göttliche Gegenwart" herrscht) vorhandene Gesinnung verantwortlich, als auch für den Einsatz in der sozialen Aktion, der sich nicht entmutigen läßt. Die gleichzeitige behutsame Pflege von Innerlichkeit und wohlüberlegter Entwicklung von „Anliegen" in Programmen sozialer Aktion schafft das Gleichgewicht (im geistigen Leben), das der Genius der „Gesellschaft der Freunde" hin und wieder in einigen seiner Mitglieder zustande bringt. Um die gebräuchliche Redewendung von der schweigenden Andacht als den Ort zu verstehen, an dem der „innewohnende Christus", der „Heilige Geist" und der „innere Gott" sein Wort durch seine für diese besondere Gelegenheit von ihm eingesetzten Diener in der Versammlung sprechen kann, muß man sich an die Wurzeln im mystischen Erleben erinnern. Man muß dieselbe Quelle befragen, um die allmähliche Entwicklung des inoffiziellen Quäkerglaubensbekenntnisses zu erklären, das nur diesen einzigen Satz kennt: Gottes Funke lebt in jedem Menschen. Hier ist der Brunnquell der neuen Lehre von der Autorität, neu in der besonderen Form, die sie für diese geschichtliche Gemeinschaft annahm, und auf der jede Argumentation beruhen muß, nach der das Quäkertum eine dritte Strömung im Christentum darstellt.

Der große amerikanische Quäker Rufus Jones verstand das Quäkertum nach diesen Gesichtspunkten. Er hielt tatsächlich das Quäkertum eher für eine Bewegung als eine Sekte, eine Bewegung, aufgerufen, um für die Gültigkeit des mystischen Zugangs zu religiöser Erfahrung innerhalb des Christentums und darüber hinaus Zeugnis abzulegen. Er gehörte zu einer hervorragenden Reihe von Forschern des endenden 19. Jahrhunderts bis zur Gegenwart, welche das Wesen der mystischen Erfahrung ergründen wollten, und zu denen Baron von Hügel, Evelyn Underhill, E. Herman, Dean Inge, Rudolph Otto, Walter Stace und andere zu zählen sind. In ihren Forschungsergebnissen bemerkt man eine außerordentliche Übereinstimmung. Sie stellen einmütig fest, daß die mystische Erfahrung nicht mit übersinnlicher Wahrnehmung, dem Okkulten, dem Esoterischen, audio-visueller Halluzination oder irgendeiner Form der Irreführung verwechselt werden darf. Rufus Jones selber definierte mystische Erfahrung als „... jegliche Art von Religion, die darauf gründet, daß es eine direkte innere Offenbarung Gottes innerhalb des Bereichs persönlicher Erfahrung gibt."[1] Er bemühte sich zu erklären: „... Der Mensch, der in sich das Leben dessen wahrnimmt, das ist, und der Gottes so unmittelbar sicher ist wie seiner eigenen Persönlichkeit, hat insoweit eine mystische Religion, obgleich er keine Verzückung haben mag und gesund und normal am Endlichen und Sichtbaren festhalten kann."[2]

Seit einigen Jahren gibt es eine Bewegung in Amerika mit dem Ziel, die Forschungsergebnisse von Rufus Jones in Mißkredit zu bringen und darauf zu bestehen, daß das eigentliche Quäkertum keine Verbindung zur mystischen Tradition hat und nur als eine prophetische Religion beschrieben werden sollte. Es kann sein, daß die historisch fortlaufende Linie, in deren Verlauf George Fox unter den Einfluß gewisser festländischer Mystiker und mystischer Bewegungen geriet, über das hinausgezogen wurde, was heutzutage annehmbare Dokumentation erlaubt. Aber selbst wenn schlüssig gezeigt würde, daß dies

[1] Rufus Jones, in: W. C. Braithwaite, *The Beginnings of Quakerism,* Macmillan & Co. Ltd., London, 1912, p. 34, 35.
[2] Ebd., p. 34, 35.

der Fall ist, kennt man die mystische Erfahrung doch als ein widerstandsfähiges Gewächs, das ohne irgendeinen nachweisbaren Kontakt mit früheren Manifestationen des gleichen religiösen Stammes oder mit denen anderer zeitgenössischer Kulturen oder Religionen in voller Blüte hervorbrechen kann. Es scheint, daß diejenigen, welche diesen Vorwurf äußern, ihr Verständnis des Wortes „Mystik" auf das beschränken, was Albert Schweitzer als dessen lebensverneinende Formen beschreibt, die weitgehend östlichen Ursprungs sind, die Vereinigung mit Gott durch die *„via negativa"* suchen und aus sozialer Verbundenheit und Verpflichtung heraus ihre Wahl treffen. Sie betrachten die neuplatonische Richtung in der Geschichte des mystischen Denkens als die endgültige und erkennen weder den Verfasser des vierten Evangeliums noch den Apostel Paulus *bona fide* als Mystiker an. Es ist klar, daß ihr Anspruch dem Urteil der großen Erforscher des Mystizismus in den letzten 75 Jahren gänzlich zuwiderläuft, die alle George Fox als einen Mystiker erkannt haben und den Glauben, den er begründete, als eine in gewissem Sinne mystische Bewegung.

Es gibt nichts Antithetisches zwischen dem prophetischen und dem mystischen Element westlicher Religion. Die Propheten waren insofern selbst Mystiker, als ihnen innere Erleuchtung durch das Wort Gottes und durch Identifizierung damit zuteil wurde, wie bei Jesaja und Jeremia. Wir haben schon anzudeuten versucht, daß das Prophetische äußeres und sichtbares Zeichen der inneren und geistigen Gnade mystischer Erfahrung ist. Zugegeben, das Wort „Mystik" ist sehr mißbraucht und mit widersprüchlichen Nebenbedeutungen versehen worden unter denen, die es benutzen. Aber es gibt kein anderes Wort, das man berechtigterweise als Symbol für das Erleben undifferenzierter Einheit zwischen Mensch und Gott, Mensch und Mensch und zwischen dem Menschen und der übrigen Schöpfung gebrauchen könnte. Wir müssen natürlich konstruktive von destruktiven Formen der mystischen Erfahrung trennen, den Weizen von der Spreu, wahrhafte Manifestationen von willkürlichen Ideen. Ich möchte aber die Mystiker des jüdisch-christlichen Erbes verteidigen als die einzige apostolische Nachfolge, zu der ich mich persönlich bekennen kann. E. Herman beschreibt diese Nachfolge in einem beredten Abschnitt: „Unter den Strömungen, die durch Aktion und Reaktion das christliche Denken geformt haben, ertönt wie die märchenhafte versunkene Glocke die Weise der mystischen Erfahrung. Niedergerungen von siegreichen institutionellen, rationalen und moralistischen Kräften schwebt die mystische Melodie aus den Tiefen herauf, bald undeutlich, bald klar. Hin und wieder überholt die Strafe des Erfolgs das herrschende System, und Christenmenschen, von einer hohlen Zivilisation und einer veräußerlichten Kirche enttäuscht, lauschen der versunkenen Melodie und empfinden sie als ein Befreiungslied; und aus solchen Augenblicken der Auflehnung entstehen die großen geistigen Bewegungen, ob sie nun ausgesprochen mystisch sind oder nur tiefe Verwandtschaft mit der mystischen Erfahrung zeigen.“ [3]

In einem derartigen Sinn stellen wir hier fest, daß das Quäkertum eine mystische Bewegung war und ist. Zum allermindesten zeigt es tiefe Verwandtschaft mit der Mystik. Natürlich spiegeln nicht alle der verschiedenartigen Gruppen innerhalb des heutigen Quäkertums oder im Lauf seiner Geschichte diese Eigenschaft in gleicher Weise wider. Wir müssen sagen, daß alle Menschen, weil sie Menschen sind, eine mystische Kraft haben, mag sie noch so unentwickelt sein. Aber einzelne Freunde und Gruppen von ihnen werden diese Eigenschaft in unterschiedlichem Maße besitzen. Wir möchten behaupten, daß die hervorragendsten Führer der Gesellschaft in dieser historischen Folge sie in außergewöhnlichem Maße besaßen.

Gleichzeitig gestehen wir, daß, wie die größte Versuchung des einzelnen wahrscheinlich in Beziehung steht zu seinem besten Talent, man von einer Gruppe sagen kann, ihre stärkste Versuchung sei eine Umkehrung ihrer größten Wirkungsmöglichkeiten. Arnold Toynbee hat darauf hingewiesen, daß es in unserer Zeit drei falsche Religionen gibt: den Kommunismus, den Nationalismus und den Individualismus. Die stärkste Versuchung im Quäkertum ist der Individualismus. Heutzutage besteht eine große Gefahr, daß viele Freunde sich von der falschen Religion des Individualismus in Versuchung führen lassen und eigensinnige Unabhängigkeit und Selbstüberschätzung irrtümlich für Lenkung durch das „innere Licht“ halten; denn immer weniger Freunde haben in der biblischen Literatur ihre Wurzeln und ihr Fundament, und immer weniger scheinen sich in der Einsamkeit und Stille der Zucht der Meditation und des Gebets zu unterwerfen.

Wenn die römisch-katholische Kirche seit kurzem in Gefahr zu sein scheint, gerade diejenigen zurückzuweisen, die einige längst fällige Reformen erwirken könnten, weil sie der Hierarchie zu revolutionär erscheinen, so könnte das Quäkertum (während es seine Revolutionäre ermutigt) seine eigene Anpassung an das Heute *(aggiornamento)* versäumen, weil es außerstande wäre, die Verbindungen zwischen den Wurzeln des Organismus und seiner jetzigen Entwicklung herzu-

[3] E. Herman, *The Meaning and Value of Mysticism,* James Clarke & Co., London, 1915, p. 1.

stellen, noch auch diese Revolutionäre dazu zu bringen, daß sie die neuen Geister genügend in der „Andachtsversammlung" prüfen, um zu sehen, ob sie vom Heiligen Geist sind. Das Quäkertum trifft heute auf Schwierigkeiten, sich ein starkes Gefühl seiner eigenen Identität zu erhalten, da es inmitten so vieler verschiedenartiger Versuche steht. Dies ist immer ein Problem für solch eine strukturlose Organisation wie die „Gesellschaft der Freunde", wo dem einzelnen ein solches Maß an Freiheit zugestanden wird. Es scheint mir, daß die Waage zwischen Innerlichkeit und äußerem Einsatz im sozialen Engagement heute dem letzteren zuneigt, und daß es dringend einer Erneuerung in *der* Form bedarf, daß einzelne Freunde die traditionelle geistige Übung in Einsamkeit und Stille wiederaufnehmen, wenn auch mit der notwendigen Anpassung an die derzeitigen Verhältnisse.

Kapitel VII

DIE ENTWICKLUNG DES QUÄKERTUMS IN AMERIKA

T. Canby Jones

I. Überblick über die amerikanischen Quäkergruppen in der Gegenwart

Es gibt etwa 120 000 Quäker in den USA und ungefähr 850 in Kanada. Sie bestehen aus drei Hauptgruppen von Freunden und zwei kleineren Gruppierungen.
Weil uns ein besserer Ausdruck fehlt, nennen wir die erste der großen Gruppen die „Liberalen Freunde". Es sind etwa 25 000, hauptsächlich an der Ostküste der USA konzentriert; eine kleinere Anzahl davon sind über den restlichen Kontinent verstreut. Ihr Lebensstil ist gekennzeichnet durch die traditionelle Form der „schweigenden" Quäkerandacht, durch humanitäre Dienste und durch Pazifismus. Diese Gruppe von Freunden wird repräsentiert durch eine nationale Körperschaft, die Generalkonferenz der Quäker. Ihr geschäftsführender Sekretär sieht diesen Teil der Gesellschaft gekennzeichnet durch drei Hauptüberzeugungen. Die erste ist der Glaube an „Das von Gott in jedem Menschen"; hiernach ist Erlösung ein fortwährender Prozeß der Erneuerung, und die Führung durch das „innere Licht" im Geist des Menschen ist eine verbürgte Erfahrung. Zweitens teilt diese Gruppe mit Freunden in anderen Ländern den Glauben an den Wert von und die Übung im schweigenden Warten als Modus der Andacht. Ein drittes Merkmal ist die Verschiedenheit der theologischen Standpunkte. Man freut sich über jede tief empfundene Überzeugung von der Natur Gottes, des Menschen und der Welt, toleriert sie und ermutigt sie. Wenn eine Überzeugung vom Geist eingegeben ist, dann wird sie sich schon im Tun als echt erweisen.[1]
Ich möchte noch ein viertes Kennzeichen zu diesen drei Merkmalen der Liberalen Freunde hinzufügen, nämlich ein zentrales Interesse am Menschen und seinen Bedürfnissen, was man sonst mit humanitärem Interesse oder mit Humanismus bezeichnet. Einige Liberale Freunde

[1] L. McK. Miller in E. Bronner, ed. *American Quakers Today* Phila. Pa. Friends World Committee: 1967. pp. 45–46.

neigen dazu, den Menschen zu „vergöttlichen“, weil sie so stark an „Das von Gott in ihm“ glauben. Im allgemeinen ist diese Sorge um den Menschen eine klare Form der christlichen Humanität. Weil diese Freunde so stark auf den Menschen ausgerichtet sind, werden viele von ihnen abgestoßen durch die Behauptung, daß Jesus von Nazareth göttlich oder mehr als ein Mensch war. Man erkennt dankbar in ihm den Lehrer der Ethik und ein Vorbild auf dem Gebiet der Humanität im besten Sinne. Jene, die ihn als göttlich bezeichnen, werden toleriert. Man sieht sofort, daß weitreichende Projekte des Hilfsdienstes und ein starkes Friedenszeugnis, das sowohl auf dem inneren Wert des Menschen als auch auf Jesu Gebot der Feindesliebe gegründet ist, folgerichtig aus dem Glauben der Liberalen Freunde erwachsen sind. Diese Freunde geben zweifellos den Quäkern das bekannte Image des Pazifisten, des Hilfsbereiten, des Menschen, der Gutes tut.

Am anderen Ende des Spektrums finden wir die „Konservativen Evangelischen Freunde“, auch etwa 25 000 an der Zahl. Ihr Hauptverbreitungsgebiet liegt im Westen und Mittleren Westen, mit einigen vereinzelten Kirchen an der Ostküste. Im Mittelpunkt ihres Lebens steht die Bibel. Sie sind leidenschaftlich evangelisch, pastoral und glauben an Erweckungsbewegungen und Mission. Sie werden öffentlich vertreten auf nationaler Ebene durch eine freiwillige Gruppe, genannt *„Association of Evangelical Friends“* (Gesellschaft der Evangelischen Freunde), die im Namen der Einzelmitglieder spricht, und durch eine Körperschaft, der nur Jahresversammlungen, als solche, beitreten können, der sogenannten *„Alliance of Evangelical Friends“* (Allianz der Evangelischen Freunde). Diese Freunde haben fünf grundlegende Überzeugungen. An erster Stelle steht ihr Vertrauen in die Bibel als inspirierte Richtschnur für Glauben und Werke, nach Auslegung durch den Heiligen Geist. Für diese Freunde ist die Bibel letzte Autorität für Glauben und Leben. Ihr Leitwort könnte etwa lauten: „Es wäre besser, sich an die (Heilige) Schrift zu halten.“ Zweitens betonen diese Evangelischen Freunde die Souveränität Gottes in allen geistigen, menschlichen und materiellen Dingen. Die Erlösung des Menschen kommt hauptsächlich von dem stellvertretenden Sühneopfer Jesu Christi, Gottes einzigem Sohn. So wie Christus der einzige Mittler zwischen Gott und Mensch ist, so ist er auch der Retter der Menschheit. Drittens: Der Mensch lebt, durch Adams Ungehorsam und seine eigenen Übertretungen, in einem Zustand der Sünde. Obgleich er durch die Sünde schwer belastet ist, kann er gerettet werden, indem Christus ihn freikauft. Viertens: Die Erlösung wird erfahren in der Vergebung durch den Glauben an Christus und wirkt sich aus in einem Leben von innerer Reinheit, was als „Heiligung" bezeichnet wird. So wie die Sünde den gefallenen Menschen beherrscht, so herrscht die Gnade im erlösten Menschen. Fünftens und letztens ist die Dankbarkeit des Menschen für eine so große Errettung so gewaltig, daß er dadurch getrieben wird, seine Entdeckung in Wort und Tat anderen mitzuteilen, und zwar auf dem Wege der Evangelisation und Mission, indem man „Seelen für Christus gewinnt".[2] Es ist bezeichnend, daß außerhalb der angelsächsischen Kultur heute die größten Quäkergruppen diejenigen sind, die durch evangelisierende Freunde für Christus und das Quäkertum gewonnen worden sind. Solche Gruppen von jüngeren „Kirchen" sind in Kenia, Ostafrika, Bolivien, Guatemala und in Taiwan zu finden. Im Gegensatz zu den Liberalen Freunden, betonen diese Quäker: „Es gibt nur einen Herrn, einen Glauben und eine Taufe durch den Geist." Verschiedenheit im theologischen Denken und in der Andacht wird nicht gewünscht. Der Dienst am Menschen in Not und das christliche Friedenszeugnis werden zwar betont, jedoch erst an zweiter Stelle; die Hauptmission ist es, Menschen, einen nach dem anderen, für das rettende Wissen um Christus zu gewinnen. Der Gottesdienst der Evangelischen Freunde wird von Pastoren und Vorsängern nach der unzeremoniellen Art vieler puritanischer Kirchen geführt. Die freie Spontaneität der traditionellen schweigenden oder nichtprogrammierten Quäkerandacht bleibt Gebetsversammlungen oder einer freigehaltenen „Zeit für Zeugnisse" während der mehr formalen Gottesdienste vorbehalten. Zu solchen Zeiten teilen alle Anwesenden, die sich ergriffen fühlen, mit dem Rest der Versammlung das Wissen um das, was Gott in ihrem Leben getan hat. Offensichtlich entsprechen die Evangelischen Freunde nicht der landläufigen Vorstellung von Quäkern.

In der Mitte zwischen Liberalen Freunden einerseits und Konservativen Evangelischen andererseits finden wir die größte Gruppe der amerikanischen Quäker von etwa 50 000, die wir in Ermangelung einer besseren Bezeichnung „Liberale Evangelische" nennen wollen. Zu ihrem Lebensstil gehört meistens ein programmierter Gottesdienst, der von einem Pastor geleitet wird, ein klarer Bezug ihres Glaubens auf Christus und die Bibel, kräftige Unterstützung der traditionellen Quäkerzeugnisse für den Pazifismus und den Hilfsdienst, dabei auch tatkräftige Unterhaltung von Missionen und eine allgemeine Weite des Vorstellungsvermögens. Dieser Teil der Freunde ist auf nationaler Ebene vertreten durch eine Körperschaft, genannt:

[2] Arthur O. Roberts in *ibid.*, p. 58.

„Friends' United Meeting" (Vereinigte Zusammenkunft der Freunde), die sich traditionsgemäß einmal in drei Jahren (früher fünf Jahre) zu einer Generalversammlung in Richmond/Indiana trifft. Dieser Teil der Quäker setzt sich für sechs Hauptgedanken ein. Erstens glauben sie, daß Gott direkt zum Menschen sprechen kann und ihm seinen Willen unmittelbar, ohne Priester, Buch oder Sakrament offenbaren kann. Zweitens, da der Geist Gottes solchermaßen, direkt erkannt wird, glauben sie, daß Kommunion und Taufe ohne die Notwendigkeit äußerer Elemente oder Zeremonien geistig erfahren wird. Drittens betonen die Liberalen Evangelischen Freunde die Heiligkeit der menschlichen Persönlichkeit als ein Geschenk Gottes. Dieser Glaube entspricht etwa der Rolle, die der Glaube an „Das von Gott in jedem Menschen" bei den Liberalen Freunden spielt. Da die Persönlichkeit heilig und alles Leben Gottes Geschenk ist, betonen diese Freunde viertens, daß das Leben von Gott gegeben ist, damit wir Verwalter und Treuhänder seien.

Fünftens vertrauen diese Freunde auf die fortgesetzte Offenbarung der Wahrheit durch den Heiligen Geist, just wie in den Tagen der Apostel. Schließlich werden große Anstrengungen gemacht, um Evangelisations-, Missions- und Erweckungsbestrebungen mit humanitären Anliegen zu verbinden, um den physischen, wirtschaftlichen und sozialen Nöten der Menschen begegnen zu können.[3] Da die (Vereinigte Zusammenkunft der Freunde" neun Jahresversammlungen in den USA und in Kanada und fünf in anderen Teilen der Welt umschließt bzw. repräsentiert, gerät sie oft zwischen den oberen und unteren Mühlstein, der mehr liberalen Freunde einerseits und der mehr evangelistischen andererseits. Da aber diese Zusammenkunft von Jahresversammlungen eine mehr beratende und organisatorische und weniger eine gesetzgebende Körperschaft darstellt, schien ihre Vermittlertätigkeit zwischen den Extremen seit Jahren ziemlich schwach. Aber seit 1966 hat ein neues, mutiges Programm der Ausweitung und Erneuerung dieser Vereinigung frisches Leben gegeben.

Zu diesen drei Hauptgruppen der Freunde in den USA und Kanada kommen noch die beiden kleineren Gruppen, von denen die eine sich anpaßt und die andere nicht. Weit links stehen die unprogrammierten, nicht angeschlossenen Freundesversammlungen. Im großen und ganzen sind diese Freunde gegen den Klerus, gegen die Liturgie und gegen die Theologie. Es sind intellektuelle Flüchtlinge, die durch die etablierte Kirche mit all ihren Kompromissen mit der Kultur ihrer

[3] David O. Stanfield in *ibid.*, p. 35.

Illusionen beraubt worden sind. Sie sind sehr für die Tat, für den Pazifismus, für die unprogrammierte, schweigende Andacht. Es gibt nur etwa 25 oder 30 solcher Gemeinden. Sie entstehen schnell, gewöhnlich in Universitätsstädten, und verschwinden auch ebenso schnell, wenn die Familien, die den Kern bilden, wieder fortziehen. Diejenigen Andachtsgruppen, die weiterbestehen, schließen sich nach einiger Zeit einer nahegelegenen Jahresversammlung an oder gründen eine neue, die dann mit der *„Friends' General Conference"* (Generalkonferenz der Quäker) in Verbindung tritt. Das Auslaufen der „Phönix" mit der Absicht, Vietnam materielle Hilfe zu bringen, die ungesetzliche Andacht auf den Stufen des Kapitols in Washington, radikale Aktionsprojekte für den Weltfrieden und für Gerechtigkeit in Rassenbeziehungen sind die geistige Nahrung dieser Freunde. In das Schema der drei oben beschriebenen Freundestypen würden diese nicht angeschlossenen Freunde links von den Liberalen Freunden und ihrer Generalkonferenz einzugruppieren sein.[4]
Die letzte Gruppe von Freunden, mit etwa 2000 Mitgliedern, hat ihre Bedeutung als Überbleibsel aus der Vergangenheit und paßt nicht in das oben erläuterte dreiteilige Schema. Es sind die „Konservativen Freunde". Einige ihrer älteren Mitglieder tragen noch die einfache Quäkertracht (quäkergrau). Sie sind Anhänger eines christozentrischen, vom Geist geführten und den ursprünglichen Quäkerwahrheiten und -zeugnissen eng verbundenen Lebensstils. Konservative Freunde treten für vier Dinge ein: Erstens verfechten sie die ursprüngliche, unprogrammierte Andacht mit ihrem erwartungsvollen Schweigen. Bis vor wenigen Jahren hatten die von der Versammlung bestätigten, aber unbezahlten Prediger in diesen Gruppen häufig dieselbe prophetische Kraft, die für die frühen Freunde so charakteristisch war. Sie wurden *„Ministers"* genannt, hatten aber keine Verpflichtung, zu predigen, abgesehen vom Gehorsam gegen die „innere Stimme". Zweitens halten die Konservativen Freunde fest an der ursprünglichen, auf Christus und Gott zentrierten Theologie eines Robert Barclay, George Fox und anderer früher Quäker. Sie folgten John Wilbur in seinem Protest im 19. Jahrhundert, nicht etwa gegen die Theologie der damaligen evangelischen Erneuerungsbewegung, sondern gegen ihre Mietlingspastoren und verschiedene sogenannte „kreatürliche Aktivitäten". Sehr charakteristisch ist bei den Konservativen Freunden die Pflege der Quäkerkultur in den Quäkergemeinden. Für ihre Art war Quäkertum ein totaler Lebensweg von der

[4] Isabel Bliss in *ibid.*, pp. 85–92.

Wiege bis zum Grabe, mehr oder weniger von der Welt zurückgezogen in selbstgenügsamen ländlichen Enklaven. Der Ansturm der amerikanischen, großstädtischen Massenkultur seit 1914 hat dieser Art des Quäkertums einen fast tragischen Schlag versetzt. Trotzdem sind die Konservativen Freunde ihrem Quäkerzeugnis treu geblieben, besonders dem christlichen Friedenszeugnis.[5] Sie haben zwei Quäker-Internatsschulen nicht nur in Gang gehalten, sondern auch mit neuem Leben erfüllt. Die Kinder von Liberalen Freunden sind ihnen zugeströmt. Bei diesen Gruppen hat ein wirkliches Erwachen angesichts der Anforderungen der heutigen Welt stattgefunden, und viele ihrer jungen Leute gehören jetzt mit zur Führerschaft der amerikanischen Jungfreunde. Die Methode, durch geistliche *Retreats* das Gruppenleben zu erneuern, haben diese Freunde perfektioniert. Es ist beeindruckend, wie sie eine Geschäftsversammlung oder eine Diskussion nur durch ihre Gegenwart geradezu in eine Andacht verwandeln können. Radikale junge Freunde, die brennend gern die Welt und die Menschen erneuern wollen, blicken erwartungsvoll auf diese Konservativen Freunde, weil sie das Wesentliche von der Vision der ersten Quäker bewahrt haben.[6]

II. Die Entwicklung des Quäkertums in Amerika

Zwischen 1655 und 1663 besuchten etwa 60 Quäkermissionare die Neue Welt von Großbritannien aus. Während der Besuche von George Fox, John Burnyeat und William Edmundson zwischen 1671 und 1673 wurden große Versammlungen abgehalten, auf denen Tausende von isoliert wohnenden Siedlern überzeugt wurden und den Quäkerglauben annahmen. Die ersten Hauptzentren, wo das Quäkertum eingeführt wurde, lagen in Neu-England, Neu-Amsterdam (später New York genannt) und Long Island, in Maryland, Virginia, Nord-Carolina und auf den westindischen Inseln. Sie erlitten viel Opposition und Verfolgung von den puritanischen Siedlern; zwischen 1659 und 1661 wurden in Boston, Massachusetts, vier Freunde gehängt, darunter eine Frau, Mary Dyer.

In den späteren Jahrzehnten des 17. Jahrhunderts wurden New Jersey und Pennsylvanien Kolonien und Zufluchtsstätten für die

[5] William P. Taber, Jr. in *ibid.*, pp. 70–84.

[6] See *Handbook of Friends*, 1967 edition Phila. Pa., Friedens World Committee, 1967.

Quäker, die einwanderten, weil sie der Unterdrückung in England entfliehen wollten. 1674 wurde die Provinz New Jersey durch Lord Berkely einer Gruppe von vier Quäkern, deren einer William Penn war, verkauft. In den unmittelbar darauffolgenden Jahren kamen ganze Schiffsladungen von Quäkersiedlern an. 1681 wurde das übrige Land im Staat New Jersey von William Penn und einigen Teilhabern gekauft. So wurden der Süden und Westen von New Jersey ein echter „Quäkerbezirk".[7]

Die bekannteste Quäkerleistung in der Kolonisation war William Penns „Heiliges Experiment" in Pennsylvanien. Auf einem Gebiet, das der englische König Penn zur Tilgung einer Schuld zusprach, die er seiner Familie zu zahlen hatte, suchte Penn 1682 einen Staat zu gründen, der frei von Verfolgungen war und ohne bewaffnete Macht zu seinem Schutz existieren sollte. Freiheit für Bürger und Religionen, das Volk als Träger der Macht, und vor allen Dingen Frieden mit allen Menschen, auf diesen Grundlagen sollte das Experiment einer Quäkerregierung gegründet sein. Mit den Indianern von Pennsylvanien wurden Verträge abgeschlossen und während Penns Lebenszeit auch gewissenhaft gehalten, so daß friedliche und freundliche Beziehungen zwischen Indianern und Weißen hergestellt wurden. Bis zu einer großen Einwanderungswelle im Anfang des 18. Jahrhunderts, bei der viele kämpferische Schotten und Iren ins Land kamen, zog die Kolonie immer mehr friedliche Siedler an. Zudem brachte der Frieden Wohlstand. Bemerkenswert war das Fehlen der Todesstrafe für irgendein Verbrechen in Pennsylvaniens Gesetzen. Nur zwei Verbrechen, Mord und Verrat, machten eine Ausnahme und sollten mit dem Tode bestraft werden, zu einer Zeit, als das englische Gesetz mehr als 200 Übertretungen mit der Todesstrafe ahndete.[8]

Um die Mitte des 18. Jahrhunderts jedoch hatte die feindliche Haltung der Schotten und Iren gegenüber den Indianern zu Gewaltakten und zu ebenso gewalttätiger Vergeltung geführt. Die Kontrolle der Regierung glitt den Quäkern aus der Hand. Der Krieg von 1756 bis 1763 zwischen den benachbarten Kolonialmächten in Nordamerika, Großbritannien und Frankreich, brachte Forderungen nach Militärhilfe von Pennsylvanien mit sich, zu der das Land als britische Kolonie verpflichtet war. Ihre Befolgung wäre für die Quäker unvereinbar gewesen mit ihren Friedensgrundsätzen. Quäkerbeamte und -volks-

[7] Rufus M. Jones, *Quakers in the American Colonies*, New York, Norton Library, 1966, pp. 357–371.

[8] *Ibid.* pp. 459–474.

vertreter in der regierenden Versammlung legten deshalb massenweise ihre Ämter nieder. Die Quäkerpartei blieb eine Minderheitspartei, bis der Ausbruch der amerikanischen Revolution von 1776 sie vollends zerstörte.

Drei andere wichtige Entwicklungen des kolonialen, amerikanischen Quäkertums kommen im Leben eines wahren Heiligen, des Quäkerkaufmanns und Schneiders von Mount-Holly/New Jersey, John Woolman (1720–1772), zur Geltung. Es sind Entwicklungen auf dem Gebiet des geistlichen Lebens, der religiösen Disziplin und der veränderten Einstellung zur Sklaverei. Die erste Quäkergeneration im kolonialen Amerika hatte Gefängnis, Verfolgung und Tod erlitten für eine große Sache, Männer und Frauen durch „den Krieg des Lammes" gegen das Böse in das Königreich Christi zu bringen. Die überwältigende Erfahrung von der unmittelbar wirkenden Kraft Gottes in ihren Gottesdiensten war eine überzeugende Tatsache, die zu ihren missionarischen Unternehmungen führte und diese wirksam und erfolgreich machte. In den Tagen von John Woolman hatte sich die anfängliche Inbrunst abgekühlt, allerdings weniger im Grenzland Amerika, als auf den britischen Inseln. Die überschäumende Begeisterung der Frühzeit wurde abgelöst durch die ruhige und intensive Suche nach der „reinen" göttlichen Führung, frei von jedem menschlichen Element. Das Zeichen, daß man von Gott ausgewählt sei, war der unwiderstehliche Impuls, in der Andacht zu sprechen. Diese Erfahrung machte John Woolman im Alter von 22 Jahren.[9] In den Jahren darauf lebte er in großer Einfachheit; er hielt sein Geschäft absichtlich klein, um Zeit zu haben, „in der Liebe des Evangeliums" kreuz und quer durch die Kolonien zu reisen, sooft er einen Ruf dazu erhielt.

Die ganze Kraft seines Widerstandes gegen die Sklaverei wurde auf diesen Botschaftsreisen zu Freunden in den südlichen Kolonien und auf Rhode Island geweckt. Er führte hinfort die Bewegung an, welche die Philadelphia-Jahresversammlung dazu veranlaßte, im Jahr 1756 das Urteil zu protokollieren, daß kein Quäker als konsequenter oder annehmbarer Christ gelten könne, der ein anderes menschliches Wesen in Sklaverei halte. Kein Quäker in Amerika wagte dies nach 1780 zu tun.

Woolmans Methode waren persönliche Besuche und Überredung. In privaten Gesprächen mit Hausbesitzern, bei kleinen Zusammen-

[9] John Woolman, *Journal and Other Writings,* New York: Everyman, No. 402, E. P. Dutton, 1952. p. 25.

künften mit Schiffseigentümern auf Rhode Island, die mit Sklaven handelten, konnte er durch die Kraft seiner Aufrichtigkeit den Menschen die Überzeugung vom Übel des Sklavenhandels einhämmern. Die Tatsache, daß Quäker so rasch aus Sklavenhaltern zu Verfechtern der Sklavenbefreiung wurden, spiegelt nicht nur die Leidenschaft und Wirksamkeit John Woolmans (und anderer) wider, sondern auch die beachtliche Gruppendisziplin der „Gesellschaft der Freunde". Die Führung in Gestalt von Gruppendisziplin war eines der charakteristischen Zeichen der quietistischen Periode und ließ die Freunde nicht zu sicher werden, daß sie individuell geführt seien. Sobald die Gruppe von der Unmoral einer Einrichtung überzeugt war, handelte sie schnell, um sie abzuschaffen.[10]

Die amerikanische Revolution von 1776–1781 brachte im Leben und in der Entwicklung der Quäker sowohl Zerstörung als auch Erneuerung. Wegen ihrer scharfen Kritik an Kriegen und Kämpfen blieben die Quäker während des Krieges in ihrer Gesamtheit strikt neutral. Sie begünstigten keine Seite in Wort oder Tat. Da die Freunde von beiden Seiten verfolgt wurden, besonders aber von den amerikanischen Truppen und Revolutionären, blieb ihnen nichts anderes übrig, als in sich zu gehen und über ihre quälende Situation sich klar zu werden. Regierung und Gesellschaft schlossen sie aus und verwandelten die Quäker dadurch in eine zurückgezogene, strenge Sekte. Ihre Vorväter hatten 100 Jahre früher versucht, die Menschheit und Gesellschaft in das Königreich Gottes umzuwandeln. Amerikanische Quäker versuchten nun, „Gottes getreuer Rest" zu bleiben, während die Welt sie überging.

III. Spaltung, Ausdehnung und das Anwachsen sozialer Anliegen

Während der nächsten 80 Jahre spielte sich die Tragödie der widerstreitenden religiösen Auffassungen ab, die zu Trennungen innerhalb der „Gesellschaft der Freunde" in Amerika führte. Ferner der Zug nach dem Westen, an dem Quäkerfamilien und ganze Gruppen teilnahmen, und dann das Ausbrechen aus jenen Beschränkungen, welche die Gesellschaft bis dahin von der Welt abgezäunt hatten, so daß die Freunde wieder in den Strom des Lebens gerieten und damit begannen, in vielen progressiven Bewegungen eine Hauptrolle zu spielen. Wir wollen diese Veränderungen der Reihe nach betrachten.

[10] R. M. Jones, *Quakers in the American Colonies.* Book IV Ch. 3, Book V. Ch. 7.

Die Spaltungen, welche die amerikanische „Gesellschaft der Freunde" zerteilten, hatten zwei Hauptgründe, die zunächst theologischer, dann aber auch geographischer Natur waren.

In den Jahren nach der amerikanischen Revolution entstand in der Gesellschaft eine neue, gebildete Führerschicht von überzeugten evangelischen Freunden, die auf allen Gebieten das nach innen gewandte Quäkertum des 18. Jahrhunderts herausforderten. Die neuen Führer riefen andere dazu auf, sich einem neuen Leben in Christus zu verschreiben, die sündige Welt für das Evangelium zu gewinnen, die unfehlbare Bibel zu lehren und Menschen durch den Glauben an das Sühneblut Jesu Christi zu retten. Diese Bewegung für innere Wiedergeburt und Vertrauen in die Kraft der Bibel, nach außen zu wirken, gab auch den sozialen Ansporn für Freunde, sich außerhalb ihrer Grenzen um soziale Reformen zu kümmern und solche einzuleiten.

Die betont Evangelischen konnten durch ihren Ernst, ihr Bemühen, dem Quäkertum neues Leben einzuhauchen, und die Unterstützung von seiten englischer Freunde, einflußreiche Kreise der Philadelphischen Jahresversammlung, vor allem die Ältesten und die Laienprediger, beherrschen. Inzwischen fanden die Konservativen, die Befürworter der quietistischen Richtung, der Innerlichkeit und der Tradition, einen Führer in der Person des Elias Hicks aus Jericho, Long Island. Er war ein tiefreligiöser Mensch, ein treuer Hüter der besten Tradition des 18. Jahrhunderts, als man die Nähe Gottes noch unmittelbar empfand. Er bekämpfte öffentlich den Deismus, der auch nicht ohne Einfluß geblieben war auf eine Minderheit derer, die ihn sonst unterstützten. Als der Kampf gegen die extrem Evangelischen sich verhärtete, wurde der Fall Hicks zu einem berühmten „Fall". Thomas Shillitoe, ein englischer Vorkämpfer der evangelischen Richtung, und andere dachten, es sei ihre Pflicht, als „Wahrheitstruppe" Hicks auf seinen Reisen zu folgen und zu versuchen, die ungesunden Wirkungen seines Predigens unschädlich zu machen.

Es kam 1827 zum offenen Bruch in der Jahresversammlung von Philadelphia. John Comly, damals stellvertretender Schreiber, führte die Anhänger von Hicks in „einem ruhigen Rückzug weg von der Szene der Verwirrung". Etwa zwei Drittel der Mitglieder der Jahresversammlung wurden *„Hicksites"*. Es waren dies überwiegend ländliche und weniger reiche und gebildete Mitglieder. Die als „orthodox" bezeichnete Jahresversammlung, die zurückblieb, bestand in der Mehrzahl aus wohlhabenden und gebildeten städtischen Mitgliedern und aus den meisten Führern, die damals Ämter bekleideten. Diese Spaltung von Philadelphia dauerte 128 Jahre, bis 1955 endlich eine

Wiedervereinigung erzielt wurde. Die Spaltung in „Hicksites" und „Orthodox" fand 1828 auch in der New York-, in der Baltimore- und der Ohio-Jahresversammlung statt, nicht aber in der von Neu-England und Nord-Carolina.[11]

Da die *Hicksite*-Gruppe keine besondere Betonung auf Rechtgläubigkeit legte, ergaben sich bei ihr keine weiteren Aufsplitterungen. Die Minderheit der Intellektuellen, die Liberalen und sozial Aktiven unter ihnen übernahmen allmählich die Führung. Die Gruppe hielt auch im 20. Jahrhundert fest an ihren humanitären Bestrebungen, an der schweigenden Andacht und an der Autorität dessen, was die nach innen gerichtete Seele erfährt, auch „inneres Licht" genannt. Ebenso tolerierte sie die Verschiedenheit von theologischen Ansichten.

Die Orthodoxen andererseits betonten Richtigkeit und Festigkeit von Glauben und Lehre und erlitten dadurch eine weitere, größere Spaltung. Joseph John Gurney, ein Quäkerbankier, zugleich Bibelgelehrter, ein glühender evangelischer und einflußreicher Freund aus Norwich in England, machte 1837 eine triumphale Besuchsreise durch Amerika. Gurney hatte ökumenische Kontakte mit Anglikanern und Methodisten. Als ausgezeichneter Redner zog er große Mengen an, wohin er kam. Aber im Lauf seiner Reise erhob sich in Ohio und besonders in Neu-England Widerstand gegen ihn als einen Neuerer und Weltmann; zum Hauptsprecher dieses Widerstands wurde John Wilbur von South Kingston, Rhode Island. Wilbur empfand in der Evangelisation Gurneys zu viel Betonung auf die äußere Autorität der Bibel und auf die historische Erlösungstat Christi gelegt, so daß er darin einen Abfall sah von dem, was die Quäkergründer bezeugt hatten. Obwohl Wilburs Angriffe auf Gurney persönlich nicht gerechtfertigt waren, so waren sie sicher angemessen, insoweit sie Gurneys Freunde und Anhänger betrafen, die sich bei seinem Namen, also etwa Gurneyitische Freunde, nennen ließen. Jedenfalls kam es noch einmal zu einer Polarisierung und damit zur Teilung. John Wilbur wurde aus der Neu-England-Jahresversammlung ausgestoßen. Seine Anhänger zogen sich zurück und gründeten im Jahr 1845 die kleinere Wilburitische oder Konservative Jahresversammlung. Glücklicherweise rührten sich die Neu-England-Freunde im 20. Jahrhundert und feierten den hundertsten Jahrestag der Trennung mit einer Wiedervereinigung, nämlich im Jahre 1945.[12]

[11] R. M. Jones, *Later Periods of Quakerism,* vol. I pp. 462–487, and R. W. Doherty, *Hicksite Separation,* Ch's 5, 6.

[12] R. M. Jones, *Later Periods of Quakerism,* vol. I pp. 492–526.

Auch in Ohio trennten sich im Jahr 1854 die zwei Gruppen der Gurneyiten und Wilburianer und ähnlich auch in verschiedenen anderen Jahresversammlungen in den USA bis 1903.[13]
Inzwischen brachte während dieser ganzen Jahre der Auszug vieler Freunde nach dem Westen neue Probleme für die an der Grenze der Zivilisation lebenden Auswanderer in ihrer Isolierung von den älteren Zentren des Quäkertums mit sich. Schon 1725 war hauptsächlich von New Jersey und Philadelphia aus eine Bewegung nach dem Süden ausgegangen, so daß sich Quäker in Ost-Tennessee, Süd-Carolina und Georgia ausgebreitet hatten.[14]
Aber zu Beginn des 19. Jahrhunderts begann eine große Auswanderung von Familien und ganzen Gruppen aus den Südstaaten nach dem Westen, hauptsächlich aus dem Wunsch heraus, von den Sklaven haltenden Ländern in das Nord-West-Territorium jenseits des Ohioflusses zu gelangen, das 1787 vom Kongreß zu einem Gebiet erklärt wurde, das ständig frei von Sklaverei bleiben müsse. Dieser Quäkerexodus ging hauptsächlich in den Jahren von 1799 bis 1820 vor sich, als schätzungsweise 20 000 Freunde von den Allegheny-Bergen westwärts nach Ohio, Indiana, Illinois und Iowa[15] zogen. Wahrscheinlich ein Viertel davon kam aus Pennsylvanien und New Jersey, der Rest aber vom Süden. Dann wiederum geschah 1854 plötzlich ein starker Zuzug von Quäkern nach Kansas, in dem Bestreben, dieses Gebiet als freien Staat zu erhalten, in dem Sklaverei illegal sein sollte. In den Jahren 1849/1850 siedelten sich Quäker zum ersten Mal in Kalifornien an, als direkte oder indirekte Folge des Goldrausches von 1849. Dann ließen sich 1869 Freunde in Nebraska nieder und andere in den folgenden Jahren in Oregon. In mehreren dieser Staaten wurden neue Jahresversammlungen gegründet, wobei eine rauhe Wildwest-Umgebung das Quäkertum sehr veränderte.[16]
Als die dritte große Erweckung über den amerikanischen Westen kam, hatte der gurneyanische, orthodoxe Zweig der Quäker genug Vitalität, um seine Mitglieder mit in den Hauptstrom der neuen Erweckungsbewegung zu tragen. Faktoren, die zum Anwachsen der Erweckungsemotion unter Freunden beitrugen, waren ein verstärkter

[13] *Ibid.* pp. 534–540.
[14] R. M. Jones, *Quakers in the American Colonies,* pp. 295–301, *Later Periods of Quakerism,* vol. I pp. 387–388.
[15] Erroll T. Elliott, *Quakers on the American Frontier,* Richmond, Ind. Friends United Press, 1969, pp. 27–8, 50–54.
[16] *Ibid.* pp. 115–119.

Missionsgeist, ein großes Verlangen, die Botschaft des Evangeliums in der Bibel wiederzuentdecken und die Anwesenheit evangelisierender Quäker aus England und den Nachbargebieten, die sich längere Zeit unter den amerikanischen Freunden aufhielten und bis zu den neu besiedelten Gebieten vordrangen.

So kam es, daß Freunde begannen, während der Zeit ihrer jährlichen Zusammenkünfte regelmäßig abendliche Gebetsversammlungen abhalten, die viele Hunderte anzogen, so daß innerhalb weniger Jahre die Gebetsversammlung eine normale Erscheinung bei allen evangelikalen Freunden bildete.[17] Sie veranstalteten allgemeine Versammlungen mit dem Zweck, Erweckungen zu erzielen. „Das Schweigen wurde durch öffentliches Zeugnis und Gebet ersetzt. Die Heilige Schrift wurde fleißig gelesen und ausgelegt. Das frühere Gefühl der Ehrfurcht und Zurückhaltung machte einer Ära der Freiheit und Spontaneität Platz." [18] Musik und Gesang wurden im Gottesdienst eingeführt, bald wurden auch Orgeln in den Versammlungshäusern aufgestellt. Am bedeutsamsten von allem war es, daß bei den Freunden an der Grenze des mittleren Westens sich als unmittelbare Folge der Erweckungsbewegung ein ganzes System von Pastoren und Pastoraten entwickelte. Der jüngeren Generation schien es, als hätte die alte Art von geistiger bzw. geistlicher Führung versagt. Sie vertraten lebhaft den Standpunkt, daß neues Leben neue Lebensweisen fordere. Hinzukam, daß bei den Evangelisationskampagnen viele Hunderte von Nichtquäkern gewonnen wurden, die mit dem unprogrammierten Gottesdienst nicht vertraut waren und den Mangel an eingesetzten Führern stärker empfanden. Die Mehrzahl der evangelikalen „Andachtsgruppen" hatte um 1880 das pastorale System angenommen, in Nachahmung der um sie herum bestehenden Kirchen, aber auch aus der Notwendigkeit heraus, den Neubekehrten etwas anzubieten.[19]

Eines der Hauptergebnisse der evangelikalen Erweckung dieser Periode war ein neues Interesse für die Mission und die Gründung von Quäkermissionen in vielen fremden Ländern, wie sie an anderer Stelle beschrieben worden sind. Ein zweites Anliegen, welches sich zu jener Zeit entfaltete, war das Interesse für Erziehung. Man begann in der ersten Hälfte des Jahrhunderts mit Elementarschulen, bis

[17] R. M. Jones, *Later Periods of Quakerism,* vol. II p. 896.

[18] *Ibid.* vol. II. pp. 900–901.

[19] LeShana, *Quakers in California,* Newberg, Oregon, Barclay Press, 1969, pp. 41–42.

die öffentlichen Schulen denselben Stand erreicht hatten. Dann wandte man sich besonders der mittleren und höheren Schulbildung zu. Während des 19. Jahrhunderts gab es „wenigstens 65 Schulen, als Akademien, Internatsschulen, Seminare oder Höhere Schulen bezeichnet, die unter der Leitung oder unter dem Einfluß von Quäkerversammlungen von Nord-Carolina bis zur Westküste standen".[20]
Um 1900 jedoch wurden rasch öffentliche Höhere Schulen im ganzen Lande aufgebaut, und alle Quäkerschulen, außer einer Handvoll Elementar- und Mittelschulen, sind eingegangen. Die noch bestehenden Schulen befinden sich in Friendsville (Tennessee), Barnesville (Ohio), Scattergood (Iowa) und Greenlead (Idaho).
Drei der Akademien entwickelten sich früh zu Quäker-Colleges, die das Privileg erhielten, akademische Grade zu vergeben, Haverford in Pennsylvanien (1833), Guilford in Nord-Carolina (1837) und Earlham in Indiana (1847, privilegiert 1859). Noch mehrere andere Colleges wurden im Laufe des Jahrhunderts eingerichtet. Es ist bemerkenswert, daß eine „Religiöse Gesellschaft" von nur 120 000 Mitgliedern 13 höhere Lehranstalten in den USA gegründet hat, unter denen 10 Colleges der philosophischen Fakultät (einschließlich Mathematik, Naturwissenschaft und Soziologie) und 2 theologische Lehranstalten *(Bible colleges)* sind. Der Anteil der Studenten aus Quäkerfamilien beträgt in vielen dieser Colleges etwa 11 Prozent. Nur in Earlham und im George Fox-College in Newberg (Oregon) ist er höher. Über 25 Prozent der Gelder für die Erhaltung dieser Institute stammt aus Schenkungen von Nichtmitgliedern. Vielleicht ist der Grund dafür, daß so viele Amerikaner ihre Kinder gerne in Quäkerinstitute schikken, darin zu suchen, daß es dort eine besonders füreinander sorgende Gemeinschaft gibt, die das Kennzeichen der Quäkererziehung ausmacht. Die gegenwärtige rasche Verschiebung zugunsten der Ausbildung an staatlich finanzierten Universitäten bedroht Hunderte von Privat-Colleges in den USA. Solche schwierigen Situationen hat es schon früher gegeben, aber jedesmal sind die Quäker-Colleges erfolgreich daraus hervorgegangen. Das kann sich leicht wiederholen.[21]
Zwei weitere Ausbildungsstätten der Quäker müssen noch erwähnt werden. Die erste ist Pendle Hill in Wallingford, Pennsylvanien, teilweise dem Woodbrooke-College in England nachgebildet und 1934 als Zentrum für fortgeschrittenes Quäkerstudium, für das Studium

[20] E. T. Elliott, *Quakers on the American Frontier.* p. 199.
[21] Walter R. Williams, *The Riche Heritage of Quakerism,* Grand Rapids, Eerdmans, 1962, pp. 225–232.

der Bibel und der Weltreligionen und anderer Wissensgebiete eröffnet, aber ohne festen Studienplan. Zusätzlich fördert Pendle Hill Projekte der sozialen Erneuerung, der Gerechtigkeit in Rassenproblemen, der Kriegsgegnerschaft und Ablehnung des Militärdienstes, notfalls bis zur Gehorsamsverweigerung. Es ist berühmt wegen einer langen Serie von Heften, über alle Arten von „Quäkeranliegen", die es veröffentlicht hat. Es hat auch dem Zweck der Ausbildung für alle möglichen Quäkerhilfsdienstmissionen in Übersee gedient. Für viele Hunderte ist es ein Zufluchtsort sowie ein Platz, wo sie durch eine Zeit der Stille neue Kraft und vielleicht ein neues Lebensziel im Geist der Quäkergemeinschaft finden können.
Durch die Ausgestaltung des Earlham-Colleges im Jahr 1960 schufen amerikanische Freunde die erste Hochschule für Religion innerhalb der „Gesellschaft der Freunde". Sie liegt am Rand des Terrains des Earlham-College in Richmond (Indiana) und vertritt vor allem eine quäkerische Theologie des Heiligen Geistes. Sie verfügt über einen Studiengang von drei Jahren zur Erlangung des theologischen Bakkalaureats und einen zweijährigen Lehrgang zur Erlangung des Magistergrades in Religion. Sie dient dem Ziel, Studenten für die vielen neuen und experimentellen Formen des Gemeindedienstes auszubilden, an denen die meisten jungen Leute heutzutage interessiert sind.
Schließlich ist als eine ziemlich neue Entwicklung auf theologischem Gebiet die Bildung einer theologischen Diskussionsgruppe zu nennen, die sich mit allen Teilen des Quäkergedankengutes befaßt und eine Zeitschrift über Quäkertheologie veröffentlicht mit dem Titel: *„Quaker Religious Thought"*. Viele der jungen Freunde, die dieses Wagnis begannen, hatten Theologie und Philosophie an verschiedenen Hochschulen studiert. Sie empfanden aber, daß trotz des traditionellen Vorurteils der Quäker gegen Theologie eine wirkliche Erneuerung unter den Quäkern nur dann Platz greifen könne, wenn durch eine ehrliche Untersuchung die trennenden Unterschiede aufgedeckt würden, die zwischen Quäkern herrschen.
Die Zeitschrift wirkt erwiesenermaßen belebend auf das amerikanische Quäkertum und ist von wachsender Bedeutung.
Das Quäkertum, das sich zunächst kühn angeschickt hatte, die amerikanischen Kolonien für das vom Heiligen Geist regierte Königreich Christi zu gewinnen, war im 18. Jahrhundert zuerst eine „Sekte" geworden. Schließlich, in der ersten Hälfte des 19. Jahrhunderts, wurde es ein zerschlagenes Volk, durch Spaltungen dreifach zerstückelt, und später noch durch den Unterschied zwischen pastoralen und schwei-

genden Andachtsgruppen zertrennt. Die Periode von 1952 bis 1970 hat die Heilung vieler dieser Brüche und das Wachsen eines neuen Geistes des Verstehens zwischen Quäkern aller Richtungen gesehen. Mehrere der getrennten Jahresversammlungen und viele örtliche Gruppen haben sich miteinander vereinigt. Eine Vereinigung zwischen Orthodoxen und Hicksiten wurde zuerst bei den Jahresversammlungen in Philadelphia und dann 1955 auch bei denen von New York und Kanada erreicht. Im Mittel-Westen war das Streben nach Einheit langsamer, aber auch hier näherten sich Wilburiten und die *„Evangelical"* genannten Freunde im Jahr 1967. Wie bereits erwähnt, wurde die Spaltung zwischen Wilburiten und Gurneyanern in Neu-England 1945 überwunden. Auch innerhalb der Jahresversammlung von Erie-See kamen liberale und mehr evangelikal gesinnte Freunde in vereinigter Mitgliederschaft zusammen.
Extrem evangelische Freunde mit ihren vier unabhängigen Jahresversammlungen von Ohio, Kansas, Rocky Mountains und Oregon näherten sich in den Jahren 1956 bis 1970 einander in dramatischer Weise und bildeten Zusammenschlüsse sowohl für einzelne als auch für Jahresversammlungen, die den Glauben an das Evangelium in jenen vier Gruppen, aber auch in anderen Bezirken des Quäkertums, erneut entfacht haben. Ein neues Interesse an Wissenschaft und Forschung und dem Studium der Quäkerursprünge wurde bei ihnen beobachtet. Es entstand auch ein speziell quäkerisches Verständnis für die Erfahrung der „Heiligung", das verschieden ist von der wesleyanisch-methodistischen Betonung des „zweiten bestimmten Wirkens der Gnade". 1965 geschah die Gründung der „Allianz der Evangelischen Freunde", zu der nur Jahresversammlungen gehören dürfen, und damit die Koordination bei solchen Aufgaben, wie Veröffentlichungen, Ernennung und Ausbildung von Missionaren und bei den Bemühungen um eine gemeinsame Strategie in der Missionsarbeit.
Die konservativen (wilburitischen) Quäker, die eine der kleineren Gruppen der „Gesellschaft der Freunde" in Amerika bilden, haben sich hauptsächlich in Ohio und Iowa konzentriert. Obgleich diese Gruppe fortgesetzt an Zahl verloren hat, zeigt sie viele Anzeichen von Lebendigkeit. Konservative Freunde haben treu und tatkräftig zu dem Friedenszeugnis der Quäker gestanden. Sie unterhalten weiterhin die beiden Internatsschulen in Barnesville, Ohio und Scattergood, Iowa. Sie haben die Quellen religiösen Lebens lebendig erhalten durch jährliche *„Retreats"* bei Jahresversammlungen. Sie sind von unschätzbarem Wert bei Gesprächen zwischen Freunden verschiedener Gruppen. Sie finden instinktiv zurück zum Ausgangspunkt, wo es um

Fragen der inneren Bindung an Christus und an seinen Geist geht; in ihrer Gegenwart gelangen Freunde leichter aus dem Dialog zur Einigkeit. Die Führung der jüngeren Freunde Nordamerikas verlagerte sich in den letzten Jahren auf die Absolventen von Barnesville und Scattergood. Treue zur Tradition der frühen Quäker – das Merkmal der Wilburiten – ist der Schlachtruf der jungen Freunde von Nordamerika geworden, neben ihrem sozialen und geistigen Radikalismus.

Die Hauptanliegen der Freunde der liberalen Schule, die sich in der „Generalkonferenz der Freunde" zusammengeschlossen haben, wird im folgenden als humanitäre Tätigkeit, als Friedens- und Rassenarbeit beschrieben. Neue Jahresversammlungen, zum Teil weit entfernt von der traditionellen Basis Philadelphias, haben sich in den letzten Jahren der „Generalkonferenz der Freunde" angeschlossen, so daß man von Wachstum und neuem Leben bei ihr reden kann, aber auch von neuen Wagnissen, die sich zum Teil weit von der traditionellen Quäkerpraxis entfernen, jedoch von einer Leidenschaft für Ehrlichkeit angefeuert sind. Freunde dieser Gruppe halten treu an dem auf Schweigen basierenden Gottesdienst und der Führung durch das „innere Licht" als dem Urquell der Autorität fest. Einige gehen soweit, das Quäkertum zur prophetischen Religion zu erklären, die von Gottes Stimme und innerer Offenbarung abhängig ist, andere halten sich an das mystische Element in seinen Ursprüngen. Alle sehen darin einen neuen Anfang christlicher Erfahrung.

Diejenigen Quäker, die in den Bereich der „Vereinigten Zusammenkunft der Freunde" *(Friends' United Meeting)* fallen, das früher unter dem Namen „Fünfjahrestreffen" bekannt und 1902 in Richmond, Indiana, gegründet worden war, haben diese neue Bezeichnung sowie ein neues Arbeits- und Denkprogramm im Jahr 1966 angenommen. Letzteres betont die Notwendigkeit der Wiedererlangung einer direkten Gotteserfahrung und der Bereitschaft, sich dazu in der Öffentlichkeit zu bekennen, sowie der Rückkehr zu intellektueller Redlichkeit in allen Beziehungen und das Wiedergewinnen eines Glaubens, der den Werken entspricht und die Erklärung dafür gibt, warum sich Freunde so viel Mühe geben. Wenn die direkte Erfahrung von Gott von den anderen drei Zielen getrennt wird, so führt das zu privatem Mystizismus. Für die Wahrheit zu zeugen mit dem Eifer eines Evangelisten, ohne Berücksichtigung der anderen drei Forderungen, kann in angriffslustige Apologetik und in Gesetzlichkeit ausarten. Intellektuelle Ehrlichkeit schützt den Quäker vor endloser Suche, denn *er* wurde ja von *dem* gefunden, der uns liebt und sich für uns hingab.

Christliche Menschenfreundlichkeit im Gleichgewicht mit den drei anderen Forderungen kann nicht herabsinken zu bloßem Humanismus, dessen einziger Wert der Mensch ist.[22]

Diese Erörterung über das zeitgenössische Bild der verschiedenen Gruppen amerikanischer Freunde führt geradewegs in das Thema: Teilnahme an der ökumenischen Bewegung und Glaubensgespräch mit anderen Religionen. Die „Vereinigte Zusammenkunft der Freunde“ wurde Mitglied im Nordamerikanischen Kirchenbund bei dessen Gründung im Jahr 1908 und blieb aktives Mitglied, als jene Körperschaft im Jahr 1950 zum „Nationalrat der Kirchen“ wurde. Diese „Vereinigte Zusammenkunft der Freunde“ wurde auch ein privilegiertes Mitglied des Ökumenischen Rats der Kirchen, der 1948 in Amsterdam ins Leben gerufen wurde. Andererseits hielten sich die extrem evangelischen Freunde und ihre Jahresversammlungen von jeder Verbindung mit Kirchenvereinigungen fern, da sie diese für zu liberal und für zu sehr nach dem „Sozialen Evangelium“ hin orientiert hielten. Mehrere Jahresversammlungen, die Mitglieder der „Generalkonferenz der Freunde“ sind, wurden nun aber auch Mitglieder bei dem Nationalrat und dem Ökumenischen Rat der Kirchen durch ihre kürzlich erfolgte Wiedervereinigung mit mehr streng orthodoxen Freundesgruppen, während andere Jahresversammlungen innerhalb der „Generalkonferenz“ sich der Mitgliedschaft strengstens enthielten.

Der Dialog mit anderen Religionen ist durch die Arbeit von Douglas Steere von Haverford, Pennsylvanien, ins Rampenlicht gerückt worden, der Reisen nach Japan und Indien unternahm, um Gespräche mit Buddhisten und Hindus zu führen mit der Absicht wechselseitiger Aufklärung.

Schließlich müssen wir die Arbeit des „Beratenden Weltkomitees der Freunde“ hervorheben, insofern es bestrebt ist, die verschiedenen Gebiete des Quäkerdenkens und -zeugnisses innerhalb der Vereinigten Staaten zu koordinieren und mit dem Quäkertum außerhalb derselben in Verbindung zu bringen. Die Quäker-Weltkonferenz, die 1967 in Greensboro, Nord-Carolina, abgehalten wurde, zeigte einen großen Schritt vorwärts in dieser Richtung und erwies sich als Wendepunkt im Leben der amerikanischen Freunde. Traditionelle Feindschaften zwischen den verschiedenen Gruppen wurden in einem neuen, gegenseitigen Verständnis aufgelöst; Freunde von allen Zweigen

[22] Gerald B. Dillon, „*Friends and Ecumenical Movements among Evangelicals*“, *Quaker Religious Thought*, vol. X, No. 1. Summer 1968, p. 17.

amerikanischen Quäkertums, von Afrika, Asien und Europa nahmen gemeinsam teil an den Zeiten tiefer Andacht und an Diskussionen, die für jeden einzelnen neue Erkenntnisse für seine Probleme und Erfahrungen brachten.

IV. Das soziale Zeugnis der amerikanischen Freunde

Eine der bedeutsamsten Tätigkeiten amerikanischer Freunde in der ersten Hälfte des 19. Jahrhunderts war ihre Arbeit für die Aufhebung der Sklaverei im ganzen Land. Benjamin Lundy von Mount Pleasant, Ohio, organisierte 1815 die erste „Gesellschaft für Abschaffung der Sklaverei". John Greenleaf Whittier, der Quäkerdichter aus Neu-England, war ebenfalls sehr aktiv in dieser Sache. Er arbeitete zusammen mit Lundy bei der Herausgabe der Zeitung *„National Enquirer"*, die für die Freilassung von Sklaven eintrat, während John Lundy in der Bewegung von William Lloyd Garrison mitwirkte, der später der feurige Herausgeber des *„Liberator's"* wurde. 1819 eröffnete ein anderer Freund, Vestal Coffin aus Guilford, Nord-Carolina, die sogenannte „Untergrundbahn". Es war ein geheimes Verfahren, Sklaven aus dem Süden unauffällig in die Freiheit zu bringen, zuerst in die Nordstaaten, dann, nach Inkrafttreten des Sklavenflüchtlingsgesetzes, bis hinauf nach Kanada. Auf der Reise wurden sie von Quäkern und Gleichgesinnten versteckt, untergebracht, ernährt und gekleidet. Die Mehrzahl der Freunde war zwar innerlich für die Abschaffung der Sklaverei, mißbilligte jedoch das illegale Verfahren. Zwei Freunde, die um die Mitte des 19. Jahrhunderts eine führende Rolle bei diesem Wagnis spielten, Levi Coffin aus Fountain City, Indiana, und Charles Osborn, ein anderer prominenter Freund aus Indiana, wurden 1842 gezwungen, ihre verantwortungsvollen Ämter in der Jahresversammlung aufzugeben. Im nächsten Jahr bildeten sie aus den Freunden, die für die sofortige Abschaffung der Sklaverei eintraten, eine getrennte Jahresversammlung. Diese Trennung wurde 1856 aufgehoben durch die rasch wachsende Tendenz zum Krieg wegen dieser Streitfrage und durch die Vermittlung eines besonderen Komitees der Londoner Jahresversammlung, welches sich bemüht hatte, den Riß zu heilen. Während des Bürgerkriegs von 1861–1863 bekam Levi Coffin, der sogenannte „Präsident der Untergrundbahn", und die Führer vieler anderer Kirchen, die Aufgabe, Pläne für die Wiederansiedlung, die Erziehung und Unterstützung von Tausenden von Freigelassenen

auszuarbeiten. Gegen Ende des Krieges war Coffin, der Ausgestoßene von 1843, zum Volkshelden geworden.[23]
Alle amerikanischen Jahresversammlungen haben nach dem Bürgerkrieg nicht nur für die Unterstützung und Ausbildung von Freigelassenen zusammengearbeitet, sondern auch den amerikanischen Indianern fortgesetzt Hilfe geleistet. Zwischen 1830 und 1860 waren sie unter den Seneca-Indianern im Westen des Staates von New York tätig. Sie nahmen sich auch des Stammes der Shawnies in Ohio an, bis diese im Jahr 1833 nach Kansas verdrängt wurden. Aber auch danach sorgten sie für sie sowie für den Stamm der Kaws in Kansas. 1869 bat der Präsident der Vereinigten Staaten, U. S. Grant, die „Gesellschaft der Freunde", alle indianischen Agenten, durch welche die Regierung mit den Stämmen verhandelte, so auszubilden, daß sie die Rechte der Indianer schützen, ihre Bildung fördern und ihren allgemeinen Zustand verbessern könnten. Freunde leisteten diesen Dienst bis 1879, als die Verwaltung unter Präsident Hayes die Arbeit für sie unmöglich machte und sie sich zurückzogen. Inzwischen war durch das Zusammenwirken der meisten Amerikanischen Jahresversammlungen der „Vereinigte Exekutivausschuß für Indianerangelegenheiten" gebildet worden, aus dem sich die Agenten rekrutierten. Dieses Komitee nimmt sich bis zum heutigen Tage der amerikanischen Indianer, besonders im Staat Oklahoma, an.
Die Friedensüberzeugungen der amerikanischen Freunde wurden im amerikanischen Bürgerkrieg ernsthaft auf die Probe gestellt. Die allgemeine Wehrpflicht wurde 1862 im Süden und 1863 im Norden eingeführt. Die einzige Möglichkeit der Befreiung bestand in der Bezahlung einer kräftigen Geldbuße, aus der die Kosten eines Ersatzmannes bestritten werden konnten. Diesen Ausweg mißbilligte die „Gesellschaft der Freunde" offiziell, obwohl eine Anzahl Freunde davon Gebrauch machte. Bisher hat noch niemand aus Quäkeraufzeichnungen die Zahl der jungen Freunde namhaft gemacht, welche in die Unionsarmee eingetreten sind, aber ihre Zahl war ohne Zweifel größer als erwartet, wenn sie auch im Verhältnis zur Gesamtmitgliedschaft verhältnismäßig klein war. Es war eine schwere Entscheidung für die jungen Männer der Gesellschaft, die loyal zur Union und zur Sache der Sklavenbefreiung stehen wollten. Die meisten, die eingezogen wurden, weigerten sich, ein Gewehr zu tragen und Gehorsam zu leisten. Häufig befanden sie sich unter Offizieren und zusammen mit Männern, die ihre Überzeugung achteten, und nach kurzer Zeit

[23] E. T. Elliott, *Quakers on the American Frontier*, pp. 85–97.

gewährte man ihnen einen ausgedehnten Urlaub und berief sie nicht wieder ein. Einige weniger Glückliche wurden streng bestraft und eingesperrt; ein paar wurden mit dem Tode bedroht.[24] Im Süden waren die Verhältnisse viel schlimmer. Die Freunde waren dort nicht so zahlreich, viele Mitglieder waren ja nach dem Westen ausgewandert, und ihre Einstellung zum Krieg war weniger bekannt und geachtet als im Norden. Die Gruppen in Nord-Carolina und Virginia waren nachsichtiger als die Freunde im Norden. Sie erlaubten denen, die es mit ihrem Gewissen vereinbaren konnten, die Summe für einen Ersatzmann zu zahlen. Viele junge Freunde, die sich nicht zu zahlen entschließen konnten, aber auch nicht kämpfen wollten, verbargen sich in den Wäldern. Viele, die eingezogen waren, erlitten eine strenge und brutale Behandlung. Einige kamen vor ein Kriegsgericht und wurden zum Tod durch Erschießen verurteilt. Aber nie haben die Soldaten den Befehl der Konföderation ausgeführt, nicht zuletzt deshalb, weil sie die ruhige und mutige Haltung der Gefangenen sahen. Einige fanden verständnisvolle Offiziere, und, wie ihre Gesinnungsfreunde im Norden, bekamen sie die Erlaubnis, für einen ausgedehnten Urlaub nach Hause zurückzukehren. Als der Krieg beendet war, herrschte bei einigen Quäkergruppen, besonders im Norden, die Tendenz, Mitglieder, die in der Armee gedient hatten, aus der Gesellschaft auszustoßen, wenn sie sich nicht reuig zeigten. Die Hicksiten waren am großzügigsten in der Behandlung derjenigen, die das Friedenszeugnis aufgegeben hatten, aber doch in der Gesellschaft bleiben wollten.

1866 hielten die orthodoxen Freunde eine Friedenskonferenz in Baltimore ab, die im folgenden Jahr zur Bildung der „Friedensvereinigung" *(Peace Association)* der Freunde in Amerika führte. Von 1875 bis 1945 erschien regelmäßig die Zeitschrift *„The Messenger of Peace"* (Der Friedensbote).[25] Ein Freund, Dr. Benjamin Trueblood, war viele Jahre Sekretär der nationalen amerikanischen Friedensgesellschaft und Hauptorganisator der Haager Konferenz, die 1907 in den Niederlanden abgehalten wurde. Von 1895 bis zum Ausbruch des Ersten Weltkrieges machte es sich ein Freund aus der New Yorker Jahresversammlung zur Aufgabe, alljährlich eine Konferenz über internationale Schiedsgerichtsverfahren einzuberufen, die von Juristen und Friedensarbeitern aus allen Ländern besucht wurde.

Die Befürchtung, daß Quäker im Ersten Weltkrieg zum Wehrdienst

[24] R. M. Jones, *Later Periods of Quakerism,* vol. II, pp. 729–740.

[25] E. T. Elliott, op. cit., p. 286.

eingezogen werden könnten, führte zur Gründung des *„American Friends' Service Committee"*, einer Hilfsorganisation, deren Programm eines Ersatzdienstes für Kriegsdienstverweigerer im kriegszerstörten Frankreich im Volk eine sehr positive Reaktion fand und eine starke Anziehungskraft ausübte. Die Arbeit des Hilfsausschusses in dieser Richtung und das massive Unterstützungsprogramm, das gleich nach Kriegsende einsetzte, ist bereits beschrieben worden. Während des Zweiten Weltkriegs arbeiteten Mennoniten, Mitglieder der „Kirche der Brüder" und das *„American Friends' Service Committee" (AFSC)* zusammen und sorgten dafür, daß ein Ersatzdienst unter ziviler Leitung eingerichtet wurde. Das bedeutete, daß die, welche den Kriegsdienst aus religiösen Gründen verweigerten, Arbeiten von nationaler Bedeutung, wie etwa in der Forstwirtschaft oder beim Bodenschutz usw., leisten konnten. Die Männer wurden in Lagern zusammengezogen und arbeiteten ohne Bezahlung; sie wurden während der Dauer des Krieges von den drei Friedenskirchen unterstützt. Viele Männer gingen von den Standquartieren zu einem „Sonderdienst als Krankenpfleger in Nervenheilanstalten oder dienten als menschliche Versuchskaninchen" für die medizinische Forschung. Einige wurden Rauchspringer *(smoke jumpers);* so bezeichnet man Fallschirmspringer, die Waldbrände bekämpfen. Große Pläne wurden geschmiedet, einige dieser Männer in den Hilfsdienst nach Übersee zu senden, aber die Regierung wollte das nicht erlauben. Erst mit Beendigung der Feindseligkeiten wurde es möglich, Gruppen für Hilfs- und Aufbaudienste in die vom Krieg zerstörten Länder zu schicken. Größere Programme wurden in Deutschland, Österreich, Italien, Finnland, Polen und Japan verwirklicht. Ein amerikanischer Freund, James M. Read, wurde Vize-Hochkommissar für Flüchtlinge in Genf. *AFSC,* der amerikanische Hilfsausschuß, richtete Seminare für internationale Angelegenheiten, in erster Linie für die Anführer der Studenten aus kriegszerstörten Ländern und neuentstandenen Nationen, ein, sowie Seminare für erfahrene Diplomaten. Dieses führte zur Einrichtung eines Quäkerhauses in der Nähe des Gebäudes der Vereinten Nationen in New York. 1950 wurde in Zusammenarbeit mit britischen Freunden das UNO-Programm der Quäker eröffnet. Seitdem nehmen an jeder UNO-Sitzung Mitglieder eines internationalen Teams der Freunde teil.

Aus demselben Gefühl der Mitverantwortung für Frieden unter den Nationen führten britische und amerikanische Freunde nach dem arabisch-israelischen Krieg von 1947/1948 sowohl in Israel als auch in den umliegenden arabischen Ländern Hilfs- und Wiederherstellungsprojekte durch. Wie es bereits Tradition war, halfen die Freunde den Opfern auf beiden Seiten. Bei Beendigung des Koreakonfliktes 1953 kamen die Freunde mit einem neuen Unterstützungsprogramm dorthin und blieben bis 1969 im Land; ihr Ziel war Gemeinschaftserneuerung. Die Arbeit schloß ein Projekt für koreanische Leprakranke ein, das auf die Initiative neu gegründeter Quäkergemeinden in Seoul und anderswo zurückging. Wiederum gab der schließlich erreichte Frieden in Algerien nach 1958 amerikanischen Freunden hauptsächlich durch *AFSC* und durch Kooperation mit britischen und anderen europäischen Freunden die Gelegenheit, nicht nur algerische Flüchtlinge mit Nahrung und Kleidung zu versorgen, sondern sie auch auf dem Gebiet Landwirtschaft, Hausbau, Aufforstung und Hauswirtschaftskunde auszubilden.

Im Sommer 1967 war Nigerien in einen Bürgerkrieg mit seinem sezessionistischen Teilstaat Biafra verwickelt. Amerikanische Freunde schlossen sich während und nach dem Sezessionskonflikt, gegen Ende 1969, mit dem Kirchlichen Weltdienst *(Church World Service)* und der katholischen „Caritas“ zusammen zur Lieferung von Nahrungsmitteln und medizinischer Hilfe sowie zur Entsendung einiger medizinischer Fachkräfte zu den belagerten Biafranern.

Von 1952 bis 1970 war *AFSC* verantwortlich für eine Reihe von Veröffentlichungen über Angelegenheiten von großer Tragweite. Um in gemeinsamer Arbeit bestimmte schwierige menschliche oder internationale Probleme zu studieren, bildeten sich Interessengemeinschaften, die dann darüber eine Studie vom Quäkerstandpunkt aus veröffentlichten, in der sie spezifische Aktionen zur Lösung des gestellten Problems empfahlen und diesbezügliche traditionelle Quäkerzeugnisse auf dem sozialen Sektor in zeitgemäße Worte kleideten. Unter diesen Veröffentlichungen sind zum Beispiel: „Schritte zum Frieden“, „Sag den Mächtigen die Wahrheit“, „Frieden in Vietnam 1966“ und in jüngster Zeit „Frieden im Nahen Osten“.

Frieden in Vietnam war für die amerikanischen Freunde ein qualvolles Anliegen, besonders seit der Eskalation des Krieges 1965 und dem Bombardement Nord-Vietnams durch die Luftwaffe der Vereinigten Staaten. Als es 1969 klar wurde, daß auch bei einem Aufgeben des Bombardements auf den Norden der Krieg sich weiterhin verschärfen würde, brachte *AFSC* eine sehr offene und deutliche Schrift mit dem Titel „Vietnam 1969“ heraus und forderte die sofortige Beendigung des Krieges und den Abzug der amerikanischen Truppen, unabhängig vom Verhalten der Gegenseite. Um seinem Anliegen mehr Nachdruck zu verleihen, veranstaltete *AFSC* am 5. Mai 1969, dem Tag der Veröffentlichung der Schrift, eine ganztägige Friedenswache vor dem Weißen Haus in Washington.

Seit 1965 hatte das *AFSC* mindestens vier hauptberufliche Mitarbeiter, die zu verschiedenen Zeiten an acht verschiedenen Punkten in Vietnam tätig waren. Wichtigstes Zentrum war Quang Nai, wo ihre Hauptarbeit darin bestand, ein Lazarett zu betreiben, in dem 80 bis 90 Prozent der Fälle aus verwundeten Zivilisten bestanden. Sie fertigten vor allem künstliche Gliedmaßen für Patienten an, die ein oder zwei Glieder durch Landminen verloren hatten.

In seinem Heimatland Amerika führt das *Service Committee* eine Vielfalt von Programmen für solche Unternehmen durch, an denen die Allgemeinheit ein Interesse hat. Während der großen Wirtschaftskrise der dreißiger Jahre organisierte es Projekte für arbeitslose Bergleute. Es hat sich auf verschiedene Weise für bessere Beziehungen unter den Rassen in Nordamerika eingesetzt sowie für verbesserte Lebensbedingungen in Gebieten mit extremer Armut, und ist in jüngster Zeit den Gegnern des Vietnamkriegs bzw. des Militärdienstes mit Rat und Tat beigestanden. In der Periode zwischen den Kriegen organisierte es eine Reihe von Arbeitslagern in Gegenden, wo die Armut – in Städten oder auf dem flachen Land – herrscht, oder in Gebieten, wo Spannungen bestehen. Dort leisteten junge Männer und Frauen, vielfach Universitätsstudenten, praktische Arbeit zur Aktivierung von Gemeinwesen, wobei sie Bauten zu errichten, Häuser anzustreichen, Spielplätze anzulegen und ähnliche Arbeiten zu verrichten hatten. Das Komitee organisierte auch Friedensumzüge mit Gruppen von jungen Leuten, die in verschiedene Gebiete des Landes zogen, um durch Reden, Debattieren und Singen für den Weltfrieden zu werben.[26]

In den letzten Jahren hat sich inoffiziell eine wichtige Gruppe von durchweg jungen Leuten voll guter Absichten in einer Quäkeraktionsgruppe *(Quaker Action Group, AQAG)* formiert, die 1967 aus ihren Reihen die sogenannten „Friedensseefahrer“ aussandten und dadurch das allgemeine Interesse des Landes auf sich lenkten. Dr. Earle Reynolds, ein ausgebildeter Genetiker, segelte mit seiner Yacht „Phoenix“ von Hiroshima in Japan nach Nord-Vietnam mit einer vollen Ladung von Medikamenten für die Opfer der amerikanischen Bombenangriffe. Niemand wußte, ob dem kleinen Fahrzeug, das von Earle Reynolds gesteuert und von einer Mannschaft, bestehend aus einigen seiner Freunde, bedient wurde, die Freiheit der Meere zu-

[26] Clarence E. Pickett, *For More than Bread,* Boston, Little Brown 1953.

erkannt würde, damit es den Hafen von Haiphong erreichen könnte. In Hongkong wurde die Mannschaft von dem amerikanischen Generalkonsul vor den Gefahren gewarnt, die ihnen beim Weiterfahren begegnen würden, aber sie ließen sich nicht abhalten. Nord-Vietnam hatte gleichfalls von der Weiterfahrt abgeraten. Als sie bei Nacht in den Hafen von Haiphong einliefen, war in der Tat gerade ein amerikanischer Bombenangriff auf die Stadt im Gang. Trotzdem wurden sie festlich empfangen, und man versicherte ihnen, daß ihre Medikamente für Verwundete aus der Zivilbevölkerung verwendet würden. Jubelnd kehrten sie nach Hongkong und Japan zurück. Aber als die „Phoenix" eine ähnliche Seefahrt nach Süd-Vietnam unternahm, um zu demonstrieren, daß den zivilen Verwundeten auf beiden Seiten unparteiisch Hilfe geleistet werden sollte, wurde die Mannschaft bedroht, am Landen gehindert und von amerikanischem und südvietnamesischem Militär zurückgeschickt.

Als die amerikanische Regierung schließlich gesetzliche Beschränkungen durchsetzte und verbot, Geld oder Hilfe für diejenigen nordvietnamesischen Zivilpersonen zu schicken, die ihre Heimat durch amerikanische Kriegshandlungen verloren hatten, wurde eine amerikanische Quäkeraktionsgruppe zum Ausgangspunkt für ein großes Programm zur Beförderung von Geld und Lebensmitteln über die „Friedensbrücke" an den Niagarafällen nach Kanada. Der kanadische Hilfsausschuß mit dem Hauptquartier in Toronto wurde somit zum Kanal, durch welchen Arzneimittel im Wert von Hunderttausenden von Dollars gekauft und nach Nord-Vietnam verschifft wurden.

Die *AQAG* ist auch in Washington und anderen Städten bei vielen „Nachtwachen" *(vigils)* und anderen Friedenskundgebungen aktiv gewesen und hat sich redlich bemüht, diese Aktion gewaltlos verlaufen zu lassen. Als 1960 die „Bewegung für Bürgerrechte" immer mehr der Gewalt zuneigte, verwandte *AQAG* viel Energie darauf, Studenten und einige andere zu „Ordnungswächtern" auszubilden und in Methoden zu unterweisen, wie man eine große demonstrierende Menge davon abhalten kann, sich von einer gewalttätigen Minderheit verführen zu lassen. Bei dem großen Friedensmarsch nach Washington am 15. November 1969 war diese Methode so erfolgreich, daß sich nur zwei unbedeutende Geplänkel über Nebensächlichkeiten ereigneten, obwohl etwa 250 000 Menschen an der Demonstration teilnahmen. Die Quäkeraktionsgruppe hat auch die Kampagne der armen Leute sowie die Anhänger von Martin Luther King lange Zeit unterstützt.

Seitdem die Quäker zur Zeit der amerikanischen Revolution von den Regierungsgeschäften ausgeschlossen worden waren, sind die amerikanischen Freunde zurückhaltender gegenüber aktiver Teilnahme an der Politik gewesen als ihre britischen Vettern, außer da, wo es sich um sittliche Probleme und Reformen handelte wie etwa bei der Abschaffung der Sklaverei, der Einschränkung des Alkoholkonsums und der Frauenrechtsbewegung. Die Gründung des „Quäkerkomitees für nationale Gesetzgebung" war der Anfang einer Korrektur jener Einstellung. Der Ausschuß wurde deswegen ins Leben gerufen, um das Unrecht in der menschlichen Gesellschaft durch aufklärende Meinungsbildung zu bekämpfen. Sie geschieht durch das Erarbeiten politischer Richtlinien, durch Interviews mit Kongreßmitgliedern und Beamten, durch Aussagen vor Ausschüssen des Kongresses, durch das Organisieren von Konferenzen, Seminaren und Gebietslegislativgruppen. Wenige amerikanische Kirchen haben eine solche Agentur, die sie in ähnlicher Weise in Washington vertritt. So wurde das „Quäkerkomitee für nationale Gesetzgebung" zum Vorkämpfer im gemeinsamen Vorgehen der christlichen Kirchen auf politischem Gebiet.[27]

Eine andere aufsehenerregende Gruppe, die sich in den Jahren 1952 bis 1970 auftat, sind die „Jungen Freunde von Nordamerika". Mehr als irgendein anderer Verband hat diese Gruppe dazu beigetragen, aus den jungen Freunden eine nationale Bewegung zu machen, Führerpersönlichkeiten hervorzubringen, die sich Christus zutiefst verpflichtet fühlen und die von einem internationalen Gesichtspunkt aus das Ideal einer Welt im Frieden mitbekommen haben. Seit ihrem Bestehen haben die „Jungen Freunde von Nordamerika" *(YFNA)* großen Wert auf religiöse Bindung und gegenseitiges Sichbesuchen gelegt. Für den Beobachter ist es bemerkenswert, daß die Führung dieser Gruppe seit Jahren bewußt und ungeniert in ihrem Zeugnis und ihrem Predigen christozentrisch geblieben ist. Die grundsätzlichen Leitgedanken dieser Bewegung sind erfrischend biblisch und an Christus orientiert. Es ist eine Gitarre spielende, Volkslieder singende Generation von jungen Freunden. Sie möchten gerne für Revolutionäre „im Krieg des Lammes" gelten. Sie wenden sich gegen die Idee, daß zwischen den Generationen eine Kluft bestehe. Sie gebrauchen alten Quäkerjargon, Quäkerhauben und breitrandige Hüte für die Männer. Das lenkt die Aufmerksamkeit der Leute auf sie, so daß sie die Gelegenheit wahrnehmen, über die friedliche Quäkerrevolution zu reden. Stark beteiligt an sozialem Aktivismus und an der Ar-

[27] Friends Committee on National Legislation, Leaflet, *Religion, Politics and You.*

beit für den Frieden, rufen sie alle Freunde auf zu lernen, wie man Andacht hält und sich dem Geist Gottes in Christus völlig zur Verfügung stellt.
Mehrere der *YFNA*-Führer schlossen sich im Herbst 1969 zusammen, um auf einer Farm im Hinterland des Staates New York eine Kommune zu bilden, die sie „New Swarthmore“ nannten, zu Ehren des Landsitzes von Margaret Fell in West Lancashire, der das Missions- und Erholungszentrum der frühen Quäker in England gewesen war. Der Gedanke, New Swarthmore bedeute den Rückzug aus einer Welt, die ihrem Untergang entgegenrast, störte einige junge Freunde; aber als sie dort einen Besuch machten, trafen sie nur eine Handvoll Freunde an. Alle übrigen waren in Washington, Philadelphia oder unterwegs auf Quäkerversammlungen, die sie besuchten, um ihre Anliegen im Hinblick auf die Gerechtigkeit für alle Rassen, den Frieden und die religiöse Erneuerung vorzubringen. Freunde in New Swarthmore fanden, eine einfache Angewohnheit wie das schweigende Gebet vor den Mahlzeiten, könne zu einer geistig aufrüttelnden Zeit werden, in der man den „Schrecken und die Macht des Lichtes“ erleben kann. In den letzten 35 Jahren hat jede Generation von Jungfreunden Experimente mit internationalem Kommunenleben gemacht. „New Swarthmore“ ist nur einer der letzten Versuche; die Mehrzahl der anderen spielten sich in Städten ab.
Eine charakteristische Eigenschaft der „Jungen Freunde von Nord-Amerika“ ist ihr Frohsinn und ihre Hoffnungsfreudigkeit. Im Gegensatz dazu fällt – was die Gegenwart und Zukunft anbetrifft – der gewalttätige Revolutionär in der amerikanischen Gesellschaft durch seinen Zynismus und seine Verbitterung auf. Das Merkmal des friedlichen Revolutionärs „im Krieg des Lammes“ ist sein Vertrauen auf die Macht des Herrn, die Zukunft zu gestalten, und die Freude darüber, daß man in der Gruppe, die sich Gott hingibt, jene Macht schon erfahren hat.

V. Zukünftige Aussichten der Freunde in USA

Als die Quäker in der zweiten Hälfte des 17. Jahrhunderts (seit 1656) in die amerikanischen Kolonien kamen, waren sie eine äußerst wirkungsvolle Kraft auf missionarischem, sozialem und religiös-revolutionärem Gebiet auf diesem Kontinent. Während des 18. Jahrhunderts verloren die Freunde allmählich die apostolische Fähigkeit, den Gottesdienst, die Politik und die sozialen Belange mit der Kraft Got-

tes zu durchdringen. Die Teilung in zwei Lager während des Befreiungskrieges, der zunehmende Einfluß kontrollierender Ältester, der Deismus, die evangelikale Bewegung, die Antisklaverei-Kampagne, die große Auswanderung nach dem Westen und die Belastung durch zwei Weltkriege haben von der ursprünglichen Substanz und Kraft der Quäkerbewegung Opfer gefordert. Trotzdem erscheint es dem Verfasser, als ob viel von dem ursprünglichen Radikalismus derselben weiterbesteht, wiederbelebt und durch die heftigen Krisen, welche die westliche Zivilisation zerreißen, in den Vordergrund gerückt wird.
Aber die Freunde in Amerika müssen zuerst das, was man die „kontinentale Wasserscheide" im amerikanischen Quäkertum nennen könnte, erkennen und überwinden. Diese Scheidelinie hat man leichthin als Teilung in „liberal" und „evangelikal" bezeichnet. Die Zukunft des amerikanischen Quäkertums hängt von der Überwindung dieser Spaltung ab. Auf beiden Seiten der Trennungslinie finden wir zerrüttete und sterbende Gruppen.
Nach Ansicht des Verfassers und vieler Mitglieder der theologischen Quäkerdiskussionsgruppe hängt eine solche Wiedervereinigung und die Überwindung des gegenwärtigen zerrütteten und verwirrenden Zustandes von wenigstens drei Dingen ab: der Wiedererlangung der visionären Kraft der ersten Quäker, der Wiederbelebung dessen, was man mit dem Ausdruck „Krieg des Lammes" gemeint hat, sowie von dem radikalen Einsatz für eine neue Menschheit und eine neue Erde. Alle Menschen sind gerufen, zu hören und zu gehorchen und für die Kraft Gottes, die als „innerer Christus" erfahren wird, Zeugnis abzulegen. Neue Menschen, die sich versammelt haben, um in voller Hingabe jener inneren Gottesstimme durch Christus zu gehorchen, die sich von allen anderen Bindungen freihalten, finden die Kraft „Das von Gott in jedermann" anzusprechen, die Sünde und das Böse auf Erden zu überwinden und Gottes Friedensreich unter den Menschen aufzurichten. Diese Grundsätze der Vision der ersten Quäker könnten, auf die Realität angewandt, den Lauf der Geschichte wirksam ändern.

Der zweite Ansatzpunkt zur Erneuerung, der sogenannte „Krieg des Lammes" ist von zeitgenössischen Quäkern, vor allem in Amerika, wieder entdeckt und propagiert worden. Es handelt sich um einen Begriff aus dem Buch der Offenbarung, mit welchem die frühen Quäker ihren totalen, unerbittlichen Kampf und ihre Mission gegen alle Strukturen des Bösen, soziale Privilegien, Unterdrückung und Krieg zu beschreiben versuchten. Die Waffen ihres Kampfes sind rein geistige, wie sie im 6. Kapitel des Epheserbriefs beschrieben sind. Vor allem ist „das Schwert des Geistes“ die Hauptwaffe. Wenn man heute den „Krieg des Lammes“ erfolgreich führen will, dann sind nach Ansicht des Verfassers vier Bedingungen zu erfüllen. Als erstes muß jeder Kämpfer der Lehre und inneren Führung Christi unbedingt gehorchen, ohne zu argumentieren und ohne Vorbehalte. Zweitens und infolgedessen müssen wir zum Nationalstaat „Nein“ sagen, sooft er uns befiehlt, dieser inneren Führung ungehorsam zu sein. Als nächstes bedeutet es das Ende der Gewaltanwendung; ein gezwungener Mensch ist nicht mehr menschlich. Er muß frei und überzeugt sein, das Beste zu wählen. Viertens: eine radikale Entscheidung, das Böse nur mit Methoden der Gewaltlosigkeit zu überwinden. Meistens kommen Eifersucht, Neid und Gier, die zu Kriegen führen, davon, daß der Liebe Grenzen gesetzt werden. Pazifismus bedeutet grenzenlose Liebe, wie sie Gott den Menschen in der opferbereiten Liebe Jesu zeigte. Seine Jünger müssen sie allen Menschen erweisen, die unter Verhältnissen von Zwang und Druck leben und niemals sagen: bis hierher und nicht weiter.[28]

Eine dritte Bedingung, deren Erfüllung den amerikanischen Quäkern Erneuerung und Wiedervereinigung bringen wird, ist radikale Hingabe an eine neue Humanität und eine neue Erde. Die treibende Kraft bei den liberalen Quäkern ist der Wunsch, menschliche Beziehungen menschlicher zu gestalten, die Hochachtung vor und Liebe zur Menschheit und das Für-voll-Nehmen jedes einzelnen. Andererseits sprechen die evangelikalen Freunde oft vom ersten und zweiten Adam. In Jesus, dem zweiten Adam, sehen wir, zu welcher Art von Menschentum wir alle berufen, bestimmt und geschaffen sind. Er ist menschliche Natur, voll und ganz. In dem Brief an die Epheser lesen wir, daß „Er aus beiden eines hat gemacht und hat abgebrochen den Zaun, der dazwischen war“ (Luther). In ihm und in seiner versöhnenden Liebe ist der Mensch vollkommen menschlich geworden. Wenn die evangelikalen und die liberalen Quäker diese Art von Menschlichkeit diskutieren, dann werden sie für ein neues Werk wiedervereinigt und neu gekräftigt sein. Außerdem sind viele Quäker zur Zeit bezaubert von der Christusmystik des großen jesuitischen Paläontologen Teilhard de Chardin.[29] Er sieht jeden Lebensprozeß im Universum als trächtig von Gottes Kraft und erfüllt vom Geiste Christi. Wenn

[28] Lewis Benson, *Catholic Quakerism* 1966; „The Future of Quakerism“, *Quaker Theological Thought*, vol. VIII, No. 2, 1966.

[29] John Yungblut, „The Christification of Man“. *Quaker Theological Thought*, vol. XII., 1970.

amerikanische Quäker diese Sicht einer erneuerten Erde und einer neuen Menschheit, wie Teilhard sie hatte, auch selber erleben könnten, und wenn sie, treu der Vorstellung der frühen Quäker vom „Krieg des Lammes“, diese Vision in diesem Jahrhundert verwirklichen könnten, dann würden sie das Königreich Christi einführen, genau so, wie es die Gründer der Gesellschaft im 17. Jahrhundert von den Quäkern erwarteten.
Schließlich glaubt der Verfasser, daß es in der Welt von heute überall, wo Freunde sind, Zeichen solcher Wiederbelebung und Erneuerung gibt. Zeichen dafür ist die Existenz der „Jungen Freunde von Nordamerika“ und die „New Swarthmore-Gemeinschaft“. Ein weiteres Zeichen ist das neue Leben, das seit der Weltkonferenz der Freunde im Jahr 1967 in der Gesellschaft pulsiert, das neugewonnene Interesse an der Ökumene und an sozialen Aufgaben, das wachsende Anteilnehmen an der Diskussionsgruppe für Quäkertheologie und ihren Bemühungen, durch Dialog die Erneuerung herbeizuführen. Das „Quäkerkomitee für nationale Gesetzgebung“, das „Amerikanische Quäkerhilfskomitee“ *(AFSC)* und die Quäkeraktionsgruppen – alle sind dynamisch und lebendig und beteiligen Freunde an avantgardistischen moralischen Anliegen. Aber am bedeutsamsten ist ein Element der Hoffnung, der Tiefe und der Kraft in Quäkerandachten im ganzen Land und in der ganzen Welt. Gott spricht wirklich zu seinem Volk. Wir stehen an der Schwelle eines neuen Zeitalters des Gehorsams, des Mitgefühls und des Friedens.

Kapitel VIII

DIE QUÄKERBEWEGUNG IN SKANDINAVIEN

Wilhelm Aarek

Die Quäkerbewegung in Skandinavien ist keine sehr eindrucksvolle Erscheinung. Eine Gruppe von etwa 300 erwachsenen Mitgliedern, recht ungleichmäßig über weite geographische Gebiete in vier Ländern verteilt, hat an fünf oder sechs zentralen Orten etwas dichtere Konzentration. Außerdem gibt es einige hundert „Freunde der Freunde" als eine Art erweiterten Kreis und einige Dutzend Kinder, die in Quäkerfamilien aufwachsen. Das scheint so ziemlich alles zu sein.

Eine genauere Analyse der skandinavischen Quäkergruppe wird vielleicht das Bild der durch geringe Mitgliederzahl gegebenen Bedeutungslosigkeit verstärken. An und für sich ist das Überwiegen von Frauen kein Nachteil in einer religiösen Gesellschaft, wo die Gleichberechtigung von Mann und Frau schon immer eine Realität war, und wo die Frauen sogar im geistlichen Amt ihren Platz neben den Männern einnehmen. Es wäre aber aus verschiedenen Gründen wünschenswert, wenn mehr Männer der Gesellschaft beitreten würden.

Beunruhigender ist vielleicht die Tatsache, daß das Durchschnittsalter der skandinavischen Quäker ziemlich hoch ist. Selbst wenn geistige Reife und Empfindungskraft im Erleben der Quäker sehr wohl Hand in Hand mit hohem Alter gehen können, und selbst wenn das christliche Leben sich innerlich Tag für Tag erneuern mag und es auch oft tut, obgleich die „Menschheit äußerlich zugrunde geht" (2. Kor. 4, 16), so ist doch eine soziologische Erscheinung wie physische Erneuerung der Einzelwesen (innerhalb einer religiösen Gruppe) Voraussetzung für das Fortbestehen der Menschheit. Eine solche Erneuerung findet sicherlich unter den skandinavischen Quäkern statt, und an ein oder zwei Zentren werden stark engagierte, aktive junge Leute mehr und mehr in die Quäkertätigkeit hineingezogen. Die Tatsache bleibt aber bestehen, daß die Quäkergemeinden in Skandinavien recht verwundbar sind, da sie oft vom selbstlosen Dienst und der Tätigkeit einiger weniger an jedem Ort abhängig sind. Nun stellt natürlich weder Mitgliederzahl noch -alter das wahre Merkmal der Daseinsberechtigung einer religiösen Gruppe dar. Das wirkliche Kriterium muß anderswo gesucht werden, in der Überzeugung innerhalb der Gruppe selbst, daß sie gebraucht wird, daß es Dienste gibt, für die sie besonders verantwortlich sein sollte und auch – in weiterer Perspektive –, daß im „Orchester der Religion“ etwas fehlen würde, sei es auch die winzigste Melodie, wenn es sie nicht gäbe.

Die Quäker in Skandinavien sind, wie anderswo auch, verschiedener Ansicht über das wahre Wesen ihrer „Religiösen Gesellschaft“. Ist das Quäkertum eine Wiederbelebung des ursprünglichen Christentums, die größtmögliche Annäherung an das christliche Ideal, wie es im Neuen Testament zu finden ist? Oder ist die „Gesellschaft der Freunde“ eine von vielen christlichen Kirchen mit einer Anziehungskraft für eine bestimmte Art von Menschen, die aber keine allgemeingültige Lösung für das religiöse Suchen bietet? Stellt das Quäkertum ein Korrektiv dar, das die Kirche als Ganzes braucht? Wenn es so ist, welches ist das zentrale Quäkerthema, das eine ständige Herausforderung für die Kirche bedeuten sollte?

Wir wollen nicht versuchen, mehr oder weniger spekulative Antworten auf derartige Fragen zu geben. Wir wollen nur hervorheben, was die Erfahrung uns zu lehren scheint: In den skandinavischen Ländern gibt es eine beachtliche Zahl potentieller Quäker. Die meisten von diesen Menschen werden aber niemals Quäker in dem Sinn, daß sie Mitglieder einer Quäkerversammlung werden.

Es ist eine erstaunliche Tatsache in Skandinavien, daß recht wenige neue Mitglieder aus Überzeugung Quäker werden, das heißt durch eine radikale Änderung ihrer Ansichten und ihrer Haltung. Die Menschen entdecken das Quäkertum mehr oder weniger zufällig, oft als eine große Überraschung für sie. Der äußerliche Kontakt mit einer Quäkergruppe bedeutet für sie oft eher eine neue Erfahrung der Gemeinschaft, als die Bestätigung neugewonnener Einsichten. Die Geschichte der Quäker in Skandinavien scheint darauf hinzuweisen, daß man das Quäkertum erfinden müßte, wenn es nicht schon da wäre. In der norwegischen Geschichte gibt es das erstaunliche Beispiel einer Gruppe von Menschen in einem entlegenen Tal, die eine Quäkerversammlung gründeten und Quäkerverhaltensweisen entwickelten, ohne daß sie die geringste Ahnung von der Existenz der „Gesellschaft der Freunde“ hatten.

So gesehen ist es vielleicht die wichtigste Aufgabe für die skandinavischen Freunde, die Aufmerksamkeit auf sich zu lenken, so daß potentielle Quäker ihren Weg zu den Quäkerversammlungen leichter finden können. Ob die skandinavischen Quäker diese Aufgabe erfolgreich lösen können, bleibt abzuwarten. Wenn es ihnen nicht gelingt, liegt der Hauptgrund wahrscheinlich bei ihnen selber. Die skandinavischen Quäker zeigen – wie ihre Freunde in anderen Ländern – nur schwach entwickelten missionarischen Eifer. Neulinge werden gewöhnlich in einer Quäkergruppe herzlich willkommen geheißen; aber allzuoft überläßt es die Gruppe dem Neuling, von sich aus die ersten Schritte zu tun.

Ein kurzer Überblick über die Entwicklung des Quäkertums in Skandinavien mag als Hintergrund für eine etwas gründlichere Behandlung bestimmter Aspekte des Denkens und der Tätigkeit der Quäker in den skandinavischen Ländern dienen.

I. Geschichtlicher Überblick

Historisch gesehen ist die skandinavische Quäkerbewegung kein einheitliches Gebilde. Man muß über die Geschichte des Quäkertums in den verschiedenen skandinavischen Ländern aus der Sicht der einzelnen Nationalitäten berichten, nicht im gesamtskandinavischen Zusammenhang. Natürlich gab es schon immer eine ziemlich enge Verbindung zwischen den Quäkergruppen in Skandinavien, aber nur, wenn diese Gruppen vorher bereits bestanden. Das Entstehen und die Gründung solcher Gruppen war in der Regel nicht das Ergebnis einer Einwirkung und des Einflusses eines skandinavischen Nachbarlandes. Aufs Ganze gesehen wurde die Quäkerbewegung in jedes der skandinavischen Länder aus englischsprechenden Ländern eingeführt, vor allem aus England, aber auch den USA.
Das englische Quäkertum scheint in den ersten Jahrzehnten seiner Existenz von besonders expansiver und herausfordernder Art gewesen zu sein. Quäkerwanderprediger und -bücher fanden schon früh ihren Weg nicht nur nach Mitteleuropa, sondern auch nach Skandinavien. Bereits 1657 beklagt sich der Bürgermeister von Kopenhagen über einige Leute, „in England Quäker genannt“, deren Predigten er gänzlich unannehmbar fand. 1690 wurde Christopher Mejdel, gebürtiger Norweger und Berufstheologe, der einige Jahre lang Geistlicher bei der dänisch-norwegischen Kongregation in London war, Quäker. Als er einige Jahre später versuchte, die Südnorweger von der Wahrheit der Quäkerbotschaft zu überzeugen, führte dies zunächst zu seiner Inhaftierung und später zur Ausweisung. Wichtige Bücher der ersten Quäker Barclay, Dell und Penn wurden ins Dänische über-

setzt und vor 1740 in dänischen Ausgaben gedruckt. Diese Bücher wurden nicht nur als ketzerisch betrachtet, sondern auch als politisch gefährlich, und sie wurden beschlagnahmt, sobald die Behörden ihrer habhaft wurden.
Ein in Hamburg 1688 erschienenes Buch ist in gewisser Weise bezeichnend für die Haltung, die kirchliche und weltliche Behörden gegenüber der Quäkerlehre einnahmen. Dieses Buch trug den Titel: „Eine Nötigerachtete Christliche Warnung für den ungeschmakten Quäkerquarke an die Christliche Gemeinde zur Marne in Ditmarschen als seine anvertraute liebe Zuhörer, getan von Maritio Kramer, Pastor".
Aber erst im 19. und 20. Jahrhundert wurden Quäkergruppen endlich in Skandinavien Wirklichkeit. Die norwegische Jahresversammlung gibt es seit 1818, die dänische seit 1879 und die schwedische seit 1935. Die Quäkergruppe in Finnland wurde 1946 als Monatsversammlung gegründet, die mit der schwedischen Jahresversammlung verbunden ist.
Wir wollen die Geschichte dieser Jahresversammlungen kurz verfolgen.

II. Die Quäker in der norwegischen Geschichte

Die Quäkerbewegung in Norwegen hatte, besonders in ihren ersten Jahrzehnten, eine sehr dramatische Geschichte. Der bekannte norwegische Schriftsteller Alfred Hauge hat in seinem großen historischen Roman „Cleng Peerson" ein sehr lebthaftes Bild zahlreicher dramatischer Vorfälle in der ersten Generation norwegischer Freunde gezeichnet. Aber auch in späteren Generationen hatten die Quäker in Norwegen Verfolgung in verschiedenen Formen zu erleiden.
Als die norwegischen Quäker ihren Überzeugungen selbst in Zeiten der Leiden und Verfolgungen treu blieben, halfen sie den Boden für eine liberalere Haltung in Dingen der Religion und des Gewissens zu bereiten. Gleichzeitig gewannen ihre Erfahrungen bleibenden Einfluß auf sie selbst. Die Quäker in Norwegen befanden sich wahrscheinlich in stärkerer Opposition gegenüber geistlicher Autorität als die Freunde in den anderen skandinavischen Ländern.
Die Geschichte der norwegischen Quäkerbewegung zerfällt ganz natürlich in vier Abschnitte.
Der erste Abschnitt war eine Periode der Verfolgung von Menschen, die den Regulierungen der lutherischen Staatskirche den Gehorsam verweigerten. Diese Zeit endete mit dem sogenannten Dissidenten-

gesetz, das am 16. Juli 1845 erlassen wurde. Die öffentliche Religionsausübung war nun für diejenigen gesichert, die sich zum christlichen Glauben bekannten, ohne Mitglieder der Staatskirche zu sein.
Jahrhundertelang war die Einheitlichkeit der Religionsausübung ein Merkmal norwegischen Lebens gewesen. Mit der Reformation fand die katholische Kirche ihren Nachfolger in der lutherischen Staatskirche. Diese Kirche hatte in allen religiösen Dingen das Monopol. Gegen Ende des 18. Jahrhunderts gab es eine merkliche Laienopposition innerhalb der Kirche, während außerhalb die norwegischen Quäker vom zweiten Jahrzehnt des 19. Jahrhunderts ab die erste organisierte Gruppe bildeten, die sich gegen die Autorität der Geistlichkeit auflehnte.
Die Quäker waren sozial unbedeutende Bauern und Fischer, aber sie hegten eine starke Überzeugung von der Wahrheit der Quäkerbotschaft. Während eines erzwungenen Aufenthalts in England als Kriegsgefangene in den letzten Jahren der Napoleonischen Kriege waren sie gewonnen worden. Als sie 1814 nach Hause zurückkehrten, wurden sie bald zu einem ständigen Dorn im Auge der weltlichen und kirchlichen Behörden.
Wir müssen uns an das Alleinrecht der Kirche in religiösen Dingen erinnern, um die Reaktion der Behörden zu verstehen. Wie sich der Arzt heutzutage als Autorität in Angelegenheiten der Gesundheit betrachtet, so nahm die Geistlichkeit in jenen Tagen als selbstverständlich an, daß sie die einzige Autorität in religiösen Dingen darstelle. Die Quäker aber ließen sich von ihrem eigenen Urteil leiten, auch wenn dies die vereinigte Weisheit der traditionsgebundenen Gesellschaft ausschloß. In den Augen der Geistlichkeit bildeten die Quäker eine Bedrohung für das Gleichgewicht innerhalb der menschlichen Gesellschaft. Als sie Gewissensfreiheit forderten, vertraten sie in Wirklichkeit ein neues politisches Prinzip.
In ihren Leiden und Prüfungen erhielten die norwegischen Quäker wertvolle Hilfe und Ermutigung von Freunden in England. Natürlich wären auf jeden Fall Gesetze für religiöse Freiheit in Norwegen eingeführt worden. Aber wenn das Dissidentengesetz schon so früh zustande kam, dann war das, in den Worten eines norwegischen Kirchenhistorikers, weitgehend der Tatsache zuzuschreiben, daß „arme norwegische Quäker von unten drückten, während die wohlbekannten englischen Quäker ihren Einfluß von oben geltend machten“.
Der zweite Abschnitt in der Geschichte der norwegischen „Gesellschaft der Freunde“ war die zweite Hälfte des 19. Jahrhunderts, eine Epoche der Blüte, in der die Gesellschaft mehr Mitglieder hatte als zu

irgendeiner anderen Zeit. Die Freunde gewannen allmählich die Achtung ihrer Mitbürger. Sie begannen, an der Politik der Stadt- und Gemeinderäte teilzunehmen, und sie gaben Zeit und Kraft für eine Anzahl sozialer Hilfeleistungen. Jedes Schulkind in Norwegen kennt den Erzieher und Sozialreformer Asbjörn Kloster, dessen Hauptanliegen der Kampf gegen den Alkohol war. Gegen Ende des Jahrhunderts nahmen viele Freunde aktiv teil an der Gründung der „Norwegischen Friedensgesellschaft", der ersten ihrer Art im Land.
Die treibende Kraft hinter all diesen Tätigkeiten war die tiefe religiöse Überzeugung von einem evangelischen „Modell", wo die „Andachtsversammlung" und die Verkündigung der „biblischen Wahrheit" viel Aufmerksamkeit verlangten und auch erhielten. Das Ergebnis war, daß vielerorts kleine Quäkergruppen entstanden.
Es gab jedoch bei all dem einen schwachen Punkt: Die Mehrheit der norwegischen Freunde gedieh nicht zu voller persönlicher Reife. Sie hingen zu sehr von Anführern ab, sowohl bedeutenden norwegischen Freunden als auch englischen Wanderpredigern im Dienst des Evangeliums, die eine Zeitlang alle Teile des Landes bereisten. Als der evangelistische Eifer gegen Ende des Jahrhunderts verebbte, fanden sich die norwegischen Quäker in einer Situation, wo sie sich mehr auf sich selbst verlassen mußten. Diese Lage war nicht leicht zu meistern. Es setzte eine Periode des Verfalls ein.
Den dritten Abschnitt in der Geschichte der norwegischen Freunde kann man ungefähr auf die ersten zwei oder drei Jahrzehnte des 20. Jahrhunderts datieren. In dieser Zeit scheinen sich die Freunde ziemlich hilflos gefühlt zu haben. Um nicht die Namen junger Männer innerhalb der Gesellschaft den Militärbehörden nennen zu müssen, beschloß die Jahresversammlung sogar, daß die Gesellschaft nicht länger als gesetzlich anerkannte Körperschaft existieren sollte. Dieser Zustand dauerte etwa 30 Jahre.
Es wäre falsch, die ersten drei Jahrzehnte des 20. Jahrhunderts nur als eine Periode des Verfalls zu betrachten. Sie waren auch eine Zeit der Konsolidierung, des „Erwachsen"- und des Selbständigwerdens. Vielleicht ist es richtig zu sagen, daß die norwegische „Gesellschaft der Freunde" während dieses Abschnitts eine Wandlung durchmachte und in den dreißiger Jahren allmählich mit neuem Gesicht erschien.
Die Veränderungen, denen die „Gesellschaft der Freunde" während des vierten Abschnitts ihrer Geschichte in Norwegen unterworfen war, geschahen sehr gründlich. Ein deutlicher Wechsel hat in der Zusammensetzung der Gruppe stattgefunden. Der Anteil der Bauern und Fischer ist ständig zurückgegangen, und sie bilden heute eine

kleine Minderheit in der „Gesellschaft der Freunde". Es gibt noch einige Mitglieder, die Geschäftsleute sind, aber mehr als die Hälfte haben heute einen beruflichen Hintergrund als Lehrer, Sozialarbeiter, Ärzte, Ingenieure usw. Auch die Frauen spielen wahrscheinlich eine aktivere Rolle im Leben der Gesellschaft als im 19. Jahrhundert. Natürlich erklärt die allgemeine gesellschaftliche Entwicklung zumindest teilweise diese Veränderungen, wahrscheinlich aber doch nicht vollständig.

Wir wollen noch einen anderen Aspekt des neuen Bildes betrachten. Wir haben gesehen, daß viele Quäker im 19. Jahrhundert in verschiedener Weise aktiv waren, in der Regel jedoch nicht als Gruppe, sondern als einzelne. Diese gleichen Persönlichkeiten waren oft die Anführer, die für das Leben der Quäkerversammlung eine besondere Verantwortung übernahmen. Während der letzten 30 oder 40 Jahre sind zwei Dinge geschehen, die für das Leben einer Quäkerversammlung von großer Wichtigkeit sind. Erstens ist die Anzahl von Persönlichkeiten gestiegen, die eigene Verantwortlichkeit für das gemeinsame Leben der Gruppe auf sich nehmen. Zweitens haben die norwegischen Freunde ein größeres gemeinschaftliches Verantwortungsgefühl für verschiedene weitreichende Tätigkeiten entwickelt. Vielleicht wird auch eine gemeinschaftliche Verpflichtung für die von den Freunden vertretenen und ihnen am Herzen liegenden Dinge mehr und mehr sichtbar. Jetzt, zu Beginn der siebziger Jahre, scheint die norwegische „Gesellschaft der Freunde" nach einem Gleichgewicht zwischen innerer Vertiefung und äußerer Aktivität zu suchen, zwischen Verinnerlichung und Wirken nach außen, zwischen religiöser Erfahrung und theologischen Versuchen, diese Erfahrung in Worte zu fassen.[1]

III. Die Quäker in Dänemark

Es gibt einen Punkt in der Geschichte, an dem die Dänen wie die Norweger in der gleichen Lage waren, sich mit den Quäkern auseinandersetzen zu müssen. Wir denken an jene dänisch-norwegischen Seeleute, die während der Napoleonischen Kriege in britischen Häfen auf Schiffen gefangengehalten wurden. Wir wissen, daß unter den dänischen wie den norwegischen Seeleuten Mejdels Übersetzung von Barclays *„Apo-*

[1] Eine detailliertere Beschreibung der Geschichte des Quäkertums in Norwegen ist im Artikel des Autors in *„The Friends' Quarterly"*, April 1968, zu finden unter dem Titel: *„Quakers in Norwegian History"*.

logy“ verbreitet war und daß sie auch persönliche Zusammenkünfte mit englischen Freunden hatten. Eine Nachricht besagt, daß die dänischen Seeleute bei ihrer Heimkehr nach dem Krieg kleine „Andachtsgruppen“ bildeten. Aber in Dänemark hörten diese Gruppen bald auf zu existieren. Daher ist in Dänemark und Norwegen keine parallele Entwicklung des Quäkertums zu finden.

Die Quäkerbewegung war in Dänemark nicht vollständig unbekannt. Aber im 17. und zu Beginn des 18. Jahrhunderts hielt man die Quäker für unausgeglichene und gefährliche Fanatiker, was nicht nur die Meinung des Bürgermeisters von Kopenhagen war. Sogar Ludvig Holberg, der berühmte Schriftsteller und Universitätsprofessor, scheint sie geteilt zu haben. Wahrscheinlich hatte er englische Quäker während seiner Studienjahre in London und Oxford kennengelernt.

Ein Jahrhundert später wurden die Quäker in führenden dänischen Kreisen positiver eingeschätzt. Elizabeth Fry und ihr Bruder Joseph Gurney unterhielten einen Schriftwechsel mit dem Königshof über Fragen der Gefängnisreform, und als diese beiden englischen Freunde Dänemark besuchten, führte das zur Gründung der „Dänischen Gesellschaft für Gefängnisreform“. Einem weiteren englischen Quäker, William Forster, gelang es, zu König Frederik VII. vorzudringen. In einem Land mit absoluter Monarchie war dies besonders wichtig. Forsters Anliegen war die Abschaffung der Sklaverei.

1849 bekam Dänemark eine freie Verfassung. Dies bedeutete, daß die Bedingungen für unabhängiges Denken in weltlichen und religiösen Angelegenheiten erheblich verbessert wurden. Große Geister wie N. F. S. Grundtvig und Sören Kierkegaard brachten neues Leben in Kirche und Schule. In einem solchen Gärungsprozeß hatten auch die Laienprediger bessere Möglichkeiten im dänischen Leben als je zuvor. Unter ihnen finden wir Mogens Abraham Sommer, der in den USA Quäker kennengelernt hatte und sich zu ihren Prinzipien hingezogen fühlte. Sommer wurde nie Mitglied der „Gesellschaft der Freunde“, aber er ebnete den Weg im Volk für ein besseres Verständnis dessen, was die Quäker wirklich vertraten.

Etwa ab 1868 kamen wieder englische Quäker nach Dänemark, um Quäker-Ideen zu verbreiten. Unter ihnen waren Joseph Crosfield, Robert Alsop, später Isaac Sharpe und Robert Doeg. Sie reisten alle weit umher und versammelten die Menschen in ihren *Meetings*. Der bekannte norwegische Quäker Asbjörn Kloster arbeitete hier mit ihnen zusammen.

Bei einer Versammlung in Vejle im Jahre 1875 beantragten 13 Anwesende die Mitgliedschaft bei der Londoner Jahresversammlung. Für diese Menschen hatte das Quäkerzeugnis eine starke Anziehungskraft. 1879, also vier Jahre später, gründeten 26 erwachsene Mitglieder und 26 Kinder die Dänische Jahresversammlung. John Fredrik Hanson, ein Amerikaner norwegischer Geburt, half bei der ersten Organisation der Freunde in Dänemark. Die Mitgliederliste von 1885 enthielt 99 Namen.

Wenig später, 1888, führten verschiedene Schwierigkeiten und Enttäuschungen zu dem Entschluß, die Jahresversammlung aufzulösen. Hauptsächlich dank der Ermutigung britischer und amerikanischer Freunde wurde dieser Beschluß im nächsten Jahr widerrufen. Die Gruppe kam überein, zu vergeben und zu vergessen und in brüderlicher Liebe fortzufahren.

Eine große Schwierigkeit entstand in Dänemark dadurch, daß es keine regelmäßigen „Andachtsversammlungen" gab. Die Freunde kamen nur bei der Jahresversammlung zur Andacht zusammen und wenn ausländische Quäker sie besuchten. Dies wurde anders, als Johan Marcussen und seine Familie 1895 der „Gesellschaft der Freunde" beitraten. Johan Marcussen, der unter Seeleuten Missionsarbeit geleistet hatte, veranstaltete Sonntagmorgenandachten in seinem Haus. Durch seine anregenden Besuche bei isolierten Freunden trug er auch wesentlich dazu bei, die Gesellschaft zusammenzuhalten. 1929 kehrten Johan Marcussens Tochter Deborah und ihr Mann Regnar Halfdan Nielsen aus den Vereinigten Staaten zurück, wo sie jahrelang aktiv an der Arbeit der Quäker teilgenommen hatten. Sie nutzten jede Gelegenheit, Kontakte herzustellen zwischen ausländischen Quäkern und Dänen, die diese gern kennenlernen wollten. 1931 wurde in Helsingör eine internationale Quäkerkonferenz abgehalten. Dies brachte neue Mitglieder, und 1936 konnte endlich ein öffentliches *Meeting* in Kopenhagen gegründet werden.

Wegen der Judenverfolgung in den Jahren vor dem Zweiten Weltkrieg wurde 1939 in Kopenhagen ein skandinavisches Quäkerzentrum eröffnet. Dieses Zentrum, das hauptsächlich von britischen und amerikanischen Freunden finanziert wurde, hatte vor allem die Aufgabe, Menschen aus Zentraleuropa zu helfen, die infolge der Entwicklung des Nazismus ihre Heimat verlassen mußten. Als Dänemark 1940 von den Deutschen besetzt wurde, mußte die Arbeit in diesem Zentrum allmählich verringert werden. Vendersgade 29, wo das Zentrum gegründet wurde, ist noch immer die Stätte der Kopenhagener Monatsversammlung. In Bagsvaerd, das eng mit der Hanna-Schule verbunden ist, befindet sich eine zweite Dänische Monatsversammlung.

IV. Die Quäker in Schweden

An einem Februartag im Jahre 1933 kam eine Gruppe von acht Menschen im stillen Raum der bekannten Birkagården-Siedlung in Stockholm zusammen. Es waren Schweden, die damals Mitglieder der Londoner Jahresversammlung geworden waren.

Die Zusammenkunft in Birkagården war in mehr als einer Hinsicht ungewöhnlich. In der kleinen Gruppe finden wir nicht nur diejenigen, die später den Kern der Schwedischen Jahresversammlung bilden sollten; auch der Erzbischof von Schweden, Erling Eidem, befand sich unter ihnen. Die schwedischen Quäker waren zu der Überzeugung gekommen, daß die Zeit reif wäre für die Bildung einer eigenen schwedischen „Gesellschaft der Freunde". Nach schwedischem Gesetz konnte dies nur geschehen, wenn diejenigen, die Mitglieder werden wollten, aus der lutherischen Staatskirche austraten. Es war bezeichnend für die Gruppe, daß sie keine separatistischen Neigungen im negativen Sinn hegte. Alle gehörten sie zur Schwedischen Kirche, und sie waren dankbar für das, was diese Kirche ihnen gegeben hatte. Sie fühlten aber, daß sie zu einer Aufgabe berufen waren, die am besten ausgeführt werden konnte, wenn sie die Kirche verließen und ihre eigene Quäkergemeinde bildeten. Ihr Austritt sollte jedoch die Merkmale eines freundschaftlichen Abschieds haben, nicht eines feindlichen Bruchs.

Die kleine Gruppe saß einige Stunden lang beisammen in Birkagården, während alle nacheinander erzählten, wie sie im Quäkertum die Antwort auf ihre dringendsten Fragen gefunden hatten. Als der letzte geendet hatte, stand der Erzbischof auf und gab ihnen seinen Segen. Unter den bei dieser Versammlung Anwesenden finden wir bekannte Namen wie Dagny Thorwall, Emilia Fogelklou, Greta Stendahl und Johan Andersson.

Zwei Jahre später hatte die Gruppe schwedischer Quäker 25 Mitglieder. Elin Wägner war unter den neu Eingetretenen. Im Oktober 1936 wurde ein Gesuch beim Königlichen Ministerium eingereicht, in dem die Gruppe darum bat, als eine offiziell anerkannte christliche Gemeinde eingetragen zu werden. Die Mitglieder der neuen Schwedischen Jahresversammlung waren aufgeschlossene Menschen, die sich tief verpflichtet fühlten und überzeugt waren, daß die Quäkerbewegung Antwort auf einige der drängendsten Fragen in der modernen Gesellschaft bot. Unter diesen Problemen hielten sie die Notwendigkeit einer Verbindung zwischen der Kirche und der Arbeiterbewegung für vordringlich. Das gewöhnliche Volk verstand die Sprache der Kirche nicht. Es hatte das Gefühl, daß sie zum „*Establishment*" gehörte – in einem Sinn, der sie dem gewöhnlichen Leben und den alltäglichen Problemen einfacher Männer und Frauen entfremdete.

Die schwedischen Quäker glaubten, daß das Quäkertum die Kluft zwischen Christentum und Demokratie überbrücken könnte, da es eine ausdrückliche Botschaft der Versöhnung und des Friedens brachte und eine alte demokratische Tradition besaß. Sie waren sicher, daß das Quäkertum eine Anziehungskraft für denkende und sensible Menschen haben müßte, die sich geistig heimatlos fühlten. Im besonderen hofften sie, Männer und Frauen der Arbeiterklasse würden ihren Weg in die Quäkergemeinde finden. Als sie ihre ersten Gewerkschafts-Freunde als Mitglieder begrüßen konnten, war dies ein sehr glückliches Ereignis.

Die Geschichte der „Gesellschaft der Freunde" in Schweden ist eine Geschichte des Wachstums und verschiedenartiger Tätigkeiten. Die meisten der ersten Generation schwedischer Freunde sind inzwischen tot. Aber es gibt neue Mitglieder, und kleine Andachtsgruppen sind an verschiedenen Orten entstanden. In Stockholm gibt es zuweilen drei Andachtsversammlungen an einem Sonntag.

Die Liste der Tätigkeiten, denen sich die Schwedische Jahresversammlung widmet, ist lang und umfaßt Perioden zur religiösen Vertiefung *(„Retreat")*, Studiengruppen, Konferenzen, Gesprächsgruppen, eindringliche Gesuche an die Regierung, Veröffentlichungen und praktische Arbeit mancher Art. Frieden und Versöhnung ist ein ständiges dringendes Anliegen der Gruppe.

Während und nach dem Zweiten Weltkrieg waren die schwedischen Freunde vielseitig tätig. Der geistige und materielle Wiederaufbau Europas war ihnen ein großes Anliegen. Sie begannen ihre Arbeit für Verschleppte und veranstalteten eine internationale Konferenz, zu der führende deutsche Persönlichkeiten aus dem kulturellen Leben eingeladen wurden, in ruhiger Atmosphäre mit Menschen anderer Länder die Zukunft Mitteleuropas zu besprechen. Per Sundberg, Leiter der Viggbyholm-Schule, nahm an dieser Arbeit der Versöhnung und des Wiederaufbaus aktiven Anteil. Er starb, bevor die Konferenz Ostern 1948 stattfinden konnte, aber Emilia Fogelklou übernahm mit Elin Wäger und mit Hilfe von Douglas V. Steere, der im Namen der amerikanischen Quäker handelte, erfolgreich die Verantwortung für die Konferenz. Die schwedischen Freunde nehmen auch aktiv am Wiederaufbau in Finnland und dem Nahen Osten teil.

V. Die Quäker in Finnland

Die kleine finnische Quäkergruppe ist als Monatsversammlung organisiert, die der Schwedischen Jahresversammlung angeschlossen ist. Diese Gruppe hat ihre geistigen Wurzeln teils in der finnischen Friedensbewegung, teils in einem Bedürfnis nach geistiger Gemeinschaft und sozialem Wiederaufbau, unter Menschen, die das Kriegselend gesehen haben, ohne selbst moralisch beteiligt gewesen zu sein.

Selma Rikbergs Haus in Helsingfors wurde zum Sammelpunkt für diejenigen, die eine solche Haltung einnahmen und die aus christlicher Überzeugung für Frieden und Versöhnung arbeiteten. Hier trafen 1937 Douglas V. Steere aus den Vereinigten Staaten und Henry Gillet aus England mit einer Gruppe von Personen zusammen, die gekommen waren, um diese Gäste anzuhören. Viele von ihnen wußten schon vorher einiges über das Quäkertum. Nun erlebten sie zum ersten Mal die „stille Andacht“ der Quäker. Auf einige von ihnen machte dieses Erlebnis so großen Eindruck, daß sie beschlossen, in Zukunft regelmäßig zu „stillen Andachten“ zusammenzukommen.

In dieser Gruppe schweigender Andachtsteilnehmer wuchs allmählich die Überzeugung, daß der nächste Schritt zur vollen Identifizierung mit dem Quäkertum natürlicherweise im Erwerb der Mitgliedschaft bestehen müsse. 1945 war diese Überzeugung so stark geworden, daß die Angehörigen der Gruppe beantragten, Mitglieder der Schwedischen Jahresversammlung zu werden.

Seit Jahren kommt die Quäkergruppe in Helsingfors in einem Kirchengebäude zu Sonntagsandachten zusammen. Diese Tatsache sagt etwas über die Haltung der finnischen Quäker gegenüber der offiziellen Kirche aus. Alle finnischen Quäker haben dieser Kirche angehört, und sie sind dankbar für alles, was sie ihnen gegeben hat. Sie sind nicht etwa unter Protest aus der Kirche ausgetreten. Ihrer Ansicht nach hatte das Quäkertum ihnen etwas Positives zu bieten – eine tiefe sakramentale Gemeinschaft und Anteilnahme an gemeinsamen Anliegen besonderer Art. Aber ihre ganze Haltung war ökumenisch, nicht isolationistisch. Das Quäkertum in Finnland hat sein eigenes charakteristisches Modell entwickelt, das auf seine Anfänge zurückgeht. Es bewegt sich um zwei Pole: Gemeinschaft in der Andacht und soziales Anliegen. Die finnischen Freunde schürfen tief. Sie scheinen viel vom Wert der „stillen Andacht“ zu wissen. Nicht nur die sonntägliche „Andachtsversammlung“, sondern auch die zwei oder drei Tage dauernden Gespräche aus der Stille *(„retreat“)* sind Teil ihres

geistlichen Lebens geworden. Zu Pfingsten kommen sie zur traditionellen Andachtsübung zusammen, aber auch zu anderen Jahreszeiten können Wochenenden für Meditation und stilles Gebet bestimmt werden. Der andere Aspekt im Quäkermodell Finnlands ist das soziale Anliegen. Sowohl die kleine Quäkergruppe als auch die einzelnen Freunde sind äußerst aufgeschlossen für soziale Nöte in der sie umgebenden Gemeinschaft. Verschiedene Gruppen von Menschen in Not – Flüchtlinge, Schwache, Erschöpfte und Leidende – erhalten Hilfe und Trost durch die Tätigkeit der finnischen Quäker.
Gleichzeitig scheint die Überzeugung unter den Freunden in Finnland gewachsen zu sein, daß ein gemeinsammes soziales Anliegen für die Vertiefung des geistlichen Lebens von besonderer Bedeutung ist.

VI. Die skandinavische Quäkerbewegung heute

1. Der rechtliche Status der skandinavischen Jahresversammlungen

Wie wir schon gezeigt haben, gibt es zur Zeit drei skandinavische Jahresversammlungen der „Gesellschaft der Freunde“. Die Schwedische Jahresversammlung ist mit etwas mehr als 140 Mitgliedern die größte. Von diesen gehören etwa 25 zur Finnischen Monatsversammlung. In Norwegen, wo auch Kinder als Mitglieder eingetragen werden können, beträgt die Gesamtmitgliederzahl etwa 120, während Dänemark zwischen 50 und 60 Mitglieder hat.
Von Zeit zu Zeit taucht der Gedanke einer Vereinigten skandinavischen Jahresversammlung auf. Bisher ist dieser Gedanke nicht ernsthaft erwogen worden. Das Zögern vieler Freunde kommt wahrscheinlich von praktischen Schwierigkeiten durch die großen Entfernungen. Sicherlich spielen aber verschiedener geschichtlicher Hintergrund und unterschiedlicher rechtlicher Status auch eine Rolle. In Dänemark ist die „Gesellschaft der Freunde“ nicht als offiziell anerkannte religiöse Gemeinde registriert. Nach dem dänischen Gesetz muß eine religiöse Körperschaft ziemlich viele Mitglieder haben, um offiziell anerkannt zu werden. Die dänischen Freunde betrachten daher die Registrierung nicht als dringendes Problem, für das sich die richtige Lösung ohnehin nicht leicht finden ließe.
In Norwegen andererseits war dieses Problem zeitweise sehr dringlich. Im Laufe ihrer Geschichte haben norwegische Freunde hin und wieder erfahren müssen, daß eine zu enge Verbindung mit dem Staat zu Situationen führen kann, die schwer zu meistern sind.

Heute jedoch halten es die Freunde in Norwegen und auch in Schweden für richtig, registriert zu sein, weil sie glauben, daß die Registrierung ihnen hilft, einige Aufgaben, zu denen sie sich aufgerufen fühlen, besser zu bewältigen. Natürlich ist es richtig, daß die Registrierung bestimmte Pflichten mit sich bringt, aber diese Pflichten glauben die Freunde auf sich nehmen zu können. Gleichzeitig bringt die Registrierung aber auch gewisse Rechte mit sich. Um dies zu belegen, sei auf das norwegische Gesetz vom 13. Juni 1969 über religiöse Gemeinschaften hingewiesen. Dieses Gesetz, das in mancher Weise frühere gesetzliche Regelungen auf dem Gebiet der religiösen Freiheit ergänzt, zielt auf einen vollständigen Schutz der Gewissensfreiheit. Wie vorher haben die verschiedenen anerkannten Gemeinden ihre Pflichten zu erfüllen (Registrierung der Geburten, Heiraten, Todesfälle usw.), und sie haben bestimmte gesetzliche Rechte (Gottesdienste in Verbindung mit Hochzeiten, Beerdigungen usw.).
Ein neuer Zug in diesem neuen Gesetz sind freilich gewisse Regulierungen wirtschaftlichen Charakters, die einen höheren Grad wirtschaftlicher Gleichstellung unter den Kirchen anstreben. Jede Kirche erhält entsprechend ihrer Mitgliederzahl finanzielle Hilfe vom Staat. Es ist auch möglich, Gelder aus Steuerzahlungen für den Religionsunterricht der Jugend abzuzweigen. Jede Kirche muß einen Jahresbericht über ihre Tätigkeiten einreichen.

2. Wirkung nach außen

Ein großes Problem für die Quäker in allen skandinavischen Ländern besteht darin, für die Außenwelt bekannt zu werden. Die von den Freunden hierfür gewählten Mittel sind aufs Ganze gesehen ziemlich traditionell und oft nicht besonders wirksam. Literatur und Konferenzen sind die wichtigsten dieser Mittel.
Es gibt in skandinavischen Sprachen eine ziemliche Anzahl von Flugblättern, die als Einführung in verschiedene Aspekte des Quäkertums dienen. Die meisten dieser Flugblätter sind Übersetzungen aus dem Englischen, aber es gibt auch Schriften skandinavischer Quäker. Das Buch des Rufus Jones *„The Faith and Practice of the Quakers"* (Glaube und Bräuche der Quäker) ist in den letzten Jahren ins Dänische, Norwegische und Schwedische übersetzt und publiziert worden.
Theoretisch sollten die Skandinavier untereinander imstande sein, einer des anderen Sprache zu verstehen. Praktisch kann man sich aber

nicht darauf verlassen, daß etwas in einer dieser Sprachen Geschriebenes viele Leser in den anderen Ländern findet. Es gibt begrenzte Bemühungen, das norwegische *„riksmål"* („Reichssprache", auf der norwegischen Stadtsprache beruhend) zu einer Art von gemeinsamem sprachlichen Nenner für Skandinavier zu machen. Aber die Freunde haben dieses Stadium noch nicht erreicht.

In Skandinavien werden zur Zeit zwei Quäkerzeitschriften herausgegeben: *„Nordisk Kväkertidsskrift"* erscheint seit 1949 in Schweden; und *„Kvekeren"*, das seit 1938 in Norwegen veröffentlicht wird. Diese beiden Zeitschriften, die sich gegenseitig ergänzen, haben im ganzen 1300 Abonnenten, aber Probeexemplare erreichen gelegentlich eine größere Anzahl von Lesern. *„Nordisk Kväkertidsskrift"* legt die Betonung auf Berichte über verschiedene Quäkertätigkeiten und druckt Artikel über Quäkergedanken von heute, zum Beispiel unter unseren jüngeren Mitgliedern. *„Kvekeren"* schlägt eine etwas andere Richtung ein, weniger quäkergebunden und mehr allgemein. Jedes Heft behandelt ein bestimmtes Thema, wie etwa „Ökumene", „Naher Osten", „Heilung durch den Geist", „Revolution und Reform", „Meditation und stilles Gebet", und erörtert diese Themen sowohl allgemein als auch im Licht der Quäkererfahrung.

Skandinavische Quäkerkonferenzen dienen gewöhnlich unterschiedlichen Zwecken. Sie machen es einzelnen Quäkern möglich, sich gegenseitig kennenzulernen. Viele werden bestätigen, daß solche Konferenzen oft erweiterte Gemeinschaft und geistige Erneuerung bedeuten. Für Nicht-Quäker scheint die Teilnahme an einer Konferenz eine geeignete Einführung in den Glauben der Quäker und ihre Haltung gegenüber dem Leben zu sein.

3. Innere Empfindungskraft und Tiefe

Es ist eine allgemeine Erfahrung unter Quäkern, daß der Quäkerglaube nicht leicht mit Worten zu erklären ist, zumindest nicht in allgemeinverständlichen Worten. Ein Quäker, der seinen Glauben und seine Überzeugungen einem Zeitungsreporter erklären soll, weiß, was für eine harte Sache das sein kann. In einer solchen Situation scheinen Worte nicht nur unzureichend, sie neigen auch dazu, in Plattheiten auszuarten. Wahrscheinlich ist ein Grund hierfür, daß inneres geistiges Erleben kaum zufriedenstellend in der gewöhnlichen Sprache des täglichen Lebens ausgedrückt werden kann und daß Worte und Ausdrücke, die den Freunden selbst in der „Andachtsversammlung" bedeutungsvoll erscheinen, in anderen Situationen viel von ihrer Kraft verlieren. Die meisten Quäker wollen lieber sagen, was sie tun, als eine Aussage über ihren Glauben zu formulieren versuchen. Die Quäker sind auch ständig in Sorge, daß Worte ein Ersatz für Leben werden könnten. Ein recht gebräuchliches Schlagwort der Quäker sagt: „Laßt euer Leben sprechen".

Aber selbst wenn wir die Unzulänglichkeit der Worte anerkennen, wäre es sicherlich nicht klug, niemals den Versuch zu machen, den inneren Kern der Einstellung der Quäker zum Leben zu beschreiben. Von dieser Einstellung kann man vielleicht sagen, daß in ihrem Mittelpunkt innere Empfindungskraft und das Gefühl persönlicher Verantwortung und persönlichen Anliegens stehen. Die Quäker pflegen dieses Erlebnis als „innere Eingebungen der Liebe, Reinheit und Wahrheit" zu definieren. Diese „Eingebungen" sind in dem Maße bedeutungsvoll, als sie in konkreten Lebenslagen verwirklicht werden können – am besten hier und jetzt. Die „Andacht" erhält bei den Quäkern besonderen Wert, weil der „Andächtige" für die „Eingebungen" des Heiligen Geistes besonders empfänglich zu sein scheint.

Bisher haben unsere Worte auf einen Idealzustand hingedeutet. Es ist sehr schwer, mit Bestimmtheit zu sagen, inwieweit dieses Ideal bereits verwirklicht ist, etwa innerhalb der „Andachtsgruppen" in Skandinavien.

Unterhaltungen mit ständigen Teilnehmern an „Andachten" in skandinavischen Quäkergruppen vermitteln den Eindruck, daß die große Mehrheit der Freunde davon überzeugt ist, die „stille Andacht" sei der Weg für das Wunder, obgleich viele von ihnen zugeben, daß sie gewisse Schwierigkeiten haben, sich zu konzentrieren und den inneren Raum und Ort zu erreichen, wo Gott zum Menschen sprechen kann. Sie weisen darauf hin, daß geistige Werte ziemlich ungreifbar zu sein scheinen, und daß der moderne Mensch sich normalerweise in einer Lage befindet, in der geistige Überbeanspruchung offenbar eine Allgemeinerscheinung darstellt. Eine solche Situation ist der „Andacht" nicht besonders förderlich. Für viele skandinavische Freunde ist das geistige Leben moderner Quäker auch zu oft rein intellektuell, so wie andererseits praktische Probleme, selbst politischer Natur, manchmal in den „Andachten" zu sehr in den Vordergrund treten.

Selbst wenn die Wirklichkeit weit hinter dem Ideal zurückbleibt, glauben die meisten skandinavischen Quäker jedoch, daß die Art und Weise ihrer „Andacht" den Hauptwert des Quäkertums ausmacht. Ihrer Ansicht nach erfordert das moderne Leben eine verinnerlichte

Form der „Andacht", und auf diesem Gebiet hat das Quäkertum einen wichtigen Beitrag zu leisten. Gleichzeitig streichen sie die Notwendigkeit einer besseren Vorbereitung auf die „Andacht" heraus. Es ist nicht genug, sich still hinzusetzen; wenn man zusammenkommt, sollte man geistig vorbereitet sein, und auch die äußere Situation sollte dazu beitragen, daß die andächtige Stimmung sich leicht einstellt. Dies kann sogar mit prosaischen Dingen zusammenhängen, wie der Form der Stühle, der Ruhe oder den Geräuschen ringsum, den Farben und der Temperatur des Raumes. Blumen und Kerzen können helfen. Einige Freunde erwähnen bestimmte genau festgelegte Schritte, die den Andächtigen helfen sollen, die Schwelle zu dem inneren Raum zu überschreiten, wo Gott wirklicher wird: das Vorlesen eines Gedichts, einige Verse aus der Bibel, ein oder zwei Sätze aus den „Ratschlägen und Fragen", ein kurzes Gebet, ein Lied oder sogar ein Musikstück. Andere glauben, daß in solchen Hilfen, die nach Vorbedacht schmecken, eine Gefahr liegt.
Einige Freunde sind sogar der Ansicht, daß die „Andachtsversammlung" sich zu einer Andachts-Geselligkeitsgruppe entwickeln sollte. Die Freunde sollten, so meinen sie, nach der Stunde der „stillen Andacht" zusammenbleiben und einander einiges von den Erlebnissen und Gedanken mitteilen, die durch die Versammlung in den Brennpunkt gerückt sind. Zur Zeit gibt es Quäkerversammlungen in Skandinavien, bei denen mindestens zwei Stunden der „Andacht", aber auch der Geselligkeit vonnöten sind, ehe die Teilnehmer bereit sind, auseinanderzugehen. Für Neulinge, die nicht an das Schweigen in der Versammlung gewöhnt sind, kann eine freie Aussprache besonders wichtig sein.
Es mag schwierig sein – vielleicht sogar unmöglich –, genau festzustellen, was den wahren Wert einer „Andachtsversammlung" ausmacht. Nichts Besonderes scheint sich zu ereignen. Zwei oder drei Teilnehmer mögen den anderen einiges von ihren Erfahrungen in einfachen Worten mitteilen, einige kurze Stellen mögen vorgelesen werden, aber das Auffallende an der Versammlung ist doch das Schweigen. Dieses Schweigen ist aber in der Regel nicht leblos. Unter der Oberfläche geschieht etwas, das der ganzen Sache Bedeutung verleiht. Unter den skandinavischen Freunden herrscht einige Unsicherheit darüber, worin diese Bedeutung liegen müßte. Sollte das kontemplative Gebet das normale Verhalten sein, wenn Freunde zur Andacht vereint sind? Sollte sich die Meditation auf religiöse Grundfragen konzentrieren? Oder sollten die zahlreichen Probleme und Nöte des Lebens während der Andachtsstunde in den Vordergrund treten?

Natürlich können – und müßten vielleicht auch – verschiedene Verhaltensweisen in der gleichen Versammlung vertreten sein, aber manchmal entsteht durch das unterschiedliche Vorgehen eine gewisse Spannung. Besonders junge Leute scheinen öfters so tief von der Ungerechtigkeit und Gewalttätigkeit unserer Zeit in Anspruch genommen, daß es völlig unnatürlich wäre, wenn solche Dinge nicht ihr bewußtes Erleben auch in der Andachtsstunde prägen würden.
Selbstverständlich stimmen die Freunde im allgemeinen darin überein, daß das Leben ein Ganzes ist und daß daher auch „Andacht" und die zahlreichen sozialen und politischen Probleme des Lebens etwas miteinander zu tun haben. Doch scheint unter den skandinavischen Freunden das Gefühl ziemlich verbreitet zu sein, daß die „Andachtsversammlung" in bestimmter Weise unsere beste Möglichkeit ist – oder wenigstens sein sollte –, uns der letzten Wirklichkeit zu nähern, und daß daher unser eigenes persönliches Wesen in ganz besonderem Maße dabei beteiligt ist. Die Freunde müssen sich um die Lösung der dringenden Probleme unserer Zeit kümmern, aber sie müssen auch selber in dem wachsen, was das Neue Testament „Früchte des Geistes" nennt. Und dieses letztere ist wahrscheinlich eine Vorbedingung für das erstere. Die „Andachtsversammlung" sollte in einzigartiger Weise verantwortlich sein für mehr „Liebe, Freude, Friede, Geduld, Freundlichkeit, Gütigkeit, Glaube, Sanftmut und Selbstbeherrschung" (Gal. 5, 22) in unserem Leben.

4. Weiterreichende Tätigkeiten

Das christliche Leben muß ein tätiges Leben sein. Liebe, Freude und Friede müssen in den persönlichen, sozialen und internationalen Beziehungen konkreten Ausdruck finden. Ein aktives In-Angriff-Nehmen der Probleme des Lebens ist für das Quäker-Ethos etwas ganz Wesentliches. Außenstehende machen manchmal die Feststellung, daß das Quäkertum in Skandinavien mehr vom Charakter eines Aktionsprogramms hat als von einer religiösen Haltung dem Leben gegenüber. Eine solche Feststellung ist nur teilweise richtig. Die Freunde wollen, daß ihr Quäkertum ein Aktionsprogramm bewirkt, aber sie halten auch die Motivation zu diesem Programm für sehr wesentlich. Die Feststellung zeigt, daß es den Freunden gelungen ist, die Aufmerksamkeit auf ihre Aktionen zu lenken, aber sie können nicht erfolgreich erklären, warum sie so handeln.
Die Quäker in Skandinavien waren und sind als Einzelpersönlichkeiten und als religiöse Gemeinden in verschiedenen Richtungen tä-

tig. Als Einzelpersonen spielen viele Freunde eine aktive Rolle in unterschiedlichen Friedensorganisationen, in sozialer und politischer Arbeit, in der Abstinenzbewegung und im Wirken für gesunde Moral. Einige sind in Erziehungs- und Bildungsunternehmen tätig. In Dänemark haben die Quäker zwei Schulen gegründet und leiten Sie: Hannaskolen in Bagsvaerd, eine Schule, die junge Mädchen auf das Familienleben vorbereitet und neuerdings auch Kinder unterrichtet, und Björns Internationale Schule in Hellerup, die wirklich internationalen Charakter hat und wo englische und dänische Kinder unterrichtet werden.

In Svartbäcken, das einige Meilen außerhalb von Stockholm liegt, entwickelt sich allmählich ein Wochenend-, Ferien- und Konferenzzentrum. In Norwegen (Lindgrov bei Risör) betreibt die Jahresversammlung ein Heim mit Schule für geistig behinderte Männer.

Die skandinavischen Quäker teilen mit ihren Freunden in der ganzen Welt das ernste Anliegen für Probleme wie gerechte Verteilung und Nutzung der Rohstoffquellen der Welt, Verantwortung für richtigen Umgang mit der Natur, Maßnahmen gegen soziale Ungerechtigkeit, Notwendigkeit einer neuen Auslegung unseres Friedenszeugnisses usw. Kleine Gruppen junger Freunde fordern seit einigen Jahren ungeduldig ein tätigeres und radikaleres Verhalten der Quäker gegenüber einigen dieser Probleme.

Die großen Anforderungen unserer Zeit führen zu grundlegenderen Fragen danach, welcher Art das Verhalten der Quäker zu sozialen und internationalen Problemen wirklich ist. In den letzten Jahren war der traditionelle Pazifismus der Quäker der Herausforderung des modernen Radikalismus ausgesetzt, mit seiner großen Empfindlichkeit für soziale Ungerechtigkeit und mit seiner Bereitschaft, Mittel zu benutzen, die leicht mit einer gewaltlosen Einstellung zum Leben in Konflikt geraten können. Man kann wohl verstehen, daß sich hier für das Gewissen der Quäker eine Versuchung zeigt. Unsere jungen Leute empfinden diese Versuchung am stärksten.

Richard K. Ullmann, der deutsch-englische Quäker, hat in seinem Buch *„Between God and History"* (Zwischen Gott und Geschichte) gezeigt, daß es ein konservatives und ein radikales Element im Quäkertum gibt. In konservativer Sicht akzeptieren die Quäker den Grundsatz, daß man rechtmäßigen Regierungen Gehorsam leisten sollte. Aus radikaler Sicht betonen die gleichen Quäker das Recht des einzelnen, der Regierung Widerstand zu leisten, wenn sie Übergriffe auf das Gebiet des Gewissens begehrt. Der Widerstand sollte aber ein geistiger sein, und der einzelne müßte bereit sein, dafür zu leiden.

In bestimmten Situationen und zu gewissen Zeiten neigt eines dieser Elemente – das konservative oder das radikale – dazu, vorrangig zu werden. Zur Zeit tritt vielleicht unter den Freunden in Skandinavien das radikale Element am meisten in Erscheinung. Dies hat eine aktivere Art des Pazifismus mit sich gebracht und auch mehr linksgerichtete politische Ansichten mit stärkerer Betonung auf revolutionären sozialen Veränderungen und sichtbarem Mißtrauen gegenüber dem *„Establishment“*. Trotzdem ist es wahrscheinlich richtig zu sagen, daß der Radikalismus der Quäker, wie man ihn heutzutage in Skandinavien findet, im ganzen mit der ursprünglichen Strategie der Quäker und Gandhis zusammenhängt, den Mächtigen respektvoll und gewaltlos zu begegnen.

Die gelegentlich fühlbare Spannung zwischen dem radikalen und dem konservativen Element in der Quäkerbewegung beeinflußt nur selten Hilfeleistungsprogramme praktischer Natur. Aufs Ganze gesehen sind sich die skandinavischen Freunde einig in ihrem Anliegen, Entwicklungsländern in anderen Teilen der Welt zu helfen.

Das Quäkerprojekt in Kabylia (Algerien) begann als Anliegen eines jungen norwegischen Quäkers, Egil Hovdenak. 1962 trug Egil Hovdenak bei der Osterversammlung des *„Friends' World Committee for Consultation“* (Beratendes Weltkomitee der Freunde, Sektion Europa) sein Anliegen vor, der Bauernbevölkerung in einigen Bergdörfern des Ouacif-Distrikts in Kabylia zu helfen. Ein besonderer Ausschuß – *Kvekerhjelp* – wurde in Oslo eingesetzt, um dieses Projekt im Zusammenwirken mit ähnlichen Komitees in den skandinavischen Ländern, auch in Deutschland, den Niederlanden, Frankreich und der Schweiz, zu bearbeiten.

Die Arbeit begann 1963 und konzentrierte sich auf Gesundheitswesen (es wurde ein Krankenhaus für Mutter und Kind gebaut), Mädchenbildung, Wasserversorgung der Dörfer, Jugendarbeit und Landwirtschaft. Das Norwegische Büro für Internationale Entwicklung hat großes Interesse an diesem Projekt gezeigt und mit beträchtlichen Geldspenden geholfen. Diese Gaben haben es, zusammen mit großen Spenden von skandinavischen und europäischen Jahresversammlungen und der allgemeinen Öffentlichkeit, ermöglicht, das Projekt fortzuführen. Das allgemeine Interesse daran hat sicher mit dazu beigetragen, stärkere Bande der Gemeinschaft zwischen skandinavischen und europäischen Freunden zu knüpfen.

Die dänischen Freunde haben ein Bauern-Hilfsdienstprogramm in Kenia organisiert. Es wird besonderer Wert gelegt auf den Unterricht in besseren Anbaumethoden, Musterfelder für alte und neue

Gemüsesorten, die Organisation sogenannter Selbsthilfegruppen für Bauern und Klubs für junge Leute. Das Dänische Staatssekretariat für Zusammenarbeit mit den Entwicklungsländern hilft dabei, einen Teil der Löhne zu zahlen.

Etwa in den letzten zehn Jahren sind die Quäker in den skandinavischen Ländern besser bekannt geworden als je zuvor. Der Hauptgrund hierfür liegt wohl mehr darin, was sie getan, als was sie gesagt haben. Quäkerprojekte wie das in Kabylia haben den Namen der Quäker in die Presse und in den Rundfunk gebracht und Anfragen zur Folge gehabt, wer diese Menschen sind und warum sie das tun, was sie tun.

Dies bedeutet nicht, daß im Publikum jetzt ein Bild einmütiger Zustimmung herrscht, es ist vielmehr recht zweideutig. In bestimmten Kreisen sind die Quäker immer noch verdächtig. Dies scheint besonders zuzutreffen für Laienchristen mit einer fundamentalistischen theologischen Voreingenommenheit.

Nicht alle sehen die Quäker in dieser Perspektive. Im allgemeinen begegnet man ihnen mit großer Sympathie und mit Respekt und spricht sogar von ihnen als „guten Menschen“. Trotzdem haben die skandinavischen Freunde bisweilen das Gefühl, daß sie in dem Maß, in dem man mehr über sie weiß, auch zum Streitobjekt werden. Die meisten von ihnen werden es wahrscheinlich nicht beklagen, wenn es sich erweist, daß dies stimmt.

Kapitel IX
DAS QUÄKERTUM IN DEUTSCHLAND

HEINRICH OTTO

I. Die deutsche Mystik – ein Weg zum Quäkertum

Das Quäkertum drang nicht als ein Fremdkörper in den Bereich deutscher Frömmigkeit ein. Meister Eckart hat Vorstellungen der Quäker vorweggenommen, wenn er vom „Fünklein“ im Seelengrund spricht, wenn der Mensch schweigend Gott wirken und reden lassen soll, damit er in seiner Seele die Geburt Gottes erfährt, die sich „beständig mit neuem Lichte“ vollzieht. „In dieser Geburt ergießt sich Gott dermaßen mit Licht in die Seele, daß des Lichtes in dem Wesen und in dem Grunde der Seele eine solche Fülle wird, daß es herausdrängt und übergießt in die Kräfte und sogar in den äußeren Menschen.“

Die freien halbklösterlichen Vereinigungen der Beginen für Frauen und Begarden für Männer zeigten eine besondere Empfänglichkeit für die Gedanken der Mystiker. Sie lasen Taulers „Büchlein der ewigen Weisheit“ und die „Nachfolge Christi“ von Thomas a Kempis. Gedanken der Mystik wurden weitergetragen in den vielen Verzweigungen des vorreformatorischen Täufertums. „Gott ist ein unaussprechlicher Seufzer im Grunde der Seelen gelegen“, sagt Sebastian Franck. Gleich ihm werden Hans Denck, Kasper von Schwenckfeld und Valentin Weigel als geistige Wegbereiter des Quäkertums in Deutschland angesehen.

In ihrer *„Story of Quakerism“* weist Elfrida Vipont darauf hin, daß Georg Fox in der Darstellung seiner ihn so überwältigenden inneren Erfahrungen Worte verwendet, die an gewisse Stellen in den Schriften Jakob Böhmes erinnern, die 1648 ins Englische übersetzt wurden. Ein direkter Beweis, ob George Fox sie jemals gelesen hat, liegt nicht vor.

Im gleichen Jahre wie George Fox, 1624, wurde Angelus Silesius geboren. Auch zwischen ihnen hat es keine persönliche Beziehung gegeben, aber ein Quäker könnte die beiden Zeilen niedergeschrieben haben:

„Gott ist so überall’s, daß man nichts sprechen kann.
Drum betest du ihn auch mit Schweigen besser an.“

Ebenso könnte der Quäkergedanke vom „Sakrament des Lebens" kaum einen schöneren Ausdruck finden als in den folgenden beiden Zweizeilern:

„Wer in dem Nächsten nichts als Gott und Christum sieht,
Der sieht mit dem Licht, das aus der Gottheit blüht.

Der höchste Gottesdienst ist, Gott gleich werden,
Christförmig sein an Lieb, an Leben und Gebärden."

II. Die erste Periode des Quäkertums in Deutschland (17. Jahrhundert)

1. Anknüpfungspunkte in den Gruppen der Labadisten und Mennoniten

Jean de Labadie (1610–1674), erzogen im Jesuitenseminar zu Bordeaux, später zum Calvinismus übergetreten, wünschte die Kirche nach dem Vorbild der ersten Christengemeinde zu erneuern. Auf kurze Zeit Prediger der französischen Gemeinde in London, dann auf sieben Jahre beliebter Kanzelredner in Genf, wo aber seine strengen Ansichten ihm nur wenige Anhänger gewannen, hoffte er schließlich in Holland günstigeren Boden zu finden. In Amsterdam schloß sich ihm Anna Maria von Schürmann an, die als eine der gelehrtesten Frauen der Zeit galt. Sie erinnerte sich, als für die Gemeinde Labadies mehrfach Schwierigkeiten entstanden, an ihre Freundin, die Prinzessin Elisabeth von der Pfalz. Diese war 1667 Fürstäbtissin des evangelischen Stiftes Herford geworden und damit Herrscherin über ein Gebiet mit etwa 7000 Seelen, das eine eigene kirchliche wie bürgerliche Rechtsprechung besaß. Sie lud dann wirklich die Gemeinde Labadies ein, nach Herford überzusiedeln. Ekstatische Erscheinungen in den Versammlungen, das Zusammenleben der Glaubensbrüder und -schwestern in einem gemeinsamen Haus und andere Beobachtungen, die zu Mißdeutungen und Verleumdungen führten, wiegelten die Herforder Bürger gegen die Neulinge in ihrer Stadt auf. Es spielte dabei wohl auch ein gewisser Brotneid mit, da unter den Eingewanderten geschickte Handwerker waren, die von der Äbtissin bei Arbeitsvergebungen im Stift bevorzugt wurden.
Inzwischen waren schon allerlei falsche Vorstellungen über die Quäker von England nach Deutschland hinübergedrungen, so daß man

ohne Unterschied alle Gruppen und Einzelpersonen, die in den Formen ihres religiösen Lebens auffallend von der anerkannten Kirche abwichen, als Quäker bezeichnete, so nun auch die Herforder Labadisten. Diese bemühten sich, in zwei 1671 und 1672 erscheinenden Schriften sich gegen diese Verwechslungen zu verteidigen. Auch die Fürstäbtissin unterstützte in diesem Punkt ihre Schützlinge, als gegen diese der Rat der Stadt beim Reichsgericht zu Speyer Klage erhoben hatte. So war auch sie zunächst noch in unklaren und irrigen Ansichten über George Fox und seine Bewegung befangen.
Im Jahre 1671 kam William Penn nach Herford, um mit den Labadisten Fühlung aufzunehmen. Jean de Labadie verhielt sich aber ziemlich abweisend. Die Fürstäbtissin konnte nicht verhindern, daß seine Gemeinde Herford wieder verlassen mußte. Nach einer Zwischenstation in Altona, wo Labadie 1674 starb, fand sie schließlich den ersehnten Frieden in einem Schloß, nicht weit von Leeuwarden in Westfriesland. Dort suchte sie William Penn auf seiner zweiten Reise durch Deutschland auf, wobei es zu einer gewissen Verständigung kam.
Von vornherein bestanden nach der Entstehung der „Religiösen Gesellschaft der Freunde“ enge Berührungspunkte zwischen dieser und den Mennoniten, besonders in der Ablehnung des Eides, des Krieges und jeglicher Gewaltanwendung, aber auch in einer Lehre, die eine undogmatische Weite offenließ und den Nachdruck auf die Entscheidung für ein neues Leben legte. In der Tauffrage gingen die Quäker freilich weiter, indem sie wie auf jegliches äußere Sakrament auch auf die Erwachsenentaufe verzichteten.
Holland schien den führenden Quäkern die allerbesten Voraussetzungen zu bieten als Stützpunkt für ihre Missionstätigkeit auf dem europäischen Kontinent. Vor allem Amsterdam galt als Hochburg der Freiheit, seitdem sich 1581 die Republik der Vereinigten Niederlande auf der Grundlage der Toleranz gebildet hatte. Als die englischen Nonkonformisten wegen ihrer Abtrennung von der anglikanischen Bischofskirche noch schwersten Verfolgungen ausgesetzt waren, bot Holland vielen von ihnen Asyl.

2. Botschaftsreisen führender Quäker in Deutschland

Kurz nach 1650 setzte ein großer Missionseifer der englischen Quäker ein, der sich auf Irland und Amerika richtete, aber auch Südeuropa und den Nahen Osten zu erfassen suchte. Im Sommer 1656 begannen die erfolgreichen Botschaftsreisen von William Ames auf dem europäischen Kontinent. Er war Oberst der englischen Royalisten gewesen und, ehe er zum Quäkertum übertrat, seiner religiösen Überzeugung nach Baptist.

In Kriegsheim in der Pfalz hatte sich ein Mennonitenzentrum gebildet. Hier trat aber auch 1656 zum ersten Male der Name „Quäker" auf, als die Befreiung vom Kriegsdienst durch eine schwere Steuer erkauft werden sollte. Da man sich weigerte, die geforderte Summe und den Zehnten zu zahlen, wurden sieben Männer eingesperrt und ihre Feldfrüchte, Vieh und Hausrat beschlagnahmt. Ferner wurde für jede abgehaltene Versammlung eine Strafe eingetrieben.

Diese Nöte waren noch frisch, als im Sommer 1657 William Ames in der Pfalz eintraf. Erst durch seinen Besuch scheint es dort zu einer eigentlichen Quäkergemeinde gekommen zu sein. Der freundliche Empfang, den er in Heidelberg durch den Kurfürsten Karl Ludwig und dessen Schwester Elisabeth, der späteren Fürstäbtissin von Herford, erfuhr, kann mit darauf zurückgeführt werden, daß die Mutter beider die Tochter Jacobs I. war. Die Erleichterungen, die der Kurfürst für die Kriegsheimer Mennoniten und Quäker zusagte, scheinen aber nur von kurzer Dauer gewesen zu sein. Unermüdlich setzte William Ames auch im nächsten Jahr, 1658, seine Botschaftsreisen fort. Sie führten ihn nach Friesland und Hamburg, aufs neue in die Pfalz und dann auf einige Zeit nach Böhmen, Brandenburg, Danzig und Polen. Es entstanden Quäkergruppen in Emden, Hamburg und Friedrichsstadt an der Eider.

Robert Barclay, der 1676 seine *„Apology"* veröffentlicht hatte, als Versuch einer einheitlichen Quäkertheologie im Sinne der Verteidigung der Lehren und Grundsätze der Freunde, besuchte im gleichen Jahre die Fürstäbtissin Elisabeth in Herford. Aus einer alten Aristokratenfamilie in Nord-Schottland stammend, betrachtete er sich durch die Herkunft seiner Mutter von den Stuarts als ihren entfernten Verwandten. Ihn begleitete Benjamin Furly, ein angesehener Kaufmann aus Rotterdam mit reichen philosophischen und literarischen Interessen, der mit John Locke während dessen Asyl in Holland befreundet war. Dieser Besuch in Herford galt nicht nur der weiteren Ausbreitung des Quäkertums in Deutschland, sondern auch der Fürbitte bei der Prinzessin Elisabeth für die verfolgten Freunde in England. Sie gab Robert Barclay einen Brief an ihren Bruder Ruprecht mit, der im Dienste seines englischen Oheims Karl I. an der Spitze der königlichen Reiterei gestanden und später einen Teil der Flotte übernommen hatte, um mit ihr einen abenteuerlichen Raubkrieg gegen das England Oliver Cromwells zu führen. Seine Schwester bat nun ihren Bruder in ihrem Brief, sich bei dem König Karl II. für die Quäker einzusetzen, die sich damals in englischen Gefängnissen befanden.

Im Sommer 1677 kam es zu der bemerkenswerten Missionsreise führender Quäker nach Holland und Deutschland, an der auch George Fox teilnahm. Es ging darum, die in beiden Ländern neu entstandenen Quäkergruppen nicht nur in sich zu stärken, sondern sie auch untereinander in einen engeren Zusammenhang zu bringen. Die Gruppen in Hamburg und Friedrichstadt, Emden und Krefeld, dazu auch Danzig, wurden zunächst der nun 1677 eingerichteten Amsterdamer Jahresversammlung zugeteilt. Erst 1683 entstand eine eigene Jahresversammlung für Deutschland.

George Fox wählte als weiteres Reiseziel das nördlichere Deutschland. Obwohl er wieder sehr unter körperlichen Beschwerden zu leiden hatte, die Folge häufiger und längerer Haft in ungesündesten Kerkern, überwand er doch aus der ihm eigenen inneren Kraft alle Strapazen, die ihn unterwegs bei ungünstigstem Wetter erwarteten.

William Penn, Robert Barclay, George Keith und Benjamin Furly, dieser als Dolmetscher der Gruppe, reisten durch Westfalen nach nach Herford. William Penns Reisetagebuch und seine Briefe geben ein an Einzelheiten reiches Bild von den Versammlungen dort und den persönlichen Gesprächen mit der Äbtissin, deren reifes Urteil kein Geringerer als der Philosoph Descartes gerühmt hatte. Während Robert Barclay nach England zurückkehrte, wurde für William Penn, Georg Keith und Benjamin Furly Kassel das nächste Ziel. Dort suchten sie den aus Schottland stammenden Theologen John Dury (Johannes Duräus) auf, der im Volksmund allgemein als Quäker galt, aber niemals der „Gesellschaft der Freunde“ angehört hat. Er bemühte sich sehr eifrig um eine Vereinigung des lutherischen und reformierten Bekenntnisses, um dem Streit ein Ende zu machen, der gerade damals zwischen den beiden evangelischen Richtungen recht häßliche Formen angenommen hatte. In Frankfurt suchte William Penn Verbindung mit dem Kreis um den lutherischen Geistlichen Philipp Jakob Spener, dessen „Erbauungsversammlungen“ zum Anfang des Pietismus wurden. In Mannheim hoffte William Penn den Kurfürsten von der Pfalz zu treffen, um ihm die neuen Schwierigkeiten vorzutragen, die der kleinen Quäkergemeinde in Kriegsheim bereitet wurden. Da der Kurfürst inzwischen in seine Heidelberger Residenz zurückgekehrt war, bat ihn William Penn in einem Briefe, sich stets als Beschützer religiöser Freiheit zu erweisen, und dies besonders auch für die Quäker seines Landes. William Penn erfüllte dann den Wunsch der Schwester des Kurfürsten, noch einmal nach Herford zu kommen. Aus dem Briefwechsel der Fürstäbtissin mit den Quäkerfreunden geht hervor, wie tief beeindruckt sie von deren verschiedenen Besuchen war, aber auch Hilflosigkeit und Trauer darüber, die an sie herangetragenen neuen Gedanken nicht restlos erfassen zu können. William Penn verstand, daß sie in ihrer Stellung nicht zu einer freien Entscheidung kommen konnte, sah aber ihre gesamte Persönlichkeit in Übereinstimmung mit dem Geiste des Quäkertums. Er setzte ihr ein Denkmal in dem Nachruf, den er 1682 in einer Neuausgabe seiner Schrift „Ohne Kreuz keine Krone“ schrieb.

3. Schwierigkeiten für die deutschen Quäkergruppen des 17. Jahrhunderts

Man kann verstehen, wenn es im Pfälzischen Anstoß erregte, die Quäker an einem mitten in die Woche fallenden kirchlichen Feiertag auf ihren Feldern beschäftigt zu sehen, weil sie nur den Sonntag als „Ersten Tag“ für heilig zu halten anerkannten. Gewiß war es ungeheuerlich für eine Zeit, in der es vor allem in Deutschland noch unbestrittenes heiliges Gebot war, der Obrigkeit in jeder Weise untertänig zu sein, Menschen zu erleben, die selbst vor den höchstgestellten Persönlichkeiten den Hut nicht abzogen und ihn auch vor Gerichten auf dem Kopf behielten, da Gott allein zu fürchten und zu ehren sei. Weit mehr aber noch scheinen Berichte, die von England über die „Sonderlinge“ herüberdrangen, die Vorstellung von ihnen in Deutschland bestimmt zu haben. So galten sie auch hier als die „Zitterer“, und zur Erklärung dieses Zitterns *(to quake)* in stärkster religiöser Erregung übernahm man allzu bereitwillig das „Märchen“ von einem „Quäkerpulver“ als Ursache und als Zaubermittel, die Menschen zum Anschluß an die seltsame Gemeinde zu bringen.

In Emden, Hamburg und Danzig kam es zu wiederholten Ausweisungen von Quäkern und selbst von solchen Menschen, die verdächtig waren, es zu sein. Oft genug sollen Belohnungen, die jedem versprochen wurden, der Quäker namhaft machte, dabei eine üble Rolle gespielt haben. Als im Mai 1660 Quäker, die nach Altona abgeschoben worden waren, wieder nach Hamburg zurückkehrten mit der Berufung darauf, kein Gesetz verletzt und niemand beleidigt zu haben, wurden sie wie Schwerverbrecher im Gefängnis in Ketten angeschlossen. Nach zwölf Tagen verhörten Geistliche die Gefangenen und verlangten – allerdings erfolglos – weitere Haftverschärfung. Man konnte den Quäkern nicht das Versprechen abzwingen, das Gebiet von Hamburg zu verlassen und nie wieder zu betreten. Beschwerden der aus Emden Ausgewiesenen blieben erfolglos. Um so mehr verdient eine Eingabe von mehreren Emdener Bürgern an ihren Magistrat Hervorhebung, in der sie in kräftiger Sprache die Verantwortlichen mahnen, die Verfolgten doch besser kennenzulernen. Sie betonen: „Wir haben sie auch erst geprüft, aber wir haben herausgefunden, daß sie aufrichtig sind und niemand betrügen." Nach wiederholten Ausweisungen im Jahr 1674 richtete William Penn an den Bürgermeister von Emden einen längeren Brief, aus dem folgende bemerkenswerte Sätze wiedergegeben seien: „Die Protestanten, und Ihr rühmt Euch, es zu sein, tragen ihren Namen, weil sie gegen die Verfolgung protestierten, und Ihr wollt selbst Verfolger werden?... Und doch, was gibt es Unchristlicheres als die Gewissen der Menschen inbetreff der Ausübung ihrer Religion mit Gewalt zu beugen nach Willkür? Jesus Christus selbst, der Herr und Urheber dieser Religion, hat seine Jünger gestraft, als sie bitten wollten, daß Feuer vom Himmel regnen möge zur Vertilgung derjenigen, welche ihn nicht aufnehmen wollten..."

Dieser Brief blieb aber zunächst ohne jede Wirkung. In einer Zeit schwerster Verfolgungen kam William Penn persönlich nach Emden. Die Aufnahme bei dem damaligen Bürgermeister war freundlicher, als man nach allem Geschehen erwarten konnte. Die Aussprache mit ihm vermochte einige schwache Hoffnungen zu erwecken, doch 1679 setzte eine neue Verfolgung ein.

Die endliche Wandlung kam nicht aus den tieferen Einsichten, die William Penn zu erwecken suchte, sondern aus der Wahrnehmung äußerer Vorteile. Unmittelbar nach der Thronbesteigung Jakobs II., 1885, flüchteten viele reiche englische Kaufleute nach Emden. Die Stadt bot diesen ein Grundstück zur Erbauung eines Bethauses an, und den Quäkern sicherte der Magistrat Freiheit ihrer Religionsausübung zu. Es wurde Wert darauf gelegt, daß das Duldungsedikt, das den Quäkern alle bürgerlichen Rechte zuerkannte, den inzwischen Ausgewanderten mitgeteilt wurde, doch diese verzichteten auf eine Rückkehr nach Emden.

In Hamburg endeten die Verfolgungen 1685, doch von da ab scheint auch das religiöse Leben in der dortigen Quäkergemeinde versiegt zu sein. Den stillen Kampf der Danziger Quäker um ihre Gewissensfreiheit verfolgte mit größter Aufmerksamkeit George Fox. In mehreren Briefen versuchte er sie aufzurichten. In Schreiben an den Danziger Magistrat und den König von Polen wandten sich englische und holländische Freunde, unter ihnen auch wieder William Penn, gegen Gewaltanwendung in geistigen Dingen mit dem Hinweis, wie unchristlich sie doch sei. Die letzten Bedrückungen und Einkerkerungen von Quäkern in Danzig scheinen zwischen 1684 und 1689 zu liegen. Nach dieser Zeit schweigen die Berichte.

Das 17. Jahrhundert weist eine große Zahl von Streitschriften auf, die nicht nur die örtlichen Behörden zu beeinflussen suchten, sondern auch ein allgemeine Volksstimmung gegen die Quäker erzeugen wollten. Schon eine bereits 1661 erschienene Schrift *„Quäcker-Grewel“* (Quäker-Greuel) ist ein Beispiel dafür, wie wahllos und kritiklos die Freunde in eine Reihe mit anderen Richtungen gestellt wurden, ganz gleich, ob eine wirkliche geistige Verwandtschaft sie mit ihnen verband oder die tiefste Kluft sich zwischen ihnen auftat. Im Vergleich zu späteren Schmähschriften bewahrt diese Schrift noch eine maßvolle Haltung. Sie hält den Quäkern ihre Ablehnung des Predigtamtes vor und entrüstet sich darüber, daß sie die „Macht zu predigen“ auch „Weibern“ zugestehen.

Völlig maßlos, schon im Titel, ist der Ton einer Schmähschrift ohne Zeit- und Ortsangabe: „Quäcker, Quackeley, das ist elende Lumperey, Hümplerey, Stümplerey, auch Büberey, welche die neuen Schwärmer, die man Quäker nennt, in ihrer letzten Schartecke unter dem Titel der alten Wahrheit an Tag geben.“

„Erschröckliche Brüderschaft der alten und neuen Wiedertäufer, Quäcker, Schwärmer und Freigeister mit denen heil- und gottlosen Juden“, betitelt sich eine Schrift von 1702. Sachliche Unrichtigkeit verrät sich nicht allein schon darin, die Juden als gottlos zu bezeichnen, sondern gibt sich auch weiter darin kund, wenn James Naylor Gründer des Quäkertums genannt wird.

Eine Freistatt, nicht nur für die Quäker, war von vornherein Friedrichstadt an der Eider. Ein frühes Beispiel eines aufgeklärten Fürsten gab Herzog Friedrich III. der Schleswig-Gottorper Linie, als er den 1621 aus Holland auswandernden Remonstranten, auch Arminianer genannt nach ihrem Gründer Jakob Arminius, die Erlaubnis zur Gründung der Siedlung gab, die seinen Namen in Ehren bewahrt. Der Herzog befreite die Mennoniten, die ebenfalls dort 1623 als Bürger zugelassen wurden, von Eid und Waffendienst. Die Quäkergemeinde dort mag zwischen 1659 und 1662 entstanden sein, ihr Versammlungshaus 1663. Nur vorübergehend erreichte nach dem Tode des Herzogs die lutherische Geistlichkeit eine Einschränkung der von ihm gewährten Freiheit.

4. Das Ende der ersten Periode des Quäkertums in Deutschland

Bald nach 1700 enden die Berichte über Quäkergruppen in Deutschland. Auswanderungen sind nur eine teilweise Erklärung hierfür. Da vorwiegend die Mennonitengruppen den verschiedenen Botschaftsreisen führender englischer Quäker in Deutschland die ersten Anknüpfungspunkte boten, bleibt es schwierig festzustellen, wie weit sich diese Gruppen unter dem neuen Einfluß, etwa von 1650 an, vollkommen als Quäkergruppen betrachteten, wie weit an denselben Orten beide Richtungen nebeneinander bestehen blieben oder durch Zusammenschluß die Unterschiede sich verwischten. Das Verhältnis zwischen Mennoniten und Quäkern blieb nicht immer ungetrübt. Starke innere Beziehungen führten dann aber doch wieder zu einem freundschaftlichen Verhältnis zurück.
Eine wesentliche Ursache für das Stillwerden um die Quäker in Deutschland zu Beginn des 18. Jahrhunderts ist in der starken Hinwendung zum Quietismus im englischen Quäkertum zu suchen, der ein Leben der Zurückgezogenheit dem Wirken nach außen vorzog. Da damit die Besuche aus England nachließen oder ganz aufhörten, mußten sich die Reste der deutschen Quäker vereinsamt fühlen, solange sie im eigenen Lande noch immer umstritten waren. Vielleicht sind sie dann wieder zu nahen Mennonitengemeinden übergegangen. Einige mögen dann aber auch in den stillen pietistischen Konventikeln ihre geistige Heimat gefunden haben. Hierfür darf vielleicht als vorsichtiger Beweis eine 1694 erschienene Streitschrift dienen mit dem Titel „Aufrichtige Fürstellung des wahren Ursprungs der in Hamburg entstandenen und annoch währenden ärgerlichen und gefährlichen Unruhen". Sie bringt die Quäker mit den Spenerianern und Pietisten zusammen.
Zu einem Ereignis von bleibender Bedeutung für die allgemeine Geschichte der Quäkertums wurde die Auswanderung von dreizehn Quäker- und Mennonitenfamilien aus Krefeld und Kriegsheim bei Worms nach Pennsylvanien 1683 unter Führung von Franz Daniel Pastorius. Er veranlaßte die in der Neugründung „*Germantown*" entstehende Monatsversammlung der Quäker 1688 zum ersten organisierten Vorstoß gegen den Sklavenhandel. Die Jahresversammlung von Pennsylvanien griff 1696 die Angelegenheit in einer öffentlichen Erklärung auf, die dann weiter in die Zukunft wirkte.

III. Die zweite Periode des Quäkertums in Deutschland (1790–1914)

Das neue Erwachen belebender Kräfte im Quäkertum während des 18. Jahrhunderts, stark beeinflußt durch die methodistische Erwekkungsbewegung, regte eine neue eifrige Missionstätigkeit an, sowohl nach Ländern, die bisher von der Botschaft des Quäkertums noch nicht erreicht worden waren, als auch nach solchen, wo es galt, verlorengegangene Berührungspunkte wieder aufzunehmen. In Minden fanden die ausländischen Freunde in der Zeit um 1790 eine Gruppe vor, die mit der schweigenden Andacht schon vollkommen vertraut zu sein schien. Einige Teilnehmer kamen zu Fuß von 20 und mehr Kilometer entfernten Dörfern. In Pyrmont bestand eine Gruppe von 15 bis 20 Personen, die sich bereits etwa zwei Jahre lang in einem Privathaus versammelten. Dieser Kreis war von Ludwig Seebohm gesammelt worden, der einige Zeit in England gewesen war und sich dort den Quäkern angeschlossen hatte. Versammlungen, die er auch in Rinteln, damals zu Hessen-Cassel gehörig, durchführte, veranlaßten die dortigen Behörden zur Eingabe an die Regierung zu Cassel. Der Hauptvorwurf lautete, die im Hause einer Witwe Zähe Zusammenkommenden feierten unter sich das Abendmahl, also nicht in der anerkannten kirchlichen Form. Ergebnis war das Verbot von weiteren Versammlungen in Rinteln. In den nahen Dörfern Hohenrode und Exten kam es zu Ausweisungen verschiedener Personen, auch Familien, die sich als Quäker bekannt hatten. Ihre streng redliche Lebensführung hatte ihnen die Sympathie weiter Kreise verschafft. Bei ihrem Fortzug nach Pyrmont entwickelte sich ein freundlicher Wetteifer, den Vertriebenen jede Hilfe und Freundlichkeit zu erweisen.

Auch in Pyrmont hatte es zunächst Zusammenstöße mit den Behörden gegeben. Ludwig Seebohm wurde wegen einer scharfen Kritik an der Kirchenverfassung in Haft gesetzt. Die Verweigerung eines weihnachtlichen Kirchenopfers, Arbeiten am Dreikönigstag, Ablehnung der Kindertaufe und andere Gründe führten zu einer Anzeige in Arolsen, der Hauptstadt von Waldeck, wozu Pyrmont damals gehörte. Erstaunlicherweise erkannte der Fürst von Waldeck durch einen Erlaß 1791, selbst wenn dieser sich auch nicht gerade durch einen besonders freundlichen Ton auszeichnete, die Pyrmonter Quäkergruppe als eine zu duldende Religionsgemeinschaft an. Friedrich von Waldeck und Pyrmont muß dann recht Günstiges über die von ihm geduldeten Menschen erfahren haben, da er ihnen weitere Begünstigungen erwies, die fast als ein sich anbahnendes Wohlwollen gedeutet werden können. Den aus dem hessischen Gebiet auswandernden Quäkern gestattete er den Erwerb von Ackerland. Die dicht bei Pyrmont entstehende Quäkerkolonie Friedensthal stattete er mit großen Freiheiten aus. Er überwies der dort eingerichteten kleinen Messerfabrik und einer Papierfabrik ein beträchtliches Geldgeschenk. Ein besonderer Beweis seiner Gunst war es, daß er das bisher nur ausschließlich auf Pyrmont beschränkte Recht des Kaffeegenusses auch auf Friedensthal ausdehnte.

Aus Philadelphia kam John Pemberton nach Pyrmont, wohl in der Absicht, für eine Zeit am Leben der dortigen Gruppe teilzunehmen und den organisatorischen Zusammenschluß der deutschen Quäker zu fördern. Er starb aber kurz danach an einer Lungenentzündung und wurde auf dem Friedhof beigesetzt, den die Quäkergemeinde inzwischen für die Mitglieder in Pyrmont angelegt hatte.

Auf Grund des Duldungserlasses von 1791 war es dem so vielseitig begabten Ludwig Seebohm möglich, in seinem eigenen Haus in Friedensthal für etwa 25 Kinder eine Schule einzurichten, die bald noch einen Anbau erforderte, sowie einen Lehrer einzustellen. Ludwig Seebohm verfaßte selbst Schulbücher, beherrschte die französische und englische Sprache, leitete eine Buchdruckerei und Papierfabrik, zeitweise auch eine Spinnerei und vertrieb auch die in der Messerfabrik hergestellten Stahlwaren.

Zwischen 1794 und 1800 verging kein Jahr, in dem nicht Freunde aus Amerika und England die Gruppen in Pyrmont und Minden besuchten und sich bemühten, ihnen geistig und wirtschaftlich zu helfen. Bad Pyrmont mit so vielen Kurgästen aus allen möglichen Ländern erschien ihnen von besonderer Bedeutung für die weitere Ausbreitung des Quäkertums. So kam der Vorschlag des Bauens eines Versammlungshauses. Die Pyrmonter Freunde hätten damals lieber eine entsprechende Summe für die Errichtung eines neuen Schulhauses hingenommen. Die Entscheidung fiel aber doch für das Versammlungshaus, das neben dem Quäkerfriedhof errichtet wurde. Die erste Versammlung dort fand am 8. Juli 1800 statt mit angeblich 1000 Teilnehmern. Als Johann Wolfgang von Goethe im Juni 1801 mit seinem Sohn in Pyrmont zur Kur weilte, besuchten sie die Messerfabrik in Friedensthal und nahmen mehrmals auch an den Andachten in Pyrmont teil. Nach seinem Bericht in den „Annalen“ war es aber dem Dichter nicht möglich, das, was aus dem Schweigen heraus gesprochen wurde, als „inspiriert“ anzuerkennen.

Die Besuche von amerikanischen und englischen Freunden erfuhren durch die Kriege Napoleons auf lange Jahre hin eine Unterbrechung. Im Sommer 1816, 15 Jahre nach Goethe, saß im Pyrmonter Versammlungshaus unter seinen Freunden der Quäker Luke Howard, dessen „Naturgeschichte und Physik der Wolken" einen Gedichtezyklus Goethes angeregt hat. Nach dem Lesen der Selbstbiographie des berühmten englischen Meteorologen äußerte sich der Dichter 1822 dem Kanzler Müller gegenüber mit voller Anerkennung, wie Luke Howard „so folgerichtig, so friedlich, so verständig" seine religiöse Haltung bekennt, „daß man, während man ihn liest, wohl gleichen Glauben haben zu können wünschen möchte". Luke Howard war nach Deutschland gekommen, um im Auftrag englischer Quäker und anderer Bürger Spenden an notleidende Bauern zu verteilen. In einem Briefe an seine Schwester stellt er auch das damalige Leben der Freunde als kümmerlich hin im Vergleich zu den Verhältnissen in England.

1. Schwierigkeiten der Mindener Quäker

In Minden, damals noch Festung, bestimmten neben dem Militär Regierungs- und Kreisbehörden im wesentlichen den Charakter der Stadt. Die Kirchen beider Konfessionen vollendeten das zunächst noch völlig geschlossen erscheinende System unbedingter Ein- und Unterordnung. Nach Quäkerart vollzogene Ehen – durch schlichte Erklärung des gegenseitigen Einverständnisses vor der Versammlung der Freunde – zogen Anzeige bei dem Konsistorium und der Regierung in Minden nach sich. Es folgten Verhöre und Verhaftungen, wenn Quäker vor Amtspersonen den Hut aufbehielten. Die Mindener Regierung konnte aber nicht anders, als in einem Bericht an den preußischen König vom 29. Januar 1799 die Quäker als durchaus rechtliche Menschen zu schildern. Sie fürchtete jedoch, daß deren Weigerung, sich in die militärische Stammrolle eintragen zu lassen, die Ablehnung von Fuhrleistungen für militärische Zwecke und die Eidesverweigerung zu Störungen der allgemeinen Ordnung führen könnten. Darum bat die Mindener Regierung den König, selbst über das beigefügte Gesuch der Quäker um Duldung und Anerkennung zu entscheiden. Von dem „geistlichen Departement" kam aber die Antwort, daß keine Zugeständnisse gemacht werden könnten.
Gelegentlich einer Truppenbesichtigung in der Mindener Gegend fanden die Quäker Rasche, Schmidt und Seebohm Gelegenheit, im August 1799 ein neues Gesuch dem preußischen König Friedrich Wil-

helm III. persönlich zu überreichen. Der Erfolg war ein Erlaß vom 23. Februar 1800 mit der ausdrücklichen Beschränkung der Duldung auf sechs Familien, die bis dahin die Mindener Andachtsgemeinde bildeten, und mit der Auflage, keine weiteren Mitglieder aufzunehmen.

Neue Schwierigkeiten ergaben sich aber aus den Fällen konsequenter Verweigerung des Militärdienstes. Aus dem Gesuch, das die Mindener Gruppe für den 1818 eingezogenen Bauernsohn Christian Peitsmeier aus Eidinghausen bei Bad Oeynhausen einreichte, geht hervor, daß dieser als Dienstverweigerer schwerste Mißhandlungen erfuhr. Die Freunde beriefen sich auf eine königliche Zusage, die Wiedertäufern, Mennoniten und Quäkern Dienstfreiheit gewährte. Die preußische Regierung legte aber diese Zusage so aus, daß ihre Verfügung vom 8. März 1814 nur für die damalige Zeit gegolten habe. Als 1820 Ernst Peitsmeier, der Bruder von Christian, eingezogen wurde, gab er eine Erklärung zu Protokoll, daß sein Glaube es ihm verbiete, nicht nur Waffen gegen Menschen zu führen, sondern auch überhaupt Soldat zu sein, selbst wenn man Zwangsmittel gegen ihn anwenden wolle. Man behandelte ihn im Gefängnis wesentlich milder als seinen Bruder und entließ ihn nach sechs Wochen Haft. Da er weiterhin es entschieden ablehnte, aktiv oder passiv an Handlungen teilzunehmen, die auch nur im entferntesten mit Kriegsdienst in Verbindung ständen, wurde beim Oberlandesgericht in Paderborn 1823 ein Prozeß gegen ihn eröffnet, der zunächst aus formalen Gründen zum Freispruch führte. In zweiter Instanz wurde aber die Beschlagnahme seines Vermögens sowie der Verlust des Erbrechtes und Bürgerrechtes verfügt. Auf ein Gnadengesuch an den König erfolgte zunächst ein ablehnender Bescheid. Erst 1826 wurden die Beschlüsse über die Beschlagnahme des Vermögens und die Erbbeschränkung aufgehoben, aber das Bürgerrecht, der Gewerbeschein und das Recht auf Bekleidung öffentlicher Ämter blieben Ernst Peitsmeier weiterhin versagt. Auch Fälle von Wehrdienstverweigerern, die nicht der Mindener Quäkergemeinde als Mitglieder angehörten, ihr aber nahestanden, wurden von der Londoner Jahresversammlung 1826 in einer an den König von Preußen gerichteten Darstellung aufgenommen; aber erst 1828 verfügte dieser, die Quäker seien in bezug auf die Wehrdienstverweigerung wie die Mennoniten zu behandeln.

Nach 1854 wird es in Minden um diese Frage still. Viele Jugendliche wanderten aus. Es ist zu verstehen, wenn wiederholt Auswanderungspläne für die gesamte Mindener Quäkergemeinde mit ausländischen Freunden erörtert wurden.

2. Quäkergruppen in Barmen und Obernkirchen

Ein aus Bayern eingewanderter Handwerksgeselle, früher der katholischen Konfession angehörend, fand im November 1830 in Barmen Arbeit bei dem Schuhmachermeister Friedrich Wilhelm Tütschulte und gewann diesen und seinen Gesellen für die „Gesellschaft der Freunde". Weitere Handwerker und ihre Frauen schlossen sich an, und diese neuerstandene Gruppe nahm auch mit den Mindener Freunden Verbindung auf. Ein Polizeibericht vom 24. Januar 1831 beschäftigt sich mit Ruhestörungen vor dem Hause des Schuhmachermeisters Tütschulte, dem Ort der „Andachtsversammlungen". Ernsthafte Schwierigkeiten ergaben sich aber für die Barmer Quäker erst, als ein Schneidermeister als Mitglied der Gruppe sich weigerte, sein neugeborenes Söhnchen taufen zu lassen und der aus Belgien zugezogene Sprachlehrer Charlier seine Ehe vor der Quäkergemeinde schloß. Verhaftungen wurden angedroht; aber der zuständige preußische Landrat Graf Seyssel gab die Anweisung, die weltliche Behörde habe sich nicht in Angelegenheiten einzumischen, die dem zuständigen Pfarrer zu überlassen seien. Vorübergehend versuchte man, den Erlaß anzuwenden, der die Duldung der Quäker nur auf die sechs Mindener Familien beschränken sollte, doch großzügig wurde dann von den neuen Mitgliedern in Barmen keine Notiz genommen. Nur jene Übergetretenen, die sich im militärpflichtigen Alter befanden, sollten wie alle anderen Untertanen behandelt werden.

Ein englischer Bericht, der 1868 dem *„Meeting for Sufferings"* in London vorgelegt wurde, erwähnt Barmen nicht, beschäftigt sich aber mit einem dauernden Rückgang der Pyrmonter Gruppe, so daß sich die Frage erhob, ob damit das dortige der Londoner Jahresversammlung gehörende Quäkerhaus nicht nutzlos geworden sei. Für Minden aber wird betont, daß dort, wo doch die Freunde so oft Strafen und andere Unannehmlichkeiten auf sich zu nehmen hatten, die Mitgliederzahl 1868 größer war als rund 30 Jahre vorher, da man an eine gemeinsame Auswanderung dachte.

Der Bericht nennt die Entstehung einer neuen Gruppe mit 10 bis 12 Mitgliedern in dem Bergstädtchen Obernkirchen (damals Grafschaft Schaumburg), 15 Kilometer von Minden entfernt. Sie ist bis kurz vor dem Ersten Weltkrieg noch nachweisbar. Auch in Minden ließ sich der Rückgang auf die Dauer nicht aufhalten. Die Quäkerschule dort wurde 1874 geschlossen. Schließlich blieb nur noch die Familie Rasche zur Fortsetzung der Tradition übrig, nicht zuletzt durch weitere Benutzung und Pflege des Quäkerfriedhofs. Aber die zweite Periode des Quäkertums in Deutschland von 1790 bis höchstens 1914 hatte ihr Ende erreicht.

IV. Die dritte Periode des Quäkertums in Deutschland (nach dem Ersten Weltkrieg bis zur Gegenwart)

1. Vom Hilfswerk der Quäker nach dem Ersten Weltkrieg zur „Deutschen Jahresversammlung"

Bereits während des Ersten Weltkrieges bahnte sich eine neue Verbindung zwischen englischen Quäkern und Deutschland an. Unmittelbar vor dem Ausbruch des Krieges hatten sich der Mitbegründer des „Weltbundes für Freundschaftsarbeit der Kirchen", Professor Dr. Friedrich Siegmund-Schultze, und der englische Quäker Dr. Henry Hodgkin an dem Versuch beteiligt, durch die Kirchen noch in letzter Stunde den Krieg zu verhindern. Als sie am 3. August 1914 voneinander Abschied nahmen, versprachen sie sich gegenseitig, unter allen Umständen das Friedenszeugnis im Geiste des Evangeliums aufrechtzuerhalten. Ein bleibendes Ergebnis dieses Versprechens wurde die Gründung des „Internationalen Versöhnungsbundes" Weihnachten 1914 in Cambridge, der allen Haßparolen den Dienst der Versöhnung gegenüberstellte. Die erste praktische Aufgabe, die sich daraus für Dr. Siegmund-Schultze in Deutschland ergab, war die Bildung eines Ausschusses zur Beratung und Betreuung von Deutschen im Ausland und Ausländern in Deutschland und als wichtiger Arbeitszweig die Betreuung der englischen Internierten in Ruhleben. Dieser Arbeit widmete sich mit voller Hingabe die Schweizerin Dr. Elisabeth Rotten, die sich kurz vorher für den Schuldienst gemeldet hatte, hier nun aber die wichtigere Berufung erkannte. Sehr bald nach Beendigung des Krieges traf sie sich Ende 1918 in Holland mit der englischen Quäkerin A. Ruth Fry, mit der sie schon durch die Arbeit in Ruhleben Kontakt gefunden hatte, und berichtete ihr über die Leiden der deutschen Zivilbevölkerung während der Kriegsjahre und über die wahren Zustände in Deutschland nach Kriegsschluß. Erst nach der Unterzeichnung des Versailler Friedensvertrages war es den Quäkern möglich, Deutschland in großem Maße ihre Hilfe zuzuwenden. Immerhin hatten sie schon im Februar 1919 die Erlaubnis zur Einfuhr von Nahrung, Kleidern und anderen notwendigen Dingen für kleine Kinder und nährende Mütter erhalten. Die erste Speisungsperiode für Schulkinder und Studenten begann am 26. Februar 1920. Im ganzen waren 177 amerikanische und englische Quäker bei dem Hilfswerk in Deutschland tätig. Ihr großer Helferkreis umfaßte über 40 000 deutsche Männer und Frauen. Vielseitige freundschaftliche Bindungen entstanden auf diese Weise. Wieder war es das Anliegen Elisabeth Rottens, die eben erst zur Einleitung des Hilfswerks nach Deutschland gekommenen englischen und amerikanischen Quäker mit Menschen zusammenzuführen, die ihnen geistig verwandt waren. Schon Anfang August 1919 fand eine solche Begegnung in Wetzlar statt, zu deren Teilnehmern auch der Schriftsteller Alfons Paquet zählte. Von weiteren Zusammenkünften dieser Art ist die in Tambach in Thüringen im Juli 1920 hervorzuheben. Man sprach sich eingehend darüber aus, welcher Weg zur Befruchtung des deutschen Geisteslebens mit den Impulsen der Quäker-Weltanschauung zu suchen sei. Zur Debatte stand: Gründung von Quäkergemeinden in Deutschland wie einst oder eine freiströmende Bewegung? „In Tambach", so beginnt der Bericht über die Aussprachen dort, „ist zum Glück nichts gegründet, nichts organisiert, nichts beschlossen worden." Diejenigen, die damals schon sich für einen festen Anschluß an die Quäker entscheiden konnten, schlossen sich als Einzelmitglieder der Londoner Jahresversammlung an, hielten aber weiter engste Fühlung mit denen, die nur als Freunde des Quäkertums die geistige Verbindung weiterpflegen wollten. Das wichtige Jahr 1923 wies sowohl den deutschen wie den ausländischen Quäkern eine neue Aufgabe zu. Der Widerstand gegen den Einmarsch der Franzosen ins Ruhrgebiet hatte die Gefängnisse nicht nur mit den Verfechtern gewaltsamer Aktionen gefüllt, sondern auch mit vielen, die den gewaltlosen Widerstand im Sinne der damaligen deutschen Regierung geleistet hatten. Paul Hellbeck aus dem Freundeskreis der Quäker sandte einen dringlichen Hilferuf nach London, die englischen Freunde möchten die Gefängnisse besuchen zur Feststellung der Verhältnisse dort, wie es nach ihrer Überlieferung so oft geschehen sei. Eine neue Gruppe englischer Quäker kam herüber, um diesem Wunsch zu entsprechen, unterstützt von Joan Mary Fry mit ihren schon so mannigfaltigen Erfahrungen in der Quäkerhilfe.

Die Londoner Jahresversammlung veröffentlichte im Mai 1923 einen längeren Aufruf, dessen Kern die Forderung war, den Versailler Vertrag durch einen echten Friedensvertrag zu ersetzen, der „die allgemeinen Nöte der Völker mehr als die politischen Ziele der Staatsmänner" vertrete.

Nach vielen weiteren Erörterungen im engeren und weiteren Kreis der deutschen Freunde des Quäkertums, gemeinsam mit englischen und amerikanischen Quäkern, kam es 1925 in Eisenach zur Gründung der „Deutschen Jahresversammlung". Heinrich Becker, deutscher Mitarbeiter in dem aus der Hilfsarbeit hervorgegangenen internationalen Quäkerbüro in Berlin und Herausgeber der seit 1924 erscheinenden „Mitteilungen für die Freunde des Quäkertums", wurde gebeten, der neuen Jahresversammlung als „Schreiber" zu dienen (die Bezeichnung „Vorsitzender" ist im Quäkertum nicht üblich). Hans Albrecht, seinem Beruf nach Schiffsingenieur in Hamburg, löste 1927 Heinrich Becker ab. Er gab in einer Denkschrift 1928 folgende Darstellung vom Beginn der dritten Periode des Quäkertums in Deutschland:

„Die Bewegung des Quäkertums in Deutschland war, entsprechend dem gesamten religiösen Zustand, anfangs ebenso chaotisch wie dieser selbst. Menschen kamen und gingen, Menschen mit absurden Ideen kamen und suchten hier den Boden für ihre Propaganda und gingen hinaus und priesen das Quäkertum nur unter dem Gesichtswinkel ihrer persönlichen Idee oder tadelten es als eine verschwommene Angelegenheit. Vertreter der Kirche glaubten in ihm ein Mittel zu sehen, die entgleitenden Massen wieder in die Kirche zurückzuführen, und wandten sich wieder ab, als sie erkannten, daß es andere Kräfte waren, die hier wirkten. So geriet die Bewegung um das Quäkertum in die Gefahr des Auseinanderfließens. Wenn in dieser Situation die eingetragenen Mitglieder der verschiedenen ausländischen Jahresversammlungen im Jahre 1925 die deutsche Jahresversammlung gegründet haben, so haben sie damit den festen Kern geschaffen, den die Bewegung nötig hatte. Die Entwicklung der d. J. (1928: 111 Mitglieder) hat gezeigt, daß der Schritt richtig war. Es setzte eine starke Konzentration und Klärung ein, nach innen war ein fester Kreis geschaffen, der nun Zeit und Ruhe fand, über sich selbst und über den der Lage in Deutschland adäquaten Ausdruck des Quäkertums einigermaßen zur Klarheit zu kommen."

Als schwierig erwies sich das Problem der „Doppelmitgliedschaft". Es bedeutet, ob die Aufnahme in die „Religiöse Gesellschaft der Freunde" den Austritt aus einer bisherigen kirchlichen Gemeinschaft erfordere. Die Frage ist immer wieder gestellt worden, doch stets wurde auf eine streng bindende Regelung verzichtet, da der Gedanke einer Gemeinschaft auf geistiger Grundlage der starren Form einer „Kirche" vorgezogen wurde. Um die „Jahresversammlung" schließt sich der weitere Kreis der „Freunde der Freunde", aus dem heraus immer wieder bei einzelnen der Wunsch zur engeren Mitgliedschaft heranreift, oft erst nach Jahren ernster Gewissensprüfung.

In den politisch so bewegten Jahren bis 1932 stand der Arbeitsausschuß der Deutschen Jahresversammlung mehrmals vor der Entscheidung, ob nicht diese oder jene Situation eine überpolitische Erklärung im Sinne des Quäkertums erfordere, so 1928 nach dem Wahlkampf für den neuen Reichstag. Die Sozialdemokratische Partei hatte mit der Parole gesiegt: „Schulspeisung statt Panzerkreuzer". Die dann gebildete Koalitionsregierung gab aber dem Druck der Armee nach, und der neue Reichstag bewilligte den ersten Panzerkreuzer, der mit solcher Leidenschaft bekämpft worden war. Die große Mißstimmung, die daraus in breiten Volksschichten entstand, veranlaßte den Arbeitsausschuß der Deutschen Jahresversammlung zu einer Aussprache über eine Erklärung als völlig neutral gehaltene Mahnung, „auch im politischen Leben Treu und Glauben" zu bewahren. Leider fand sie nicht die nach Quäkerbrauch erforderliche allgemeine Zustimmung.

Quäkergedanken wirkungsvoll in die Öffentlichkeit zu tragen, gelang aber in dem heftigen Streit, in dem religiöse, künstlerische und politische Motive sich mischten. Drei Bilder in einer Kunstmappe des Malers George Grosz, besonders „Christus mit der Gasmaske", hatten zu einer Anklage wegen Gotteslästerung geführt. Dazu sollte festgestellt werden, wie die betreffenden Bilder auf religiöse Menschen wirkten. In seinem ausführlichen Gutachten äußerte sich Hans Albrecht zu dem am meisten umstrittenen Bild: „Diesem elenden, in der Umwelt des Krieges verhungerten Christus am Kreuz, ist nichts genommen, was mit seiner Sendung für die Menschheit zusammenhängt. Noch strahlt der Ewigkeitsschein über ihm . . ., aber die Menschen haben ihm, der das Leid der Welt trägt, statt der Dornenkrone eine Gasmaske umgehängt und Soldatenstiefel über die Füße gezogen. Das Bild schreit die furchtbare Anklage in die Welt hinaus: ‚Was habt ihr mit mir gemacht? Ich habe euch die Gotteskindschaft, die Bruderschaft, den Frieden gebracht, ihr habt mich in eure Kriegsmaschine eingespannt! Ihr führt in meinem Namen Kriege! Ich habe euch Liebe gepredigt.'"

Hans Albrecht bezeichnete darum als Ergebnis seines Gutachtens das Bild als ein *„Ecce Homo"*, als einen „erschütternden Aufruf, Christus aus dem Gefängnis menschlicher Furchtbarkeit und Niedrigkeit zu befreien".

Zu einem Höhepunkt in der Geschichte der Deutschen Jahresversammlung gestaltete sich die Zurückgewinnung des alten Quäkerhauses in Pyrmont von 1800. Es konnte freilich auf seinem alten Grundstück nicht stehen bleiben, das nun dem sich unmittelbar daneben befindlichen katholischen Georgen-Stift gehörte und von diesem für Baupläne in Aussicht genommen war. Der preußische Staat, zu dem Pyrmont damals gehörte, stellte neben dem Quäkerfriedhof auf Erbbau ein Grundstück für den Wiederaufbau zur Verfügung. Durch ein Untergeschoß gewann das Haus an Raum. Am 27. August 1932 konnten die deutschen Quäker zusammen mit ausländischen Freunden aus zwölf Nationen die Richtfeier begehen. An diese so denkwürdige Jahresversammlung von 1932 schloß sich ein besonderer Tag an für Aussprachen mit einer ansehnlichen Gruppe französischer Freunde. Sie galten der Fortsetzung der Bemühungen um eine engere Verbindung zwischen Deutschland und Frankreich, ein Gespräch, das damals neue Hoffnungen erwecken durfte.

2. Die deutschen Quäker während der Hitlerzeit

Wie ganz anders hatte man sich die erste Jahresversammlung im Sommer 1933 in dem nun vollendeten Quäkerhaus vorgestellt! Bei der ersten Andacht dort war es unmöglich, die Gedanken zu lösen von den folgenschweren Geschehnissen der zurückliegenden Monate: Berufung Hitlers zur Macht, Brand des Reichstagsgebäudes, Ermächtigungsgesetz vom 23. März als Fundament diktatorischer Gewalt, Entlassung vieler Freunde aus ihrem Beruf, der erste Boykott gegen jüdische Geschäfte Anfang April, der damals schon vielerorts mit der Zertrümmerung von Schaufenstern verbunden war und für die jüdischen Mitbürger noch viel Schlimmeres vorahnen ließ, vorübergehende Verhaftung Corder Catchpools, des englischen Vertreters im internationalen Quäkerbüro in Berlin, unter der Anklage, über die Vorgänge in Deutschland der neuen Regierung schadende Berichte ins Ausland geschickt zu haben, eine Untersuchungshaft und noch schwebende Anklage gegen den Freund Emil Fuchs wegen angeblicher „Beleidigung der Reichsregierung" im Gespräch mit einem Mitglied seiner früheren Pfarrgemeinde in Eisenach.

Aus den religiösen und geistigen Grundlagen schöpfte man aber nicht nur die Kraft, die Schwere der Zeit zu ertragen, sondern auch Glauben und Vertrauen, unverändert den Weg fortzusetzen, der den Freunden aus ihrer Überlieferung gewiesen war. Es war ein gutes Zeichen, daß 27 aus naheliegenden Gründen erfolgten Austritten 23 Neuaufnahmen gegenüberstanden. Die Gesamtmitgliederzahl betrug nun 196 und erhöhte sich in den folgenden Jahren noch bedeutend.

Die Deutsche Jahresversammlung baute aus ihren Kräften ein Hilfs-

werk auf, das sowohl den von den Maßnahmen der Hitlerregierung betroffenen Freunden galt als auch den jüdischen Mitbürgern. Mit Hilfe ausländischer Quäker konnte vielen jetzt schon der Weg der Auswanderung möglich gemacht werden. In Holland richteten holländische, englische und deutsche Freunde in Zusammenarbeit eine Quäkerschule ein, die in erster Linie für jüdische Kinder gedacht war, als diese ihre bisherigen Schulen in Deutschland verlassen mußten. Baron von Pallandt stellte dafür sein Schloß in Eerde bei Ommen zur Verfügung. Die Leitung übernahm Katharina Petersen, der Ostern 1933, zugleich mit Emil Fuchs, der Lehrauftrag an der Pädagogischen Akademie in Kiel entzogen worden war. Eine kleine, vollkommen private Schule, richteten die 1934 nach Holland ausgewanderten Freunde Manfred und Lilly Pollatz in einem Außenbezirk von Haarlem ein.
Englische Freunde eröffneten bereits 1933 in Falkenstein im Taunus ein Erholungsheim für solche Menschen, die seelisch oder körperlich unter Maßnahmen des Naziterrors gelitten hatten. Englische Quäkerinnen wechselten sich dort als Gastgeberinnen ab, unterstützt von deutschen Freundinnen. Später wurde dieses *„Rest-Home"* nach Bad Pyrmont verlegt. Zu den bekanntesten Gästen gehörte Ernst Reuter, der spätere erste Regierende Bürgermeister von Berlin. Die Behörden waren von der Einrichtung in Kenntnis gesetzt, um unerwünschte Eingriffe von dieser Seite her zu vermeiden.
Zur Vertiefung der geistigen Gemeinschaft dienten Freizeiten, die den Jahresversammlungen vorausgingen, mit Themen aus dem Alten und Neuen Testament wie auch solchen aus dem Bereich der für die Prägung des Quäkertums bedeutsamen Gestalten. Die Kinder, deren Eltern an den Jahresversammlungen teilnahmen, wurden betreut, indem sie eine ihrem Alter angepaßte Einführung in das Quäkertum erhielten und frohe Stunden mit Spiel und Wanderungen in der schönen Umgebung von Bad Pyrmont verbrachten. Die reifere Jugend fand neben der Teilnahme an den Veranstaltungen der Erwachsenen Gelegenheit zu eigenen Zusammenkünften, um ihre besonderen Probleme zu besprechen, gemeinsam mit jungen Freunden aus den verschiedensten Ländern, die regelmäßig in größerer Zahl nach Pyrmont kamen. Nach Abschluß der Jahresversammlungen in Pyrmont unternahmen die deutschen und ausländischen „Jungfreunde" gemeinsame Wanderungen zu weiteren Zielen durch landschaftlich schöne Gebiete Deutschlands. In den Jugendherbergen zeigte gewöhnlich die Hitlerjugend größte Aufgeschlossenheit für ein Gespräch mit den aus anderen Ländern kommenden Altersgenossen.

Zu einer regelmäßigen Einrichtung im Rahmen der Jahresversammlungen wurden von 1936 an die Richard-Cary-Vorlesungen. Sie wurden finanziell ermöglicht von dem Freundeskreis von Richard L. Cary, der 1919/1920 an der Arbeit im Ruhrgebiet teilnahm und nach journalistischer Tätigkeit in den USA 1930 das Amt des amerikanischen Sekretärs im Berliner internationalen Sekretariat der Quäker übernahm. Nach den Anstrengungen einer Vortragsreise durch Amerika erlitt er im Oktober 1933 einen Schlaganfall, an dessen Folgen er starb. Seine Asche ist auf dem Quäkerfriedhof in Pyrmont beigesetzt. Die ihm zu Ehren genannten Vorlesungen wurden gedruckt und bedeuten eine wertvolle Bereicherung des deutschen Quäkerschrifttums.
Eine sehr weite Verbreitung erfuhren die äußerlich so bescheiden erscheinenden „Erbgut"-Heftchen, die Briefen beigelegt werden konnten. Ihr Herausgeber war der sowohl mit den Quäkern wie auch mit dem Versöhnungsbund eng verbundene Pastor Wilhelm Mensching, zu dessen Mitarbeitern einige Mitglieder der Deutschen Jahresversammlung zählten. In Aussprüchen bedeutender Denker und Dichter wurde deren geistiges Erbgut ohne jede Interpretation dem Ungeist jener Zeit gegenübergestellt. Eine Auswahl aus Peter Roseggers Werken fiel aber dann eines Tages der Gestapo auf. Von drei Aussprüchen des Schriftstellers wurde hauptsächlich der beanstandet, in dem es heißt, man solle in der Schule die Helden des Friedens feiern und nicht die des Krieges. Die Quäkerin, die diese Auswahl zusammengestellt hatte, wurde auf drei Wochen verhaftet, doch durch die Bemühungen eines an einflußreicher Stelle stehenden Verwandten wieder freigelassen.
Zwischen den Jahres- und Bezirksversammlungen stellten Freunde, die dafür frei waren, die Verbindung zwischen den einzelnen Gruppen und besonders auch mit zerstreut wohnenden Mitgliedern und Freunden her. Sehr oft bereisten ausländische Freunde zu diesem Dienst Deutschland. Meist kam man in Privathäusern zusammen, wobei man sich möglichst auch mit Mitgliedern des „Versöhnungsbundes" und Anhängern der „Bekennenden Kirche" traf. Die Bezieherzahl der Monatshefte „Der Quäker" erreichte etwa das Doppelte der Mitgliederzahl der Deutschen Jahresversammlung. Hilfsgesuche in gewaltiger Anzahl wurden an das Internationale Büro in Berlin gerichtet. Zunächst lastete diese ganze Arbeit auf den Schultern Corder Catchpools. Nach dem Vorgehen der Gestapo gegen ihn entschied das *„Friends' Service Council"* als Vorsichtsmaßnahme, einen weiteren Freund nach Deutschland zu entsenden, William Hughes, der, unabhängig vom Berliner Büro und doch an neutralen Stellen in Ver-

bindung mit diesem, die Fürsorge für die Verfolgten des Naziregimes übernehmen sollte. Die englischen Freunde bemühten sich, durch einen wiederholten Appell „An den deutschen Kanzler und das deutsche Volk" eine Schließung der Konzentrationslager zu erreichen. Aus nach dem Kriege entdeckten Akten geht hervor, daß die Gestapo an das Lager, in dem sich Carl von Ossietzki befand, Befehle richtete, diesen am Leben zu erhalten, weil im Ausland ständige Aufmerksamkeit auf ihn gerichtet werde, besonders „durch Herrn Catchpool von den sogenannten Quäkern". Die Zuerkennung des Nobel-Friedenspreises an Carl von Ossietzki verursachte bei den Nazis große Aufregung. Als der an seiner Gesundheit schwer Geschädigte in ein Berliner Krankenhaus verlegt wurde, konnte er dort zeitweilig von dem damaligen amerikanischen Quäkervertreter Albert Martin betreut werden. Die erst 1938 erfolgte Freilassung überlebte er nicht mehr lange. Drei ausländischen Quäkern wurde sogar die Erlaubnis zu Besuchen in Konzentrationslagern erteilt: Gilbert MacMaster aus den USA, der das Quäkerhilfswerk in Deutschland nach dem Ersten Weltkrieg in seinem letzten Abschnitt geleitet hatte, William Hughes und Corder Catchpool. Hatten die Behörden erwartet, Berichte der Quäker als Entlastungszeugnisse ausnutzen zu können, so galt für alle drei, was Corder Catchpool am Schluß eines vertraulichen Berichtes nach einem Lagerbesuch ausdrückte, er wäre mehr und mehr von einem Gefühl des im Hintergrund lauernden Bösen verfolgt worden.

Vergeblich blieben verschiedene Bemühungen englischer und amerikanischer Quäker um persönlichen Einfluß auf Hitler. Als 1937 im April Lansbury, der Führer der britischen Arbeiterpartei, zu einem Gespräch mit ihm nach Deutschland kam, um dem Diktator zur Abwehrung der drohenden Kriegsgefahr einen Plan für eine internationale Konferenz zur Regelung von bestimmten Streitfragen anzubieten, versah Corder Catchpool diesen Plan mit zahlreichen Verbesserungsvorschlägen. Über den Empfang Lansburys durch Hitler erschien im Zentralblatt der NSDAP, dem „Völkischen Beobachter", eine kurze, völlig nichtssagende Notiz.

Als 1934 die Memelfrage zu einem gefährlichen Krisenherd wurde, erwirkte sich Corder Catchpool von der litauischen Regierung die Erlaubnis zum Besuch der zu schweren Zuchthausstrafen verurteilten Memeldeutschen. Mag der äußere Erfolg sehr gering gewesen sein, so war doch dieses Unternehmen ein neues Zeugnis dafür, daß Hilfsbereitschaft der Quäker keine politischen Grenzen kennt. So suchten sie auch in der weit ernsteren Frage des Sudetengebietes die wirklichen

Zustände dort zu ergründen. Ergebnis war die Einrichtung eines Hilfswerkes, das leider nicht, wie gehofft wurde, ein Beitrag zur Verhinderung des Krieges werden konnte. Bei all diesen Schritten war begreiflicherweise den deutschen Quäkern eine große Zurückhaltung auferlegt, doch alles, was von ihren ausländischen Freunden geschah, wurde von ihnen geistig mitgetragen und trotz der bescheidenen Möglichkeiten unterstützt.

Zu der Weltkonferenz der Quäker in Philadelphia 1937 konnte die Deutsche Jahresversammlung 15 Vertreter entsenden. Die wertvollen Verbindungen, die dadurch mit dem Weltquäkertum aufgenommen wurden, bedeuteten den deutschen Freunden natürlich viel in einer Zeit, da ihr Land sich immer mehr in eine unglückliche Isolierung führen ließ.

Die amtlichen Stellen zeigten bis in den Krieg hinein der Deutschen Jahresversammlung gegenüber in ihrer Gesamtheit eine fast erstaunliche Zurückhaltung, wenn auch ihre Zusammenkünfte von der Gestapo überwacht wurden. Diese griff aber sofort zu, wenn ein einzelnes Mitglied in seinem Verhalten oder in seinen Äußerungen die in allen Lagen gebotene Vorsicht nicht genügend beachtet hatte. Dem Schreiber der Jahresversammlung, Hans Albrecht, erklärten hohe Beamte des Auswärtigen Amtes wiederholt, von ihrer Seite aus sei dem Sicherheitsamt dringend nahegelegt worden, die Quäker in Deutschland nicht zu verbieten, einmal wegen des schlechten Eindruckes, den ein solches Verbot im Ausland erzeugen würde, zum andern, „weil nach dem Kriege die Quäker die einzige Brücke oder mindestens eine kleine Brücke zu der Welt außerhalb von Deutschland sein könne".

Nach dem Eintritt der Vereinigten Staaten in den Krieg erfuhr die bisher geübte Rücksichtnahme gegenüber den Quäkern eine deutliche Änderung. Im Februar 1942 wurde ganz plötzlich die Monatsschrift „Der Quäker" verboten. Am 28. Mai wurde Leonhard Friedrich, in dessen Pyrmonter Verlag die Zeitschrift und die übrige Quäkerliteratur erschien, auf der Reise zu Freunden in Süddeutschland verhaftet. Bis zum Oktober 1942 hielt man ihn im Gefängnis zu Hannover fest. Da man ihm aber keine straffälligen Delikte anhängen konnte, wurde er in das Konzentrationslager Buchenwald gebracht. Sämtliche Büchervorräte des Verlages wurden beschlagnahmt und zum größten Teil eingestampft.

Das Quäkerhaus zu Pyrmont wurde zunächst der Hitlerjugend übergeben, dann von der Stadt auf Grund eines Mietvertrages als Hilfskrankenhaus, Rettungsstation und im Katastrophenfall als Speisestelle benutzt. Ein Verbot der Deutschen Jahresversammlung wurde auch jetzt nicht ausgesprochen, aber durch die geschilderten Maßnahmen glaubten die Gewalthaber ihr als Gesamtheit die Arbeit praktisch unmöglich zu machen. Das Quäkertum in Deutschland war aber gerade in der dunklen Zeit von 1933 bis zum Kriege innerlich so stark zusammengewachsen, daß die Freunde auch jetzt Wege fanden, ihre Gemeinschaft aufrechtzuerhalten.

Drückend lastete auf ihnen das Schicksal ihrer jüdischen Mitbürger. Als der letzte ausländische Freund Deutschland hatte verlassen müssen, wurden die beiden internationalen Büros in Berlin und Frankfurt von deutschen Freunden übernommen. Das Büro in Frankfurt war freilich schon in den vorhergehenden Jahren ganz an Rudolf Schlosser übergegangen, dem man 1933 die Führung eines Erziehungsheimes in Sachsen genommen hatte. Er stand in freundschaftlicher Verbindung mit Martin Buber, der des öfteren für die Frankfurter Quäker Vorträge hielt und darüber hinaus für die Freunde in ganz Deutschland ein Vermittler besten jüdischen Geistesgutes geworden war. Rudolf Schlosser fiel im Dezember 1944 einem Bombenangriff auf Gießen zum Opfer. „Wenn die Wände eines Quäkerbüros reden könnten!" So leitete Olga Halle ihren Bericht ein, in dem sie schildert, wie sie mit einer Mitarbeiterin die traurige Aufgabe übernommen hatte, die noch laufenden Fälle von Gesuchen um Auswanderung aufzuarbeiten. Wer konnte Trost den Verzweifelten geben, denen erklärt werden mußte, daß nun ein Auslandsvisum unmöglich geworden sei!

Gertrud Luckner, die vom Quäkertum zum Katholizismus konvertierte, hielt die Verbindung mit den deutschen Quäkern weiter aufrecht, was zu einer wichtigen Zusammenarbeit führte, als man versuchte, den deportierten Juden in irgendeiner Form beizustehen. Auf Grund ihrer vielseitigen Beziehungen bemühte sich Gertrud Luckner durch eine ununterbrochene Reisetätigkeit, alle Gutwilligen, ohne Unterschied religiöser und sonstiger Anschauungen, zur Hilfe für die Verfolgten zu organisieren. Nach Beginn der Deportationen nutzte sie die zunächst noch bestehenden Möglichkeiten zur Sendung von Paketen und Briefen an die Deportierten aus. Wertvolle Hilfe der Vermittlung leistete dabei Margarete Lachmund von der Deutschen Jahresversammlung. Die Sozialarbeiterin der Münchener jüdischen Gemeinde, Ilse Rosenfeld, wichtige Stütze der Arbeit Gertrud Luckners, entging der Deportation durch die Flucht in die Schweiz. Gertrud Luckner selbst wurde 1943 durch die Gestapo verhaftet und bis zum Ende des Krieges im Konzentrationslager Ravensbrück festgehalten.

Durch Vermittlung des CVJM konnte sich die Berliner Quäkergruppe an der Betreuung der ausländischen Kriegsgefangenen beteiligen, unterstützt dabei auch von anderen Freundesgruppen. Die Zahl der in der Deutschen Jahresversammlung zusammengeschlossenen Quäker war bis zum Ausbruch des Krieges auf rund 250 gestiegen. Sie erfuhr dann vorübergehend eine geringe Abnahme, die in den Jahren nach 1945 weit mehr als ausgeglichen wurde durch ein Anwachsen auf 500.

3. Die Jahre nach dem Zweiten Weltkrieg

Das nach dem Kriege in Deutschland einsetzende Hilfswerk ging diesmal nicht ausschließlich unter dem Namen der Quäker, sondern wurde eine Zusammenarbeit der verschiedensten ausländischen Hilfsorganisationen. Köln, Solingen und Oldenburg wurden Stützpunkte des Hilfswerkes der englischen Freunde. Die Arbeit des *„Friends' Ambulance Unit"*, der vorwiegend aus jungen Leuten (nicht ausschließlich Quäker) sich zusammensetzenden Organisation, erfaßte die Städte Aachen, Oberhausen, Oldenburg, Hannover, Dortmund, Buer und Berlin. In der Amerikanischen Besatzungszone wurde Schloß Kranach in der Nähe von Darmstadt Zentrale des *„American Friends' Service Committee"*, später Darmstadt selbst. Die Hilfsarbeit der ausländischen Quäker richtete sich auf die Lager der *„displaced persons"*, der aus den während des Krieges besetzten Gebieten Verschleppten zum Ersatz der zum Waffendienst eingezogenen deutschen Arbeiter; sie unterstützte, wo es notwendig war, die deutschen Behörden bei der Unterbringung und Versorgung der Flüchtlinge und Vertriebenen aus dem Osten und sah auch eine Aufgabe im Besuch der Interniertenlager für Zehntausende ehemaliger Mitglieder der NSDAP. Hier war die Reaktion sehr verschieden, dankbar die einen für das offene Gespräch von Mensch zu Mensch, unbelehrbar die andern, die sich nur als Opfer der durch die Niederlage Deutschlands hervorgerufenen Umwälzung ansahen und jede Mitverantwortung an dem Geschehenen ablehnten.
Die deutschen Quäker waren zunächst an den verschiedenen Zweigen des Hilfswerkes ihrer ausländischen Freunde nicht beteiligt und darüber enttäuscht. Es lag aber rein sachlich an der nun ganz anderen Form der Organisation als nach dem Ersten Weltkrieg. Zu einer erfreulichen Zusammenarbeit kam es aber bei der Errichtung von Nachbarschaftsheimen. Sie sollten mindestens tagsüber denen ein freundliches Zuhause ersetzen, die noch zu Tausenden in Ruinen, Kellern und Luftschutzbunkern ihre Unterkünfte hatten. Eine Nähstube, eine

Schusterwerkstatt, ein Raum zum Schreinern förderten die damals so notwendige Selbsthilfe, als so vieles noch Mangelware war. Auch geistige Bedürfnisse wurden dort befriedigt, besonders begrüßt in einer Zeit, da für viele der Rundfunk noch ausfiel, durch Aussprachen, Vorträge, Buchverleihen. Vor allem bot ein solches Nachbarschaftsheim der Jugend Gelegenheit für ihre Zusammenkünfte.

Eine besondere Bedeutung erlangte das Nachbarschaftsheim „Mittelhof" in West-Berlin, bis zum August 1961 wertvoller Treffpunkt für die Freunde aus West- und Ost-Berlin. Dort suchte man nach Wegen und Möglichkeiten zur Verminderung der gefährlichen Spannungen im geteilten Deutschland. Vom „Mittelhof" aus hatten ausländische Freunde beste Gelegenheit, sich über die besondere Situation Berlins, als einer geteilten Stadt, zu informieren. Aus naheliegenden Gründen blieb der „Mittelhof" Angelegenheit des *„American Friends' Service"*, während bei den andern Nachbarschaftsheimen die allgemeine Verantwortung und Leitung nach und nach in deutsche Hände überging.

4. Aufgaben der „Deutschen Jahresversammlung" nach dem Zweiten Weltkrieg

Erst vom 30. Juli bis zum 3. August 1947 konnten die deutschen Quäker zu ihrer ersten Gesamttagung nach dem Kriege in Bad Pyrmont zusammenkommen. Die Mitgliederzahl wuchs schnell, zum Teil eine Auswirkung des Hilfswerkes der englischen und amerikanischen Freunde, zum andern bedingt durch das allgemein starke Bedürfnis nach geistiger Neuorientierung. Damit lag eine wichtige Aufgabe in dem Zusammenfinden dieser neuen Mitglieder mit denen, die unter dem Druck des Naziterrors erfahren hatten, was Quäkertum gerade in solcher Zeit bedeutet und von jedem einzelnen erfordert hatte. Ein anderes Problem kündigte sich schon an, wenn es auch zunächst noch mehr im Hintergrund blieb, nämlich die Erhaltung der Einheit der Deutschen Jahresversammlung. Schon die Ereignisse des nächsten Jahres brachten erhöhte Schwierigkeiten durch die einseitigen Währungsreformen von 1948. Im Februar 1949 erging von der Geschäftsstelle der Deutschen Jahresversammlung ein Schreiben an die Militärregierung der vier Besatzungsmächte, um auf die in Deutschland noch bestehenden und durch die Zonengrenzen verstärkten Notstände hinzuweisen. Abschriften erhielten die Ministerpräsidenten aller deutschen Länderregierungen, die leitenden Stellen der Kirchen und der verschiedenen Wohlfahrtsverbände. In der Einleitung wird die tiefe

Sorge ausgedrückt, daß Mißtrauen, Angst, Hochmut und Haß die Menschheit einer neuen Katastrophe der Vernichtung entgegenzutreiben drohten. Als noch bestehende Notstände wurden genannt: Mangel an bestimmten Arzneien für Kranke, Mangel an Strom für die Operationssäle und für Heilbestrahlung, Kinder ohne frische Milch, die Alten ohne Heizung, Studenten ohne Licht für ihre wissenschaftliche Arbeit. Das Schreiben bat, Wege zur Beseitigung dieser Notstände zu finden, vor allem auch zu verhindern, daß die Zonengrenzen Familienverbände zerreißen würden. Aber im gleichen Jahr 1949 kam es zur Verschärfung dieser Grenzen durch die Bildung der beiden deutschen Staaten.

Als auf Wunsch der Freunde in der DDR die Jahresversammlung 1950 in Berlin stattfand, war an 2000 Anschlagsäulen in West-Berlin und an 1000 in Ost-Berlin zu lesen: „Eine Quäkerbotschaft an unsere Zeit, an den guten Willen aller Menschen in der Welt!" Die Freunde baten darin, nicht nur die Staatsmänner, sondern jeden Menschen, „alle Reden und Taten zu vermeiden, die das Mißtrauen und den Groll vergrößern können, und sich immer neu zu bemühen, die andern zu verstehen und positive Wege zu finden, einen wirklichen Frieden aufzubauen". Den Abschluß dieser „Botschaft" bildete das historische Friedenszeugnis der Quäker von 1660 mit einer Ergänzung, auf die sich die deutschen Freunde geeinigt hatten.

Die durch die atomare Aufrüstung heraufbeschworenen Gefahren forderten erhöhte Aktivität im Sinne dieses Friedenszeugnisses. Neue Aufgaben stellte die Wiedereinführung der allgemeinen Wehrpflicht, als es galt, den jungen Kriegsdienstverweigerern das volle Recht zu sichern, das ihnen Artikel 4, Absatz 3 des Grundgesetzes gab. In der DDR erreichten die Quäker in Gemeinschaft mit den Kirchen die Befreiung vom Waffendienst, wofür freilich der Dienst in Baukompanien gefordert wurde.

In diesen Jahren wuchs das deutsche Quäkertum stärker als je zuvor mit dem Weltquäkertum zusammen und schöpfte wachsende Kraft und neue Impulse aus der Teilnahme an den Weltkonferenzen in Oxford 1951 und Greensboro (North Carolina) 1967. Durch Vertretung bei den „Allchristlichen Friedenskonferenzen" in Prag pflegten die deutschen Freunde Verbindungen der Versöhnung und des Friedens auch nach dem Osten und Südosten hin. Reisen kleiner Quäkergruppen nach Polen als Beitrag zur Verständigung und Anknüpfung von Freundschaft fanden dort freundliche Aufnahme und Entgegenkommen.

Lebhaft wurde in der Deutschen Jahresversammlung der Wunsch

empfunden, das Friedenszeugnis durch ein soziales Zeugnis zu ergänzen. Es war aber nicht möglich, sich auf eine Formulierung zu einigen, die allgemeine Zustimmung hätte finden können. Wichtiger als jede Formulierung eines solchen Zeugnisses bleibt aber stets die Tat.

Aus dem Vermächtnis der beiden Freundinnen Auguste Krüger, einer ehemaligen Krankenschwester, und Bertha Schärff, die als Fürsorgerin in der hamburgischen Kinderarbeit tätig gewesen war, ging ein Kinderheim hervor. Sie hatten sich auf einem großen Waldgrundstück in der Gemarkung Holm-Seppensen bei Buchholz in der Nähe von Hamburg einen freundlichen Ruhesitz geschaffen mit einem zweiten Häuschen für erholungsbedürftige Freunde. Kurz nach 1945 fand dort zunächst ein Kindergarten für Flüchtlingsfamilien eine willkommene Unterkunft. Im April 1948 übernahm ein freiwilliges Arbeitslager von 20 jungen Menschen aus Deutschland, Holland, Dänemark und der Schweiz die Ausschachtungsarbeiten und den Bau des Untergeschosses für ein neues Haus. Ein zweites Arbeitslager setzte im Mai und Juni die Arbeiten fort, soweit sie nicht Fachleuten überlassen bleiben mußten. Am 29. Januar 1949 wurde das Heim eingeweiht, das später dann von der Stadt Hamburg übernommen wurde.

Die „Jungfreunde“ – die jungen Quäker von etwa 16 bis 24 Jahren – setzten sich 1969 ein schönes Denkmal erfolgreicher Zusammenarbeit von über hundert freiwilligen Helfern aus Deutschland und dem Ausland in der „Begegnungsstätte der Freunde“ in Udenhausen im Hunsrück. Das Grundstück hatte die Freundin Erna Kühne (Koblenz) zur Verfügung gestellt, die Initiative gab Gerhard Heuser. Für die Aufbringung der Kosten, für die weitere Ausstattung und die Sicherung der Fortführung wurde der „Verein Begegnungsstätte der Freunde e. V., Sitz Koblenz“ gegründet.

Beschlüsse der Deutschen Jahresversammlung im Jahre 1963 machten die Beteiligung an dem von französischen und norwegischen Quäkern begonnenen Einsatz zu einer Entwicklungshilfe in Algerien möglich. Zehn der 32 Dörfer in den kabylischen Bergen, in deren Bezirk das Quäkerteam unter Mithilfe der einheimischen Bevölkerung arbeitete, konnten mit Wasserleitung versehen werden, für 12 heimatlose Familien wurden Häuser gebaut, desgleichen eine Schule und eine Klinik eingerichtet. In dieser fanden bald 20 Prozent der Geburten des Bezirkes statt. Junge Mädchen und Frauen wurden über die Pflege von Mutter und Kind belehrt und in Handarbeiten unterrichtet. Kurse für Landwirtschaft erwiesen sich als notwendig und besonders Anleitungen zur besseren Ausnützung der Gelände- und Bodenmöglichkeiten. Zur Finanzierung solcher Unternehmungen gründeten die deutschen Freunde den Verein „Quäkerhilfe", der auch Nicht-Quäkern die Möglichkeit gibt, sich als Förderer zu beteiligen. Die Freunde selbst übernahmen den Aufruf zur persönlichen Verpflichtung, 1 Prozent ihres Netto-Einkommens für solche sinnvolle Entwicklungshilfe zur Verfügung zu stellen. Es fehlte ja nicht an neuen Notrufen aus den verschiedensten Gebieten der Erde, man denke nur an Vietnam. Die Zusammensetzung des Teams in Algerien kam dem schon immer erwünschten Ziel einer engeren Zusammenarbeit der Quäker des europäischen Kontinents näher.

5. Verlust der Einheit der Deutschen Jahresversammlung

Leider wurde es den Quäkern in den beiden deutschen Staaten immer mehr erschwert, ihre Zusammenarbeit nach alter Weise aufrechtzuerhalten. Neue Wege wurden versucht, den veränderten Umständen gerecht zu werden. Statt des einen Schreibers bildete man eine „Schreiber-Gruppe", aus der Bundesrepublik und der DDR gleichmäßig zusammengesetzt. Ausschußsitzungen wurden bald in dem einen, bald in dem andern Teil Deutschlands durchgeführt. Gleiches geschah mit den Gesamttagungen. Da aber jedesmal nur eine beschränkte Vertreterzahl aus dem einen oder dem andern Staat teilnehmen konnte, glaubte man eine Lösung gefunden zu haben, indem im gleichen Jahre zunächst eine Jahresversammlung in Eisenach stattfand, dann später mit Wiederholung derselben Tagesordnung und Beschlußfassung in Bad Pyrmont. Damit war aber der Charakter einer Quäker-Jahresversammlung verlorengegangen, die ohne jede Einschränkung jedem Mitglied die Teilnahme möglich machen soll. Alle Bemühungen wurden darangesetzt, das gemeinsame Quäkerbüro in der Planckstraße in Berlin-Ost weiterzuführen. Es gelang nur darum noch mehrere Jahre nach dem August 1961, weil eine in Berlin-West wohnende Freundin mit einem argentinischen Paß weiterhin die West-Berliner und die westdeutschen Quäker in dem Büro vertreten konnte.

Als es sich um Klärung der Möglichkeiten handelte, 1969 wieder einmal eine Jahresversammlung in der DDR durchzuführen, wurde deutlich, daß die Frage von seiten des Staatssekretariats für Kirchenfragen in der DDR in engem Zusammenhang mit der Respektierung des Bestehens *zweier* deutscher Staaten gesehen und beurteilt wurde und von daher in letzter Konsequenz eine Eigenständigkeit der „Religiösen Gesellschaft der Freunde" in der DDR erwartet wurde.

Am 2. März 1969 fand in Dresden eine außerordentliche Mitglieder-

versammlung der Freunde in der DDR statt. Ihr Ergebnis war der schwere Beschluß zur Verselbständigung.
Vor der Trennung war die Deutsche Jahresversammlung auf 521 Mitglieder angewachsen, nach Abzug von 53 Mitgliedern in der DDR verblieben 468, einschließlich der Gruppe in Wien mit 14 Mitgliedern, die als einzige in Österreich überhaupt der Deutschen Jahresversammlung angehört.

6. Weitere Bereitschaft zu innerer Einheit und zu allseitiger Begegnung

Als die Trennung nicht mehr zu umgehen war, setzte man alle Hoffnungen auf die weitere Einheit im Geistigen. Aber war man sich dieser Einheit unbedingt sicher? In dem Jahrzehnt zwischen 1960 und 1970 hatte sich unter den deutschen Quäkern, ohne Unterschied, ob in West oder in Ost, ein lebhaftes Fragen ergeben nach der tieferen Grundlage ihrer Gemeinschaft: „Sind wir noch Christen? – Ist Jesus noch das Zentrum unserer ‚Religiösen Gesellschaft'?" In einem der „Quäker"-Monatshefte des Jahrgangs 1970 glaubte eine Stimme feststellen zu können: „Nur die Freunde verkraften in einer Gruppe den Bogen der Spannungen vom Wörtlich-Bibelgläubigen bis zum Atheisten." Aus seiner Ergriffenheit der religiösen Wirklichkeit unserer Zeit gegenüber warf als Gegenstimme Horst Brückner, Leipzig, die Frage auf, ob diese Behauptung nicht zu kühn sei. Oft hatte er sich schon über den Verlust der Mitte bei den deutschen Quäkern Sorge gemacht und hierin einen größeren Schaden gesehen als in einer äußeren Trennung. Aber wo kann in der religiösen Situation unserer Tage überhaupt noch von einer sicheren Mitte geredet werden? Wo besteht in Wirklichkeit in den beiden großen Konfessionen heute noch eine völlig uniforme Gesamtkirche? So haben sich die deutschen Quäker mit den Diskussionen beschäftigt, die ausgelöst worden sind durch die Veröffentlichung des anglikanischen Bischofs John A. T. Robinson: *„Honest to God"*, mit den Vorträgen und Schriften von Dorothee Sölle und mit der „Gottesfrage heute" in den Vorträgen und der Bibelarbeit des Deutschen Evangelischen Kirchentages in Stuttgart 1969. Ebenso verfolgen sie das neue Fragen und Suchen in der römisch-katholischen Kirche. Was sie selbst innerlich zusammenhält, ist die „Religion ohne Dogma" als Ausprägung des europäischen Quäkertums. Der positive Inhalt dieser Benennung verpflichtet zu unbedingter Toleranz und gibt Raum für echte Begegnung der Freunde untereinander, trotz der großen Unterschiede in der Weltsicht und dem

Gottesbild des einzelnen, verbindet so aber auch mit jedem aufrichtigen Vertreter irgendeiner Kirche. Der amerikanische Freund Professor Douglas Steere gab seiner Richard-Cary-Vorlesung in Pyrmont 1968 den Titel: „Gegenseitige Erleuchtung". Er erläuterte diesen Begriff als Bereitschaft einer jeden Religion zu dem Wagnis, „die innere Botschaft der anderen mit großer Aufgeschlossenheit zu empfangen und ihre eigene geistige Erfahrung mit der andern zu teilen, im Vertrauen darauf, daß, was immer die Wahrheit in jeder Erfahrung ist, etwas ausstrahlen wird, was die Erfahrung der anderen vertieft". Douglas Steere bezog in den Kreis seiner ökumenischen Gedanken neben den verschiedenen Richtungen des Christentums auch die anderen Weltreligionen mit ein.

Vorläufer der Quäker in England waren die *„Seekers"*. Das gemeinsame Suchen wird das Verbindende bleiben zwischen den Quäkern in den beiden deutschen Staaten, wird sie weiter verbinden mit dem Weltquäkertum. Dieses Suchen wird überall den Blick wachhalten für alle Aufgaben, die jedem von der Umwelt gestellt werden. Das Grußschreiben der Deutschen Jahresversammlung vom Mai 1971 „An die Freunde in aller Welt" sagt dazu: „Das Handeln des einzelnen bleibt nie wirkungslos. Sein Ja, sein Nein betrifft das Schicksal aller . . . Das Vergehen unserer gestrigen Welt, das Suchen, Ringen um eine bessere neue spiegelt sich im engen Raum unserer kleinen Gesellschaft wider."

Kapitel X

QUÄKER IN INDIEN

Ranjit M. Chetsingh

I.

Indien hat eine lange Geschichte ökumenischer Beziehungen, denn Zusammenkünfte von Delegierten verschiedener evangelischer Kirchen amerikanischer, britischer und indischer Herkunft wurden bereits in den achtziger Jahren des letzten Jahrhunderts abgehalten, auf denen die gemeinsamen Probleme der Missionsarbeit erörtert und Pläne für ein einheitliches Vorgehen bei der Verbreitung der christlichen Botschaft im Pandschab gemacht wurden.
Im Jahr 1905 erfolgte ein weiterer Schritt, als die Nationale Indische Missionsgesellschaft gegründet wurde, in der Christen aus allen Provinzen und vielen protestantischen Kirchen sich in einer großen Gesellschaft für die Evangelisation Indiens und benachbarter Länder zusammenschlossen.
Durch das Leben und Zeugnis einiger bedeutender indischer Christen, von denen Sadhu Sundar Singh wahrscheinlich der bekannteste war, wurde ein Geist der Toleranz und des Verständnisses verbreitet. So hat es also in Indien seit Jahren theologische Bestrebungen gegeben, aus den oft starren Abgrenzungen der Denominationen, wie sie in den westlichen Kirchen vorherrschend sind, herauszukommen. Indische Christen sind sich dessen bewußt, daß im gegenwärtigen Zeitpunkt viel über Traditionen und Gebräuche in diesen Kirchen nachgedacht wird, die bisher ungefragt übernommen worden waren, jetzt aber im Licht neuer Erkenntnisse und für die Bewältigung neuer Aufgaben nach Wesen und Gehalt überprüft werden müssen, damit die Kirche im Leben der Welt ihre volle und bedeutsame Rolle spielen kann. Der indische Christ und damit auch der indische Quäker ist sich in zunehmendem Maß darüber klar, daß die menschliche Seele zwar der Tempel des lebendigen Gottes, zugleich aber ein lebendiger und wachsender Organismus ist mit der Fähigkeit, neue Ausmaße der Wahrheit zu erfassen.

II.

Was heute in Indien an Quäkerarbeit geleistet wird, konzentriert sich um drei Mittelpunkte:

1. In der zentralgelegenen Provinz „Madhya Pradesh“ um Hoshangabad,
2. im Norden in Delhi und (zwischen beiden gelegen)
3. in der „Amerikanischen Mission“ in Nowgong.

1. und 3. gehen zurück auf die Initiative von Quäkermissionaren der zweiten Hälfte des 19. Jahrhunderts und des ersten Viertels dieses Jahrhunderts.
1866 landete die erste englische Quäkermissionarin, Rachel Metcalfe, in Indien. Sie ließ sich zunächst in Benares nieder und betätigte sich in einer handwerklichen Missionsschule. Erst 10 Jahre später kam sie nach Hoshangabad, wo sie nach ihren eigenen Vorstellungen dem indischen Volk zu dienen begann. Von Rheumatismus geplagt, war sie den Rest ihres Lebens an einen Rollstuhl gebunden. Diese Fessel hinderte sie aber nicht an ihrer Arbeit für Frauen und Mädchen in und um Hoshangabad. Sie sammelte eine Anzahl vernachlässigter Waisenkinder in ihrem eigenen Heim, lehrte jungen Mädchen den Gebrauch der Nähmaschine, unterrichtete Kinder und Erwachsene von ihrem Rollstuhl aus, nicht nur in der einfachen Schulbildung, sondern auch über die Bedeutung und die Kunde vom Leben und der Lehre Jesu Christi. Andere Missionare folgten im Lauf der Jahre und bauten das Werk aus, das Rachel Metcalfe begonnen hatte.
Ein Krankenhaus und ambulante medizinische Hilfe, eine Knabenschule in Itarsi und eine Mädchenschule in Sohagpur wurden gegründet; beide existieren noch. Die Knabenschule hat jetzt 900 und die Mädchenschule 400 Schüler. Die indische Regierung hat sie neuerdings zum Status von Höheren Lehranstalten *(Junior Colleges)* erhoben. Vor kurzem wurden aus einem Sonderfonds, den englische Freunde gestiftet haben, neue Gebäude errichtet. Die Schulen stehen in engem Kontakt mit der Bevölkerung. Zum Beispiel wird das Laboratorium für Hauswirtschaft auch von den Frauen aus dem Städtchen Sohagpur benützt. Zweck und Ziel beider Schulen ist es, Freundschaft und gegenseitiges Verständnis zwischen Angehörigen verschiedener Kasten und Religionen im Schulalter zu fördern.
Als Rachel Metcalfe 1889 starb, waren 12 Quäkermissionare in Zentralindien; 1902 waren es 31. Während der großen Hungersnöte in den Jahren 1895/1896 und 1899/1900 kamen neue Anforderungen

auf die Missionare zu. Waisenhäuser, die gebaut worden waren, um ein paar Dutzend Kindern ein Heim zu geben, sollten plötzlich Tausende beherbergen. Die Missionare waren in die Situation versetzt, annähernd 40 000 Pfund (damals 800 000 Goldmark) aus dem in England für diesen Zweck gesammelten Sonderfonds, genannt *„Friends' Famine Relief Fund"*, verwalten zu müssen und damit 11 000 Menschen eine Lebenschance zu geben.

Ein Beispiel aus jener Zeit: George Swan, Sohn einer Artistin, in einem Wanderzirkus aufgewachsen, wurde Quäker, bevor er 20 Jahre alt war und kam mit 21 nach Indien als Missionar, wo er sogleich die Gelegenheit ergreifen konnte, die durch die Krise geboten war. Obwohl er mit 14 Jahren weder lesen noch schreiben konnte, war er mit 25 Jahren so zu Hause in den beiden indischen Sprachen Hindi und Urdu, daß er im Englischen oft nur stockend sprach. Er lebte unter primitiven Ureinwohnern, genannt Korkus und Gonds, er wanderte von Dorf zu Dorf, sammelte eine Zuhörerschaft, indem er seine Concertina spielte und Geschichten aus dem Neuen Testament erzählte. Die Hungersnöte waren eine Folge von Wassermangel, der durch das Ausbleiben der Monsunregen verursacht war. Um Abhilfe zu schaffen, baute und reparierte George Swan 17 Brunnen, wobei er eigenhändig mitarbeitete. Er inspirierte eine Gruppe indischer Bauern, sich in einer Art Genossenschaft zur Förderung der Landwirtschaft und eines höheren Lebensstandards zusammenzuschließen, und brachte diesen armen Menschen neue Hoffnung und Energie. Leider starb er schon im Jahr 1901 mit nur 32 Jahren.

Seit jener Zeit hat sich vieles geändert, und ein neues Indien ist entstanden. Andere Formen der Nächstenliebe erwuchsen aus neuen Anliegen. In den bewegten Zeiten, als Indien nach Unabhängigkeit strebte, standen englische Freunde in enger Beziehung zu Mahatma Gandhi und Rabindranath Tagore. Als Gandhi 1931 zur *Round Table Conference* nach London kam, bei welcher über die Möglichkeit und die Voraussetzungen für die Unabhängigkeit gesprochen werden sollte, ergaben sich Gelegenheiten, die Verbindung zu ihm aufrechtzuerhalten. Im September 1931 wurde im *„Friends' House"* in London, der Zentrale der „Religiösen Gesellschaft der Freunde" in England, eine Andacht abgehalten, bei der sowohl Gandhi als auch Lord Sankey, damals *Lord Chancellor* (oberster Richter), anwesend waren und im schweigenden Gebet für den Erfolg der Konferenz und ihre Arbeit für Indien verharrten.

In jener Zeit kam eine Frau von der Universität Manchester, Hilda Cashmore, nach Indien und sah dort die Möglichkeit für eine neue

Arbeit in den Zentralprovinzen. Im Jahr 1934 gründete sie ein Ashram bzw. eine Bildungsstätte unter den Dorfbewohnern aus dem Volksstamm der Gonds, wo sie hoffte, einem Leben, das nicht auf Wettbewerb und Habsucht, sondern auf Zusammenarbeit und Dienst am Nächsten aufgebaut war, Ausdruck verleihen zu können. Sie fand in den Gebäuden einer ehemaligen Missionswerkstätte bei Hoshangabad, mit dem Namen Rasulia, ein geeignetes Zentrum. Die Freunde hatten diese Gebäude ursprünglich errichtet, um Waisenkindern, für die sie in der Hungersnot verantwortlich geworden waren, eine Ausbildung zu geben, mit der sie sich ihren Lebensunterhalt verdienen könnten. Hier nun wollte Hilda Cashmore ein Zentrum für landwirtschaftliche Studien und Experimente aufbauen und einen ländlichen Gesundheitsdienst einrichten. Außerdem baute sie in einem nahe gelegenen Waldgebiet zwei Lehmhütten mit Strohdächern und betrachtete diese als das eigentliche Ashram.

Als sie Ende 1937 in den Ruhestand trat, fand sie geeignete Nachfolger in einem indischen Ehepaar, nämlich dem Verfasser dieses Artikels und seiner Frau, die, wie sie sagte, „ein Teil des Neuen Indiens selbst“ waren und ihr Anliegen teilten, dem Volk zu dienen in der Erkenntnis von Würde und Wert jedes einzelnen Individuums als Träger des göttlichen Lichts.

Bis zum heutigen Tag hat diese Arbeit in Rasulia sich ausgedehnt auf ein Einflußgebiet von 25 Ortschaften, in denen verbesserte Methoden des Ackerbaus und Einrichtungen zur Förderung der Gesundheit und Erziehung propagiert werden. Rasulia selbst dient als Tagungsort und Ausbildungsstätte, wo indische Stadtbewohner aus erster Hand etwas über die Probleme der Landbevölkerung erfahren können.

In Rasulia sind Methoden entwickelt worden, um auf schnelle und billige Weise Brunnen zu bauen und sanitäre Einrichtungen herzustellen. Diese einfachen Modelle werden auf einem sich ständig erweiternden Gebiet eingeführt.

Außerdem wird in Rasulia (von „*Rasul*“ arabisch für „Jünger“) regelmäßig religiöse Andacht gehalten und der Versuch gemacht, durch Gespräche zwischen Menschen verschiedenen Glaubens das gegenseitige Verständnis zwischen Christen und Nichtchristen zu fördern.

In Delhi wurde im Jahr 1943 auch ein Quäkerzentrum von den britischen Freunden eröffnet mit einem dort lebenden Quäker als Hausvorsteher, der bisher gewöhnlich ein Engländer oder Schotte war. Jack Catchpool, der dieses Amt im Jahr 1951 innehatte, schrieb seinerzeit von den Buddhisten, Hindus, Sikhs und Dschains und einigen wenigen Moslems, die an dieser wöchentlichen Quäkerandacht teilnahmen. Er sagte: „Ich habe noch nie eine Gruppe von andächtigen Menschen erlebt, die trotz ihrer verschiedenen Herkunft sich so leicht und vollständig in konzentriertes Schweigen versenken konnten. Ich fühlte, wie in diesen Angehörigen östlicher Religionen ein forschender Geist wirkt, der uns westlichen Menschen wohl unerreichbar bleibt. Das Leben Jesu hat nicht nur die Prophezeiungen des Alten Testaments erfüllt, sondern auch dem Suchen der östlichen Religionen Erfolg gebracht."

Gegenwärtig lebt eine Freundin, Nette Bossert, aus Holland im Quäkerzentrum in Delhi, die mit einer wechselnden Zahl von etwa 2000 Universitätsstudenten Kontakt hält und verschiedene Aktivitäten unter ihnen fördert. Sie ermutigt die Studenten, sich einem freiwilligen Hilfsdienst für ihre unterprivilegierten Landsleute anzuschließen, und sucht auf diese Weise Sympathie und Verständnis für die indischen Bauern und ihre Probleme zu erwecken. Die Studenten beteiligen sich an einem Kinderhilfswerk, organisieren und nehmen teil an Arbeitslagern in Notstandsgebieten, halten Sonntagssprechstunden für kranke und vernachlässigte Kinder, die an Unterernährung leiden und in einem Umkreis von 30 Kilometer um Delhi herum leben. Andere Studenten sammeln Geld und bilden Arbeitsgruppen für täglichen Dienst in vier großen Krankenhäusern in Delhi.

III.

Freunde in den Zentralprovinzen haben ihre eigene kleine Jahresversammlung, genannt „*Mid India Yearly Meeting*". Die andere Gruppe, die von der „Amerikanischen Mission" in Nowgong gegründet worden ist, hat auch ihre eigene Organisation und eine programmierte Form der Andacht, ähnlich der einer evangelischen Freikirche. Beide Gruppen sind überwiegend ortsgebunden und bestrebt, den überkommenen Glauben sich zu eigen und das Beste daraus zu machen, ohne viele Zeichen einer schöpferischen Assimilierung. In Hoshangabad allerdings gibt es ein paar Freunde, die sich informieren und selbständig denken und den Beweis eines mehr dynamischen Glaubens erbringen.

Von diesen und von einer Anzahl einzellebender Freunde aus ganz Indien hat der Verfasser dieses Artikels Ende 1939 eine erste „Konferenz der verstreut lebenden Freunde in Indien" einberufen. Zwanzig Jahre später wurde dann formell eine „Generalkonferenz der

Freunde in Indien" gegründet und in Hoshangabad abgehalten, unter dem Vorsitz einer Freundin aus Madras. Zweck dieser Konferenz, die seither alljährlich ein Treffen für Andacht, Studium und gegenseitiges Sichkennenlernen abhält, ist die Förderung und der Fortschritt der „Religiösen Gesellschaft" in Indien, wobei auch über den Platz, den die Gesellschaft in der bestehenden „Vereinigten Kirche von Südindien" oder in der zukünftigen „Vereinigten Kirche von Nordindien" einnehmen soll, gesprochen wird. Bei diesen Konferenzen sind sowohl Mitglieder und assoziierte Christen, die mit den Quäkern sympathisieren, ohne Mitglieder zu werden, als auch Freunde aus anderen Religionen anwesend. Denkende Menschen, ob Hindu oder Sikh, wurden eingeladen, mit den versammelten Freunden über ihre Auslegung und Erfahrung geistiger Erlebnisse und religiöser Wahrheit zu sprechen. Neben den alljährlichen allgemeinen Treffen wurden in der Ferienzeit auch Kurse abgehalten.

Die Konferenz hat auch die Verantwortung für die Aufnahme neuer Mitglieder in die „Religiöse Gesellschaft der Freunde" in Indien.

Den Einflußbereich und Zweck der Generalkonferenz der Freunde in Indien kann man zusammenfassend etwa so beschreiben: Sie ist ein Zusammenschluß derjenigen Männer und Frauen in Indien, bei denen die Anforderungen, die aus der Nachfolge Christi erwachsen, zur Mitgliedschaft in der „Religiösen Gesellschaft der Freunde" geführt haben (mit einigen Ausnahmen). Diese sind dankbar dafür und betonen ihr Einverständnis mit dem Strom der religiösen Erfahrung und dem geistigen und sozialen Zeugnis, welches das Leben der Quäker in verschiedenen Teilen der Welt während der letzten 300 Jahre charakterisiert hat. Dieser Strom ist ein Teil jener reichen Erbschaft der Anhänger Jesu Christi, unabhängig davon, welchem Teil der christlichen Kirche sie angehören mögen, und wirklich auch aller aufrichtigen Sucher auf religiösem Gebiet.

Mitglieder, die im religiösen und kulturellen Nährboden Indiens wurzeln, sind stolz auf alles, was in den vielen Religionen Indiens Wert und Gültigkeit hat. Sie glauben, daß sich im indischen religiösen Leben mit seinen unterschiedlichen Strömungen des Suchens und Erfahrens tatsächlich vieles befindet, was universellen und dauernden Wert besitzt.

Mit dankbarer Freude nennen sie sich Christen, und die „Religiöse Gesellschaft der Freunde" bedeutet ihnen mehr als eine Anhäufung von heterogenen Individuen, die sich auf die Verwirklichung gewisser sozialer und internationaler Ziele geeinigt haben. Vielmehr fühlen sie sich als dynamische Andachtsgruppe, deren Mitglieder in aller Bescheidenheit ihre Verpflichtung und ihren Willen bekunden, in wachsendem Maß im Dienst und in der Nachfolge dessen zu stehen, der einmal gesagt hat: „Ich bin der Weg, die Wahrheit und das Leben" und ein andermal: „Folge du mir!" Die Mitglieder dieser Vereinigung haben den Wunsch, sich gegenseitig zu stützen und bei der ständigen Suche nach Führung durch Gottes lebendigen Heiligen Geist zu helfen. Sie sind sich klar darüber, wie wichtig das gemeinsame Warten auf Gott in der Andacht ist, und ihre Bitte an Ihn ist die, Er möge sie dazu gebrauchen, auf das Göttliche in jedem Menschen einzugehen oder, wie Fox sagt, zu „antworten". An dieser Haltung liegt den Freunden viel. Sie möchten durch Gebet, Korrespondenz, gemeinsames Studium, Diskussion und gegenseitige Besuche und Kontakte zusammenwachsen.

IV.

Männer und Frauen aus verschiedenen Religionen sollten heute mehr denn je zusammen leben und arbeiten, nicht um Eroberungen für ihren Glauben zu machen, sondern um einen Beitrag zu leisten. Die Schwierigkeit bedeutsamer Kommunikation im religiösen Bereich wird zum großen Teil erst jetzt richtig verstanden. Der Dialog setzt gedankliche und gefühlsmäßige Wechselbeziehungen voraus, bei denen jeder Teilnehmer bereit sein muß, sein Inneres erkennen zu lassen und nicht nur das der anderen erkennen zu wollen. Es darf nicht so sein, daß sich einer innerlich abseits und die anderen auf Distanz hält. Glaubhaftigkeit im religiösen Leben gibt es nur da, wo wir bereit sind, einander unsere Herzen zu öffnen und dabei Vertrauen haben, daß Gott in uns wirkt. Nur so kann uns der Nächste enthüllt werden und ein Gefühl der Zusammengehörigkeit erwachsen, das wahrhaft schöpferisch ist. Nur wer lauscht, lernt. Erst wenn wir gelernt haben, unsere nichtchristlichen Nachbarn in den Tiefen ihres eigenen Glaubens zu verstehen, sind wir in der Lage, zu unseren Mitmenschen von der Liebe Gottes, wie sie sich in Jesus Christus offenbart hat, mit überzeugender Kraft zu sprechen.

Jahrzehntelang lebten die indischen Christen, ähnlich wie ihre westlichen Lehrer und Vorbilder, dauernd in der Angst, in ihrem religiösen Leben und Denken christliche und nichtchristliche Elemente zu verschmelzen. Das Wiedererstarken sozialen und religiösen Lebens in Indien, das zwar von nationalistischen Impulsen beschattet und vernebelt wurde, hat aber die Anhänger aller Religionen in Indien und vielleicht im gesamten Orient stark beeinflußt. Die Menschen

sind jetzt im allgemeinen offener für die wahren Werte und Gewichte in anderen Religionen als je zuvor. Aber ein wirkliches Zwiegespräch über geistige Dinge kann nur dann fruchtbar sein, wenn für die Gesprächspartner Religion nicht nur eine auf dem Intellekt beruhende Ansichtssache noch ein emotionaler Impuls ist, sondern eine dynamische Kraft, die den Mittelpunkt ihrer Existenz beherrscht.
Darüber hinaus erklärte ein beratendes Gremium von Vertretern des Hinduismus und 45 christlichen Gelehrten und Würdenträgern der römisch-katholischen, der griechisch-orthodoxen und der protestantischen Kirchen bei einer Zusammenkunft in Bombay im Jahre 1969:
„Wir können nicht behaupten, das Christentum in seiner jetzigen Verfassung und Gestalt habe den Reichtum Christi ausgeschöpft. So wie es heute um diese Religion steht, bedarf sie der Erneuerung und Erfüllung. Das trifft aber auch in verschiedener Hinsicht für die anderen religiösen Traditionen der Welt zu.
Wir erklären, daß diese Erfüllung sowohl für die christliche als auch für andere Religionen von dem Wirken Christi abhängig ist. Das bedeutet, daß wir Christentum nicht mit der Person Christi gleichsetzen. Das Christentum ist zwar Christus zugeeignet, aber Christus gehört nicht nur dem Christentum. Er ist Herr über alle Dinge. Im Dialog bleiben wir der Einwirkung des Geistes zugänglich. Er ist ein Suchen im Glauben und Gehorsam und entspringt der Überzeugung, daß Christus Herr aller Dinge sei. Er, der Dialog, ist *nicht* bestrebt – und kann es auch nicht sein –, eine Universalreligion zu errichten, aber die Bibel gibt uns die Zuversicht, damit zu rechnen, Gott werde alle Dinge in Ihm zusammenfassen, in Christus nämlich, dem Mittelpunkt alles dessen, was aus unserem Dialog mit Andersgläubigen hervorgeht.“ [1]
Religiöse Erfahrungen und Anschauungen des Verfassers sind durch lebenslange enge Beziehungen zu Menschen anderen Glaubens vertieft und geformt worden. Daraus ergab sich das kostbare Geschenk eines tiefen Glaubens und einer Lebensanschauung, die in furchtloses Vertrauen auf Gott, dem Mittelpunkt unserer täglichen Inspiration, verwurzelt sind. Es gibt aber auch besondere Anlässe und Gelegenheiten, zu einer festeren Überzeugung und Sicherheit zu gelangen.
Ein solcher Anlaß war das Colloquium zwischen hinduistischen und christlichen Denkern, welches das Beratende Weltkomitee der Freunde in Ootacamund, einem Höhenluftkurort in Südindien, im April 1967

[1] *„Religion and Society“*, Bd. 16, Nr. 2, Bangalore.

ermöglicht hat, bei welchem der Autor dieses Kapitels organisierend mitwirkte.
Für diese Versammlung war kein Programm aufgestellt worden. Nur das zentrale Thema „Die Reise nach Innen" stand fest, und jeder Tag hatte zwischen den Gesprächen Perioden stiller Andacht und Meditation. Die Gelehrten beider Religionen waren nach ökumenischen Gesichtspunkten ausgewählt worden. So waren es auf der christlichen Seite drei Katholiken, ein Syrisch-Orthodoxer, ein Bischof der Mar-Thoma-Kirche, vier Protestanten, und den Vorsitz führte ein indischer Quäker und Pädagoge.
Vom Haupt eines hinduistischen religiösen Ordens stammten die Schlüsselworte der Versammlung: „Verfangt euch nicht in den Formen der Religion, sondern dringt durch zum inneren Wesen, wo alle Religionen in ihrem geistigen Bereich verknüpft sind." Ein Teilnehmer, ein Benediktinermönch, schrieb hernach: „Mehr als je zuvor wurde mir klar, daß das göttliche Mysterium, das Mysterium der Gnade sowohl im Hinduismus als auch im Buddhismus und Islam zugegen ist. Wir müssen demütig die Gegenwart Christi, und das bedeutet das Mysterium des Heils in allen diesen Religionen anerkennen, wenngleich wesentliche Unterschiede in ihren Formulierungen bestehen. Ich empfand es als besonders wertvoll, daß wir die eigentlichen Unterschiede unserer religiösen Anschauungen klar zu erfassen vermochten, indem wir sie als jeweiligen Ausdruck absoluter religiöser Grundhaltungen beachteten.
Immerhin blieb uns die Überzeugung, hinter diesen Unterschieden bestehe eine wirkliche Einheit, die erst noch realisiert werden müsse. Jede Religion muß bei ihrer Begegnung mit den anderen Religionen wachsen und sich von der göttlichen Gnade auf das ihr bestimmte Ziel hinführen lassen. Das erfordert von uns demütige Unterwerfung unter die göttliche Gnade, wobei wir einwilligen, daß Gott seine Absichten in unserem Leben als Einzelmenschen und als Mitglieder einer Schicksalsgemeinschaft ausführt. Zweifellos waren es unsere Quäker-Gastgeber, die es ermöglichten, daß dieser vertrauliche Dialog aus einer gebetserfüllten Stimmung heraus stattfinden konnte." Im März 1969 trafen sich 17 „Freunde der Freunde" für zwei Tage in Rajpur, einer Vorstadt von Dehra-Dun, im Haus des Verfassers, um Gedanken über das Thema „Erlösung" bzw. „*Moksha*" (Sanskrit) auszutauschen. Vier von uns hatten auch zwei Jahre zuvor an der Konferenz in Ootacamund teilgenommen. An diesem Treffen in Dehra-Dun, das man als international, ökumenisch und interreligiös bezeichnen kann, nahmen Engländer, Amerikaner, Holländer und Inder teil bzw. Hin-

dus, Sikhs, Katholiken, Presbyterianer und Quäker. Auch hier fanden alle Teilnehmer, der zwei Tage dauernde freimütige Gedanken- und Erfahrungsaustausch sei für alle lohnend und eine Bereicherung gewesen.

Mit Recht sind wir für all dieses dankbar, aber es auferlegt allen denen eine wachsende Verantwortung, welche die Freude miterlebt haben, die aus gegenseitiger Anteilnahme im religiösen Suchen und Streben kommen kann, solange dieses Streben der Führung des Geistes gehorsam bleibt.

Die Nachfolge Christi verpflichtet uns, in dieser Welt des Chaos, des Wechsels und der Unsicherheit die Bedeutung der Liebe Gottes und seiner Vaterschaft darzustellen, so wie sie im Leben und in der Lehre Christi veranschaulicht sind. Die „Gesellschaft der Freunde" muß an dieser Verantwortung teilhaben und darf nicht bei der Aufgabe versagen, ihr besonderes Zeugnis in Gottesdienst und Leben, in Glauben und in Gebräuchen abzulegen.[2]

[2] (Anm. d. Übers. H. v. Tucher: Auf Grund persönlicher, während einer beinahe 20jährigen Tätigkeit im Dienst der Quäkermission in Indien erworbenen Kenntnisse habe ich mir erlaubt, an einigen Stellen ein erklärendes Wort in die Übersetzung einzuschieben, um den deutschen Lesern das Verständnis zu erleichtern. Am Sinn der Ausführungen ist dadurch wissentlich nichts geändert worden, so gern ich es auch gesehen hätte, wenn mehr Betonung auf andere Aspekte gelegt worden wäre.)

Kapitel XI

QUÄKERTUM IN JAPAN

FUMIYE MIHO

Das Christentum, das erstmals durch einen Jesuitenpriester, Franz Xaver, im Jahre 1549 in Japan Fuß faßte, zählte etwa 200 000 Bekehrte, darunter viele Leute von hohem Rang, als es 1639 offiziell verboten wurde. Von jener Zeit an bis 1873 stand darauf die Todesstrafe. Als dann auf Grund der Bestrebungen Japans, sich zu modernisieren, Verträge mit fremden Mächten abgeschlossen wurden, die westlicher Wissenschaft, westlicher Bildung und westlichen Methoden die Tore öffneten, wurde auch das Christentum ausdrücklich wieder erlaubt. Ein Strom christlicher Einflüsse verbreitete sich im Lande. Es begann in Yokohama, wo amerikanische Missionare ihre Lehrtätigkeit entfalteten. Also sind es jetzt 100 Jahre, seit die christliche Religion in Japan wieder anerkannt wurde. Aber trotz eines anfänglichen Begeisterungssturmes, der rapiden Verbreitung von Kirchen und des Anwachsens der Zahl der Gläubigen, brachten spätere Jahre einen Rückschlag und einen Rückgang. Zur Zeit beträgt die Mitgliedschaft der christlichen Kirchen insgesamt nur ein halbes Prozent der Gesamtbevölkerung des Landes.

Bei einer Gesamtbevölkerung von über 100 Millionen gibt es nur 271 Quäker in Japan, und davon leben 10 nur vorübergehend im Lande und gehören anderen Jahresversammlungen an. In Japan gibt es 6 Monatsversammlungen. Von den 2 vorbereitenden Versammlungen ist eine seit 10 Jahren nicht mehr zusammengekommen, die andere trifft sich zweimal im Monat auf einem College-Campus. Die größte Gruppe ist die Tokio-Monatsversammlung, die 125 Mitglieder auf ihrer Liste führt; aber von den etwa 40 Teilnehmern an den Sonntagsandachten sind über die Hälfte keine eingetragenen Mitglieder.

Das Quäkertum kam nach Japan, als amerikanische Quäkermissionare 1887 südlich von Tokio eine Mädchenschule bauten; ein Versammlungshaus wurde 1890 in der Innenstadt gebaut. Die Überlieferung berichtet, daß eine Frauengruppe der Jahresversammlung von Philadelphia drei Jahre lang überlegt hatte, was sie tun könnte, um ihren

Schwestern in Japan zu helfen. 1885 wurden zwei junge japanische Studenten, die in den Vereinigten Staaten studierten, von dieser Gruppe eingeladen, und sie schlugen vor, eine Mädchenschule zu gründen. Seit dem Herbst 1885, als die ersten Missionare, Joseph und Sara Ann Cosand, in Japan landeten, um bei dem Aufbau zu helfen, hat sich die Schule von einem Internat mit 7 Mädchen zu einer Tagesschule mit 690 Kindern und einem Stab von ungefähr 50 ganz- oder halbtägig Beschäftigten entwickelt. Es ist eine der wenigen Missionsschulen, die von Anfang an, abgesehen von zwei kurzen Perioden, immer eine japanische Schulleiterin hatte.
Kaum neun Jahre nach der Einführung des Quäkertums in Japan brach 1894 der chinesisch-japanische Krieg aus. Die Wellen des Nationalgefühls schwollen an, und unter den jungen Leuten, die sich im Shiba-*Meetinghouse* versammelt hatten, gab es heiße Argumente. Schließlich begannen sie, ihre Organisation dort für die Unterstützung des Krieges zu verwenden. Dies stellte ein ernstes Problem dar für das Personal der amerikanischen Quäkermission. Nachdem sie es ohne Erfolg mit milderen Mitteln versucht hatten, beschlossen sie, nicht länger mit ihren japanischen Anhängern zusammenzuarbeiten, und zogen alle Unterstützung zurück. Die japanische Quäkergruppe fiel auseinander, und das war das Ende der ersten Periode des Quäkertums in Japan (1885–1894).
Nach dem Kriege lebten die missionarischen Bemühungen der Quäker wieder auf, aber in den Jahren 1904–1905 kam es erneut zu erheblichen Belastungsproben durch den Krieg zwischen Japan und Rußland und ebenso in späteren Jahren durch die zwei Weltkriege und bei der japanischen Invasion Chinas. Jedesmal zeigte es sich, daß die japanischen Quäker nicht stark genug waren, um von der Linie der Regierung abzuweichen und sich ihren Forderungen zu widersetzen. Während des letzten Krieges folgte die Mehrzahl der japanischen Christen, mit Ausnahme der christlichen „*Holiness*"-Sekte, der Regierungspolitik. In der ersten Nachkriegsausgabe des „*Tokyo Friend*" von 1947 schrieb ein frommer Quäker: „In den letzten Zeiten der Prüfung haben wir japanischen Quäker ‚wundervoll' versagt. Und nun, da wir versuchen, unsere Versammlung wieder in Gang zu bringen, können wir von Glück sagen, daß es einen Kern gab, der unter dem Druck jener Tage nicht abstarb. Mit diesem übriggebliebenen Kern müssen wir uns jetzt als treue Freunde neu beleben." Während der Kriegsjahre hatte sich nämlich eine kleine Gruppe von etwa einem Dutzend junger Freunde geweigert, die staatliche Vorschrift zu akzeptieren, wonach sich alle Christen der „Vereinigten Kirche von

Japan" anschließen mußten. Statt dessen fuhren sie fort, sich regelmäßig zur Andacht nach der Quäkersitte zu treffen und in schweigender Versammlung auf Gott zu warten. Man nannte sie den „Rest", und es war vor allem diese Gruppe, welche half, die japanische Jahresversammlung 1947 zu reorganisieren, als sie nur 30 Mitglieder hatte.

Sollten ähnliche Verhältnisse wiederkommen, so ist nach Überzeugung der Verfasserin dieser Zeilen eine Anzahl von japanischen Freunden da, die am Friedenszeugnis der Freunde festhalten werden. Sie werden sich nicht nur der Regierung zum Trotz regelmäßig versammeln, sondern sie könnten eine Opposition und gewaltlose Aktionen organisieren, um ihr Zeugnis zu bekräftigen.

I. Was das Quäkertum zum japanischen Leben beisteuert

Die Worte, die oft gebraucht werden, um die japanische Kultur von ihrer besten Seite zu beschreiben, sind „Harmonie", „Frieden", „heitere Gelassenheit", „Ruhe" und „Selbstbeherrschung" – alle sind auch Prüfsteine für Quäkerglauben und -haltung, wie sie ebenso zum Shintoismus und Buddhismus gehören. Ein kluger chinesischer Philosoph hat die philosophische Haltung des Orients mit der des Abendlandes kontrastiert und behauptet, daß im Orient die Harmonie den Vorrang hat, im Okzident dagegen die Wahrheit. Im Orient wird oft die Wahrheit der Harmonie geopfert; ein Sprichwort sagt: „Wenn es riecht, decke es zu!" Im Westen muß die Wahrheit herausgefunden werden, selbst wenn die Harmonie dabei zerstört wird. Der Quäker glaubt, daß Wahrheit und Harmonie Hand in Hand gehen können. Das ist etwas, was dem Japaner schwerfallen mag, aber der Quäker muß sich so ausdrücken, daß ihn der Japaner versteht.

Dieses Streben nach Harmonie trug dazu bei, den Zen-Buddhismus zu einem Teil des japanischen Lebens zu machen. Durch 14 Jahrhunderte ist der Buddhismus so in der japanischen Kultur verankert, daß er nicht von ihr getrennt werden kann. Aber so wie das Christentum gleichbedeutend mit westlicher Zivilisation geworden ist und seine Anhänger reine Namenschristen sind, so steht es auch mit dem Buddhismus bei der Mehrzahl der Japaner. Jedoch durchdringen Meditation und Schweigen die japanische Kultur. Die Teezeremonie, die Kunst des Blumensteckens, das Brennen von Weihrauch, die Landschaftsgärtnerei sind zwar heute säkularisiert, aber alle buddhistischen Ursprungs. Sie werden nicht laut, sondern leise ausgeführt und aus-

geübt. So sieht das ruhige, erwartungsvolle Sitzen in einer Quäkerversammlung sehr japanisch aus.
Ein Geist der Toleranz und Großmütigkeit anderen Religionen gegenüber ist für die Japaner charakteristisch. Sogar heute noch haben viele Wohnungen zwei Altäre, einen shintoistischen und einen buddhistischen. Eine buddhistische Familie hat keine Bedenken, wenn der älteste Sohn in einer christlichen Kirche getraut wird, weil der Trauungsgottesdienst so schön ist. Es ist auch für einen frommen Christen nicht ungewöhnlich, eine buddhistische Gedenktafel für seine Eltern, die Buddhisten waren, zu haben. Das ist kein Ahnenkult, es ist die ehrliche Form, in der man den geliebten Eltern Liebe und Achtung erweist. Oft wird ein japanischer Quäker das jährliche buddhistische Sommerfest für die Toten feiern und in seinem bzw. ihrem Quäkerkreis besondere Süßigkeiten verteilen. Als eine führende Quäkerin starb, legten ihre buddhistischen Verwandten einen Rosenkranz aus ihrem Kult um ihre Hände, die auch eine Bibel hielten. Die Tochter, die auch Quäkerin war, lächelte und sagte: „Mutter ist nun in Gottes Schoß, es macht wirklich nichts, wenn die Verwandten nur befriedigt sind." In einem Quäker-Nachbarschaftsheim, wo ein Angestellter gestorben war, wurde ein christlicher Gottesdienst gehalten, aber jeder, der am Schluß nach vorne kam, um sich von dem Toten zu verabschieden, zündete Weihrauch an. Weil Japaner so übertrieben höflich sind, können sie sich ohne formellen Abschied nicht zufriedengeben. All diese religiöse und kulturelle Toleranz stimmt mit Quäkererkenntnissen und Quäkertradition überein.

II. Der Wert der Einzelperson

Bis vor hundert Jahren war die japanische Gesellschaft eingeteilt in vier Gesellschaftsklassen, und niedriger als diese vier war noch eine andere Gruppe, die heute noch viel soziale Ächtung erleidet. Radikale Veränderungen haben stattgefunden, und nach dem Gesetz wird niemand diskriminiert. Aber die kritische Probe kommt, wenn es um die Ehe geht. Ein amerikanischer Missionar war entsetzt, als jeder Teilnehmer an seinem Bibelunterricht in einem College bekannte, daß er niemals jemand von dieser untersten Kaste heiraten würde. So war auch noch 1950 eine japanische Frau, die zum Personal gehörte, erstaunt darüber, daß eine amerikanische Missionarin sie schalt, weil sie einem Bettler an der Haustür nicht den üblichen Gästetee in der Gästetasse anbot.

Ein japanischer Quäker erinnert sich, wie es ihn durchfuhr, als er auf seiner ersten Auslandsreise ohne Titel und nur mit seinem Namen angeredet wurde. Die häufigste Anrede für Respektspersonen in Japan ist: „*San*", das sowohl „Herr", „Frau" oder „Fräulein" bedeuten kann. Ein anderer Titel ist „*Sensei*", was soviel wie Erstgeborener bedeutet und hauptsächlich bei der Anrede von Lehrern gebraucht wird. Vor ungefähr 15 Jahren wandte ein älterer Freund bewußt „*San*" bei jedermann an und hörte damit auf, unnötige Unterscheidungen zu machen. Es mag unbedeutend erscheinen, aber in einem Land, das so von sozialer Schichtung durchsetzt ist, hilft jede Geste, menschlichen Wert und menschliche Würde und „das von Gott in jedem Menschen" zu erkennen.

Die Mehrzahl der Missionare, die nach Japan kamen, versuchten nicht die orthodoxen japanischen Traditionen umzustoßen und paßten sich deshalb den bestehenden Herr-Diener-Beziehungen an. Dies erweckte den Eindruck, daß sogar Missionare nicht an Rassengleichheit glaubten. Da Missionare Weiße waren, schlossen die Japaner stillschweigend daraus, daß letzten Endes der weiße Mann sich als überlegen betrachtet.

Glücklicherweise haben in den letzten 10 Jahren Freunde auf beiden Seiten, Amerikaner und Japaner, ernsthaft versucht, auf jeder Stufe Gleichheit zu praktizieren durch stärkere Beteiligung und weniger Unterscheidung zwischen Einheimischen und Missionaren. Es war früher undenkbar, daß ein Missionar oder eine Missionarin die Küche betrat und für alle kochte, weil das Personal einen freien Tag hatte. Damals hätte das japanische Personal so etwas nicht erlaubt, aber heute wird eine solche Beteiligung für selbstverständlich erachtet. Sogar vor 10 Jahren arbeitete eine amerikanische Lehrerin an der Quäkerschule in Gemeinschaft mit dem Personal, um eine Zeitlang das Quäker-Zentrum in Tokio zu verwalten.

Die christliche Betonung des Wertes des Individuums war den Japanern fast fremd, da ihre Haltung durch die buddhistische Betonung der „Selbstauslöschung" beeinflußt war. Ein Christ könnte das philosophische Konzept der „Selbstauslöschung" etwas frei interpretieren als selbstlose Hingabe an Gott und an seine Mitmenschen. Aber allzuoft hat es bedeutet, daß das Individuum sein Selbst unterdrückt hat zum Wohle seiner Familie (so verkauft sich etwa eine Tochter an ein Bordell, um eine Familienschuld abzuzahlen) oder für das Wohl seines Herrn, wenn etwa ein Diener seinen eigenen Sohn opfert, um den Sohn seines Herrn zu retten, oder für das Wohl von Kaiser und Vaterland. Eine Reaktion mußte kommen, und die Gegenwart wird als Ära der drei „Neins" bezeichnet: kein Interesse, keine Verantwortung und keine Anstrengung.

III. Einfachheit

Japanische Schlichtheit betrifft in Wirklichkeit nur die Kunst, und diese Kunst ist für eine exklusive Minderheit. Sogar volkstümliche Keramik, ein Muster von Schlichtheit, ist so teuer, daß Durchschnittspersonen sie sich nicht leisten können. Der mit nur wenigen Einrichtungsgegenständen versehene Raum, der Einfachheit versinnbildlicht, verbirgt in Wahrheit hohen Luxus. Ein Hausanstrich kann schlechtes Holz verbergen, aber die schöne Naturholzarbeit verlangt teures Holz und ständiges Polieren.

Geselligkeit, wenn sie richtig ausgeübt wird, ist höchst kompliziert. Für einen Besuch ist ein Geschenk nötig; nicht eine Rose aus deinem sommerlichen Garten, sondern ein Geschenk, das in einem Kaufhaus eingewickelt worden ist, um zu beweisen, daß es nichts Ererbtes ist. Überreicht wird es immer mit den begleitenden Worten: „Dies ist ein ganz wertloses Geschenk, aber ..." Einst, als die Verfasserin von einem neuen jungen Freund so angeredet wurde, antwortete sie: „Bitte nimm es wieder mit, wenn es so wertlos ist, weil ich es hier nicht gebrauchen kann." Der Besucher war entsetzt und sagte: „Sie wissen doch, daß dies eine japanische Sitte ist und nichts weiter bedeutet." Daraufhin erklärte die Verfasserin, daß wenigstens unter Christen solche Gewohnheiten aufgegeben werden sollten. Darauf wechselte der junge Mann sein Benehmen vollständig und erklärte, was für eine besondere Süßigkeit es sei usw. Solche umständlichen und unehrlichen Formen der Etikette führen zu komplizierten Beziehungen, die die Menschen weniger freimütig miteinander verkehren lassen. Deshalb wird ein „Vermittler" nötig, sei es im Geschäft oder bei Heiratsanträgen und Ehescheidungsabsichten. Es gehört viel Mut dazu, dem gesellschaftlichen Druck zu widerstehen; so viel Prestige ist mit Tradition verbunden. Da Freunde gegen Schmeichelei und gegen den Gebrauch von Titeln und Ehrenbezeichnungen sind und großen Wert darauf legen, daß offene und einfache Sprache ohne Furcht und Rücksicht auf Statussymbole gebraucht wird, so sind wir in Japan – mit Ausnahmen – noch weit davon entfernt, gute Quäker zu sein. Aber wichtig ist diese Betonung der Aufrichtigkeit und Rechtschaffenheit für die persönlichen Beziehungen. Trotz solcher Hindernisse, die es dem Quäkertum schwer machen, in Japan Fuß zu fassen, versucht die kleine Schar der Quäker ihren Glauben in seiner Relevanz zur Situation unserer Zeit darzustellen, wenn es auch nur in kleinem Maße gelingt.

IV. Soziales Bewußtsein

Die Christen der Nachkriegszeit sind sich als japanische Staatsbürger und als Weltbürger sehr gut ihrer sozialen und politischen Verantwortung bewußt. In Krisenzeiten sind die meisten Menschen zuerst nationalistisch und dann erst christlich; aber die japanischen Christen möchten nicht wieder in diesen Fehler verfallen. Sie haben Missionare und Krankenschwestern nach Süd-Vietnam, Nepal, Indien und Taiwan geschickt. Sie haben die Initiative zu mehreren Friedenskundgebungen ergriffen und Protestversammlungen gegen die Nationalisierung bestimmter Shinto-Heiligtümer veranstaltet. Sie haben auf die Aussöhnung zwischen Koreanern und Japanern hingewirkt. Sie haben Geld gesammelt für Hilfeleistungen in Nord- und Süd-Vietnam, Biafra und Nigerien. Früher wagte kein Durchschnittsjapaner, seine Regierung zu kritisieren, denn die Wände hatten Ohren, und es hieß immer: „*Right or wrong, my country*." Heute ist es fast zur Mode geworden, die Regierung ständig zu kritisieren. Man muß erwähnen, daß einige der revolutionärsten Studentenbewegungen ihre Hauptquartiere in christlichen Institutionen haben. Die Quäker sind eine so kleine Gruppe, daß sie von sich allein aus keine Projekte in die Wege leiten können; sie arbeiten daher mit anderen christlichen und auch mit nicht-religiösen Verbänden zusammen, wenn es richtig und passend erscheint. Weil Tokio für die Amerikaner eine Zwischenstation auf der Reise zum sogenannten Orient ist, haben die Quäker das Glück, Leute aus vielen Teilen der Welt zu treffen, manchmal sogar jene, die auf dem Weg zum chinesischen Festland sind, und so bekommen sie Informationen und einen weiteren Horizont. Aber das Verhältnis vom Glauben zum Tun ist enttäuschend. Einige japanische Quäker haben das Gefühl, daß die Konzentration auf soziale Tätigkeit nur eine Flucht vor der „Andacht" sei und daß soziale Tätigkeit kein Ersatz für die Anbetung und Verehrung Gottes sein kann und auch nicht sein sollte. Geschäftigkeit, so empfinden sie, beraubt die Mitglieder der echten geistigen Nahrung. Wenn das Hauptgewicht auf das tiefe, schweigende Warten vor Gott gelegt wird, dann werden die Quäker zur richtigen Tätigkeit geführt, wann und wo sie erforderlich ist.

V. Unterschiede in den Bezirken

Die „Andacht", die aus dem erwartungsvollen Schweigen erwächst, hat die Freunde von Tokio davon überzeugt, daß es keiner hauptberuflichen Fachleute bedarf, um nach außen hin wirksam zu sein. Vor dem letzten Weltkrieg war der Gottesdienst der japanischen Quäker programmiert, bestehend aus einer vorbereiteten Ansprache, Kirchenliedern und Gebeten, alles unter der Leitung eines Pastors. In den Nachkriegsjahren wurde der auf Schweigen gegründete Gottesdienst eingeführt, vor allem in Tokio. Aber 1969 luden Freunde, die auf dem Land leben, einen Freund aus Amerika ein, in ihrem Bezirk Dienst zu tun. Außerdem stellte im Jahr 1970 eine Andachtsgruppe einen hauptberuflich tätigen Pastor von einer anderen Kirche an, obwohl die Gruppe nur 32 Mitglieder hat, von denen neun im Ausland leben. Es ist wirklich ein Zeichen von großem Mut, einen hauptamtlichen Pastor mit Familie anzustellen, ohne Hilfe von außen. Man hat dies mit gemischten Gefühlen beobachtet, denn diese Gruppe war 1941 der „Vereinigten Japanischen Kirche" beigetreten und hat sich den Quäkern erst 1963 wieder angeschlossen. Aber die Freunde dieser Gruppe empfanden, daß sie mit Hilfe einer Fachkraft dazu beitragen würden, junge Freunde so auszubilden, daß, wenn sie später nach Tokio ziehen, sie in der Gesellschaft eine führende Rolle spielen können, und daß die Gruppen in Tokio deswegen keine Pastoren brauchen, weil ihr Leben durch einen Strom von Besuchern sowieso bereichert wird. In Tokio gibt es fachlich ausgebildete Mitglieder, die aber nicht daran denken würden, als bezahlte Kräfte zu arbeiten. Jedoch ebenso, wie das Quäkertum sein Kleid wechselte, als es von England nach den Vereinigten Staaten bzw. nach Nordamerika kam, so kann es sein Aussehen auch in Japan ändern. Die Frage, die sich hierbei erhebt, ist die: wenn die Quäker fühlen, daß sie in ihrer Gruppe einen Pastor nötig haben, warum schließen sie sich dann nicht einer der schon bestehenden Kirchen an, anstatt innerhalb der „Gesellschaft der Freunde" eine andere Gruppe zu schaffen?

VI. Gelebtes Christentum als japanischer Glaube

Seit 1959, als die japanischen Protestanten ihre Hundertjahrfeier begingen, haben sich alle Christen bemüht, das Christentum zu einem japanischen Glauben zu machen und nicht zu einem Importartikel.

Ein junger japanischer Theologe hat kürzlich in einem Buch geschrieben: „Unsere Aufgabe ist es, das Christentum so heimisch zu machen, daß es nicht als ‚westliche Sache' angesehen wird, sondern daß das tägliche Leben des Japaners bis in die Tiefe vom christlichen Glauben beeinflußt wird ... Die Kirchen Asiens und Afrikas beginnen nun nach einer langen Periode der passiven Annahme des Christentums, wie es vorwiegend vom Westen zu ihnen gekommen war, durch Kunstformen, die bei ihnen heimisch und bedeutungsvoll sind, einen positiven Ausdruck christlichen Glaubens zu entwickeln.

Nach dem Zeitalter des Kolonialismus haben die Völker ihr Gefühl der Unabhängigkeit und Identität wiedergewonnen. Die Kirchen Asiens haben ihre Eigenständigkeit als Kirchen sowohl nach ihrer Struktur als auch nach der theologischen und sozialethischen Ausdrucksweise ihres christlichen Glaubens betont." Er erwähnt besonders die Gespräche über das Thema: „Das Bekennen unseres Glaubens in Asien", die 1966 in Hongkong gehalten wurden, und die Veröffentlichung des *EACC (East Asia Christian Conference)*-Gesangbuches, als gemeinsamen Ausdruck christlicher Hymnologie auf asiatischem Hintergrund. Diese, so glaubt er (der junge Theologe) sind sehr bedeutsame Ereignisse im Leben der heutigen Christen, und er beobachtet voll Erwartung die Entwicklung einer vitalen, einheimischen, christlichen Kunst, da die Kirchen in Asien bemüht sind, ihren Glauben durch ihre eigenen Kulturen auszudrücken.

Ein konkretes Beispiel für einen Versuch im kleinen Maßstab, Christentum und Quäkertum wirklich zu einem Teil des japanischen Lebens und japanischer Ausdrucksart zu machen, kann man an der derzeitigen Leitung des Quäkerzentrums in Tokio sehen. Dieses Zentrum, ursprünglich ein Wohnhaus für Missionare, hat sich allmählich zum *„International Centre"* entwickelt. Mit dem 1. Januar 1968 ging seine Leitung an die japanischen Freunde über, die bei ihrer Jahresversammlung ein Komitee mit der Verwaltung beauftragten. Mit Beiträgen örtlicher Gruppen und ausländischer Mithilfe ist erst kürzlich ein Anbau errichtet worden, von dem man erwartet, daß durch die Veranstaltungen, die in ihm abgehalten werden, genügend Einnahmen entstehen, so daß künftig keine zusätzlichen Mittel gebraucht werden.

Abgesehen von den Kriegsjahren, erscheint die Zeitschrift *„Tomo"* (Der Freund) seit 1906 und trägt dazu bei, die Gruppen untereinander in Verbindung zu halten. Drei Gruppen haben einen monatlichen Nachrichtenbrief, und eine Gruppe stellt periodisch einen Bericht mit Botschaften und Mitteilungen von allen ihren Mitgliedern zusammen.

VII. Beziehungen zur Ökumene

Seit vielen Jahren herrscht in der japanischen Gesellschaft religiöse Toleranz; so schickte beispielsweise eine Zen-buddhistische Familie alle vier Töchter zur Quäker-Mädchenschule. In den Nachkriegsjahren gab es in Japan viele religiöse Konferenzen, die von allen möglichen Glaubensrichtungen organisiert waren. Einsätze mit dem Ziel der Erhaltung des Friedens gab es nicht nur bei den Christen, sondern auch bei anderen religiösen und weltlichen Gruppen. Hervorragende japanische Buddhisten wie der verstorbene Daisetsu Suzuki und Junjiro Takakusu haben an solchen größeren Konferenzen, wie der ersten Ost-West-Philosophenkonferenz, die im Jahre 1939 an der Universität von Hawaii stattfand, teilgenommen.
1967 veranstaltete das Beratende Quäker-Welt-Komitee das erste Zen-Christliche Kolloquium in Japan, an dem sich fünf Tage lang 21 Teilnehmer besprachen. Die Anregung, die von diesem ersten *Retreat* ausging, hat die Gruppe dazu geführt, sich in den folgenden zwei Jahren aus eigener Initiative zu treffen. Alle Teilnehmer sind sich einig, daß es ein höchst wertvolles Experiment sei. Christen finden, daß Zen ihnen hilft, ihren eigenen Glauben zu vertiefen. Zen-Anhänger erleben eine Anregung und Stärkung ihres sozialen Verantwortungsgefühls. Alle machen die Erfahrung, daß sie in Einheit verbunden sind und daß die Zusammenkünfte einen belebenden Ansporn bieten. Eine Folge davon ist, daß Freunde sich in Zen-Meditation geübt haben, um das Erlebnis der „Andacht" zu steigern.
Das Herausfordernde für japanische Quäker liegt in der Erkenntnis, daß die Idee der Gewaltlosigkeit im Shintoismus und im Buddhismus wirklich heimisch ist und daß sich daraus echtes Quäkertum entwickeln könnte, das im Japanischen verwurzelt, gleichzeitig aber von dem Gefühl christlicher Weltbürgerschaft durchdrungen ist.
1962 traten die Quäker auch dem japanischen Nationalrat der Kirchen als außerordentliches Mitglied bei. Hauptsächlich wegen der damit verbundenen finanziellen Last haben die Freunde kürzlich vorgeschlagen, aus dem Rat auszuscheiden, aber sie wurden gebeten, darin zu verbleiben. „Können wir eine so hohe Einschätzung rechtfertigen?" fragt jeder Freund.

VIII. Die Quäker-Mädchenschule – ein Hauptbeitrag der Quäker

Die Quäker-Mädchenschule, 1887 erbaut, war (als eine Art internationales Experiment) von Anfang an auf die Zusammenarbeit von englischsprechenden Lehrerinnen aus Großbritannien, Kanada und den Vereinigten Staaten mit japanischen Lehrerinnen angewiesen. Ungewöhnlich war die Anstellung einer philippinischen Lehrerin, deren Land unter japanischem Militär gelitten hatte, die aber kam, um an einem schöpferischen Experiment der Versöhnung teilzunehmen. Abgesehen von ausländischer Hilfe für Bauten ist die Schule seit 1928 finanziell unabhängig. Viele Privatschulen mußten schließen wegen der geringeren Zahl von Schülern im höheren Schulalter und den sich daraus ergebenden finanziellen Schwierigkeiten. Die Quäker-Mädchenschule jedoch hat sich sogar vergrößert durch den Aufbau von Parallelzügen in den oberen Klassen.
Die Schule wurde 1912 von der Regierung anerkannt und steht seitdem in gutem Ruf, da fast 95 Prozent der Absolventen anschließend auf Hochschulen gehen. Während der ganzen Schulzeit ist der Religionsunterricht Pflichtfach. Alle nehmen in irgendeiner Form an einem Gottesdienst teil. Zweimal in der Woche wird für die ganze Schule ein programmierter Gottesdienst gehalten, an dem alle Schüler und Lehrer, ob Christen oder nicht, sowie Besucher von allen Teilen der Welt teilnehmen; außerdem findet auch einmal in der Woche eine schweigende „Andacht" für die ganze Schule statt. Dann gibt es noch zusätzlich Andachten auf den Zimmern, die von einzelnen Schülerinnen geleitet werden, und dann noch die Gesamtschulversammlung, die auch von Schülerinnen geleitet wird. Es ist für eine Missionsschule ungewöhnlich, so liberal zu sein, daß sie nichtchristliche Lehrerinnen hat und Schülerinnen eine so aktive Rolle beim Gottesdienst übernehmen.
Von Anfang an wurde das Wort „Freunde" mit chinesischen Buchstaben geschrieben, etwa so: „*Furendo*", was ein buddhistisches Sutra darstellt mit der Bedeutung: „alle Brüder auf dieser Erde". Es ist nicht der erklärte Zweck der Schule, Quäker hervorzubringen; die Hauptverantwortung einer solchen Schule liegt darin, den Schülerinnen das Beste der Lehren Christi zugänglich zu machen und eine weite und tiefe Interpretation einer christlichen Lebensführung zu geben, in der Hoffnung, daß einige sich zur Nachfolge Christi verpflichten. Etwa zehn Mitglieder der Lehrerschaft sind Quäker. Die Mehrzahl der

Schülerinnen und Lehrerinnen sind nominell Buddhisten, die übrigen sind Mitglieder anderer Religionen oder Kirchen.
Es gibt 3800 Absolventinnen der Schule in ganz Japan und in anderen Ländern. Die Schule hat immer gerne Schülerinnen von außerhalb Japans aufgenommen, sogar dann, wenn ein gewisses Vorurteil gegen andere Asiaten verbreitet war. Augenblicklich sind es zehn Schülerinnen anderer asiatischer Nationalität oder Herkunft und zwei junge Amerikanerinnen. Man versucht absichtlich, Mädchen von sehr verschiedenartigem sozialen und kulturellen Herkommen aufzunehmen. Eine Bankierstochter könnte eng mit einer Friseurstochter befreundet sein. Die Mutter einer unserer Lehrerinnen arbeitete jahrelang als Hausmeisterin in der Schule.
Bestimmte Mitglieder des Treuhändervereins der Schule werden von der japanischen Jahresversammlung ernannt, aber die Schule untersteht keiner Quäkergruppe. Man kann freilich ohne Übertreibung sagen, daß Absolventen(innen) unter den tätigsten Quäkerführern sind. Von den 21 Amtsträgern der Jahresversammlung 1969 waren 11 Absolventen(innen), Lehrer(innen) oder ehemalige Lehrer(innen) der Quäkerschule (oder deren Ehemänner).

IX. Andere gegenwärtige Quäkerarbeit in Japan

Schon 1923 half das Amerikanische Quäker-Hilfsdienstkomitee *(AFSC)* Japan nach dem großen Erdbeben. In den Nachkriegsjahren war das Komitee aktiv damit beschäftigt, Nachbarschaftszentren aufzubauen nach dem Wunsch der japanischen Regierung. Diese Zentren dienen Erziehungsaufgaben, der Erholung und einer Vielfalt von Gruppenaktivitäten und Gemeinschaftsarbeiten. Sie arrangieren Arbeitslager und Seminare, veranstalten Vorträge und Diplomatentreffen. Die Bereitschaft der Freunde, jedermann jeglichen Glaubens anzunehmen, hat viel dazu beigetragen, daß diese Hilfsdienstprogramme durchgeführt worden sind. Obwohl die Arbeit hauptsächlich von amerikanischen Freiwilligen ausgeführt wurde, haben diese immer mit japanischen Freunden zusammengearbeitet und japanische Angestellte zu ihrer Unterstützung ernannt, die irgendeine Berufsausbildung besaßen. Die Zusammenarbeit aller Quäkergruppen in Japan war hervorragend.
Andere Institutionen, die mit den japanischen Quäkern zusammenhängen, sind die zwei Nachbarschaftsheime mit ihren Kindergärten, ein Altenheim, das sich aus einer Hütte für fremde Leute im Garten eines Missionars seit dem Jahr 1932 zu einem namhaften Heim für

60 alte Leute entwickelt hat, für die es von der Regierung Zuschüsse bekommt, und dann noch einige andere Kindergärten, die von der Gesellschaft gegründet wurden, aber jetzt privat weitergeführt werden. Nur eine ländliche Quäkergruppe unterhält heute noch ihren eigenen Kindergarten.

Schließlich sei noch die Frage nach der Wirksamkeit von Christentum und Quäkertum in Japan angeschnitten. Ein zuverlässiger japanischer Theologe behauptet, das Christentum in Japan sollte mehr nach seinem Einfluß als nach den Mitgliederzahlen der Kirchen beurteilt werden. Als die Regierung 1926 an 32 führende Persönlichkeiten Auszeichnungen verlieh, weil diese in besonderem Maße dazu beigetragen hatten, aus Japan einen modernen Staat zu machen, waren 22 davon Christen. Und als 1956 die Regierung vier Männern ihre Anerkennung aussprach, die besonders viel für soziale Wohlfahrt getan hatten, da waren es lauter Christen, und einer davon sogar Quäker.

1955 wurde „das Komitee der Sieben für den Aufruf zum Weltfrieden“ gegründet mit der Aufgabe, klar und deutlich für den Frieden einzutreten und besonders gegen nukleare Tests zu protestieren. Ursprünglich bestand das Komitee in der Mehrheit aus Christen, von denen zwei Quäker waren. Nach dem Tod einiger Gründungsmitglieder besteht es jetzt aus drei Nobelpreisträgern für Naturwissenschaft und Literatur, einem protestantischen Geistlichen, einer Schriftstellerin und zwei Universitätsrektoren im Ruhestand, von denen eine Quäkerin ist.

Japanische Quäker können stolz sein auf das, was ihre Mitglieder leisten. Ein Mitglied des Sekretariats der Vereinten Nationen, eine Quäkerin, war erste Präsidentin des christlichen Frauen-College in Tokio. Die japanische Frauen-Universität, gegründet 1901, hat ebenfalls eine Quäkerin zur Präsidentin; diese Frau war auch die Gründerin der japanischen „Sektion der Internationalen Frauenliga für Frieden und Freiheit“. Die jetzige, 70 Jahre alte Präsidentin vom Tsuda-Frauen-College, auch eine Quäkerin, ist die Gründerin der japanischen „Liga stimmberechtigter Frauen“. Sie war zweimal Delegierte bei der Generalversammlung der Vereinten Nationen und fünfmal Delegierte für die Sondersitzungen über die Rechtsstellung der Frauen.

Bei nur 271 Quäkern in einer Bevölkerung von über 100 Millionen Einwohnern kann es sein, daß für sie der Ruf in die „Reich-Gottes-Arbeit“ eher in Gestalt eines weltlichen Dienstes ergeht als dazu, Quäker zu missionieren. Vielleicht sollen sie ohnehin in erster Linie Menschen sein und erst in zweiter Linie Quäker.

ANHANG

ANSCHRIFTEN

AFRIKA

Kenia

Tiriki. Friends East Africa Yearly Meeting, P.O. Box 10035, Tiriki.
Nairobi. Ofafa Housing Estate, P.O. Box 6613.
Nairobi. Friends International Centre, N'gong Road, P.O. Box 41946.

Südafrika

Johannesburg. Quaker House, 3 Gordon Terrace.
Cape Town. Friends Meeting House, Green Street, off Queen Victoria Street.

Rhodesien

Bulawayo. Friends Meeting House, 8th Avenue Extension, off Lobengula Street.
Salisbury. Friends Meeting House, 3 Vincent Avenue, off Garfield Road, Belvedere.

Madagaskar

Tananarive. International Centre, 50 rue George V., Faravohitra.

ASIEN

Indien

New Delhi. Quaker House, 224 Jor Bagh, New Delhi 3.
Rasulia. Friends Rural Centre, Rasulia, Hoshangabad (M.P.).

Japan

Tokio. 8-19, Meta 4-Chome, Minato-Ku, Tokyo 108.

Korea

Seoul. Friends Meeting, 2-87 Sinchong-dong, Sudaemun-Ku.

AUSTRAL-ASIEN

Australien
Melbourne. Friends House, 631 Orrong Road, Toorak, Melbourne, Victoria 3142.

Neuseeland
Auckland. Friends Centre, 115 Eden Road, Auckland 3.

EUROPA UND NAHOST

Österreich
Wien. Quäkerhaus, A-1030 Wien, Jaurèsgasse 13.

Dänemark
Kopenhagen. Danish Quakercentre, Vendersgade 29, DK-1363 Kopenhagen K.

Frankreich
Paris. 114 Rue de Vaugirard, Paris 6e.

Deutschland
Berlin. Quäkerbüro, Planckstraße 20, 108 Berlin (DDR).
Bad Pyrmont. Bismarckstraße 35, 328 Bad Pyrmont (BRD).

Großbritannien
Edinburgh. FWCC European and Near-East Section, 17 Randolph Crescent, Edinburgh EH3 7TT.
London. Friends House, Euston Road, London NW1 2BJ.
International Centre, Courtauld House, Torrington Place, London WC1 7JJ.
William Penn House, 47 Balcombe Street, London NW1 6HH.
FWCC, Drayton House, 30 Gordon Street, London WC1H 0AX.

Irland
Dublin 2. 6 Eustace Street.

Niederlande
Amsterdam. Quaker Centrum, Vossiusstraat 20, Amsterdam Zuid.

Schweden
Stockholm. Kväkargården, Varvsgatan 15, 117 29 Stockholm.

Schweiz
Genf. Centre Quaker International, 12 rue Adrien Lachenal, 1207 Genf.

Nahost – Jordanien
Ramallah. Friends Boys' School and Friends Girls' School (Via Israel).

NORDAMERIKA

Kanada

Toronto. Friends' Meeting, 60 Lowther Avenue, Toronto M 5 R IC 7, Ontario.

Vereinigte Staaten

Atlanta, Georgia. Friends Center, 1384 Fairview Road N.E. (30306).
Baltimore, Maryland. Friends Meeting, 3107 N. Charles Street (21218). Friends Meeting, 5116 N. Charles Street (21210).
American Friends Service Committee, Regional Office, 319 East 25th Street (21218).
Boston, Massachusetts. Beacon Hill Friends House, 6 Chestnut Street (02108).
Cambridge, Massachusetts. Friends Meeting, 5 Longfellow Park (02138).
American Friends Service Committee, Regional Office, 48 Inman Street (02139). Cambridge (Mass.).
Chicago, Illinois. American Friends Service Committee, Regional Office, 407 S. Dearborn Street (60605).
Columbus, Ohio. Friends Center, 245 N. Powell Avenue (43204).
Dayton, Ohio. American Friends Service Committee, Regional Office, 915 Salem Avenue (45406).
Des Moines, Iowa. American Friends Service Committee, Regional Office, 4211 Grand Avenue (50312).
High Point, North Carolina. American Friends Service Committee, Regional Office, 1818 South Main Street (27261).
Honolulu, Hawaii. Friends Meeting, 2426 Oahu Avenue (96822).
New Brunswick, New Jersey. Quaker House, 33 Rensen Avenue.
New York, New York
New York Yearly Meeting Office and American Friends Service Committee, Regional Office, 15 Rutherford Place (10003).
Quaker United Nations Programme, 345 E. 46th Street (10017).
Powell House Old Chatham, New York (12136).
Pasadena, California. American Friends Service Committee, Regional Office, 980 N. Fair Oaks Avenue (91103).
Philadelphia, Pennsylvania (19102)
Friends Yearly Meeting Office, 1515 Cherry Street.
Friends General Conference, 1520 Race Street.
Friends World Committee, American Section and Fellowship Council, 152-A N. 15th Street.

American Friends Service Committee, 160 N. 15th Street.
Richmond, Indiana. Friends Central Offices, 101 Quaker Hill Drive (47374).
Sandy Spring, Maryland. Baltimore Yearly Meeting Office, 17100 Quaker Lane (20860).
San Francisco, California. American Friends Service Committee, Regional Office, 2160 Lake Street (94121).
Seattle, Washington
American Friends Service Committee, Regional Office, 814 N.E. 40th Street (98105).
Friends Center Office, 4001 9th Avenue, N.E. (98105).
Wallingford, Pennsylvania. Pendle Hill (19086).
Washington, D.C. Friends Meeting, 2111 Florida Avenue, N.W. (20008).

SÜD- UND MITTELAMERIKA

Jamaika

Kingston 5. 11 Caledonia Avenue, Cross Roads.

Mexiko

Mexico City. Friends Meeting, Ignacio Mariscal 132, Mexico 1, DF.

MITGLIEDERSTATISTIK
(Stand: 1972)

AFRIKA (35 959)

Burundi	1 794
Kenia	33 860
Pemba und Sansibar	130
Südafrika und Rhodesien	175

ASIEN (2 363)

China (keine Angaben)	
Indien	587
Japan	276
Taiwan	1 500
Jordanien und Libanon	120

AUSTRAL-ASIEN (1 690)

Australien	992
Neuseeland	698

EUROPA (23 990)

Dänemark	54
Frankreich	143
Bundesrepublik Deutschland und Österreich	435
Deutsche Demokratische Republik	52
Großbritannien	20 807
Irland (Nord und Süd)	1 756
Niederlande	129
Norwegen	119
Schweden und Finnland	156
Schweiz	120

NORDAMERIKA (120 193)

Kanada	943
Vereinigte Staaten	119 250

SÜD- UND MITTELAMERIKA (11 253)

Bolivien	7 000
Costa Rica	71
Kuba	250
Mittel-Amerika (Guatemala, Honduras und El Salvador)	2 305
Jamaika	730
Mexiko	197
Peru	700
	195 348

DIE MITARBEITER

Aarek, Wilhelm, Präsident eines Colleges für Pädagogik in Kristiansand/ Norway. Mitglied des Stavanger Monthly Meeting und Herausgeber der norwegischen Quäker-Monatsschrift „Kvekeren".

Chetsingh, Ranjit, Früher Leiter des Baring Union Christian College, Batala/ Indien. 1954–56 Sekretär des Friends World Committee for Consultation.

Freiday, Dean, Herausgeber des „Baclay's Apology in modern English" 1967. Mitglied des Shrewsbury (N. J.) Monthly Meeting, New York Yearly Meeting. Er ist sehr aktiv in der ökumenischen Bewegung in Amerika.

Jones, Thomas Canby, Außerordentlicher Professor am Wilmington College, Ohio. Herausgeber des „Quaker Religious Thought" von 1964–69. Stellvertretender Vorsitzender für Philosophie und Religion beim amerikanischen Sektor des Friends World Committee.

McNeill, Margaret Cuthbert, Arbeitete in Deutschland bei Friends Relief Service und Friends Service Council 1945–1952. Trat 1956 den Freunden bei. Sekretärin der Nebenstelle im Woodbrooke College, Birmingham 1956 bis 1968. Lebt zur Zeit in Belfast und arbeitet dort für die Aussöhnung der im Krieg befindlichen Gruppen.

Miho, Fumiye, Unterrichtet an der Quäker Mädchenschule in Tokyo. Sie ist im Vorstand der International Christian University, Tokyo, und auch der Young Women's Christian Association. Sie ist sehr aktiv in der United Nations Association tätig.

Otto, Heinrich, bis 1955 Rektor der Realschule für Mädchen in Kassel. Widmete sich bis zu seinem Tod 1973 dem Studium der Geschichte des Quäkertums und veröffentlichte ein Buch darüber.

Scott, Richenda C., Herausgeberin des „Friends Quarterly". Autorin verschiedener Bücher über die Quäker in Rußland, die Beziehungen der Quäker zu diesem Land vom 17. Jahrhundert bis zur Gegenwart darstellend. Zur Zeit ist sie Mitglied des Lehrkörpers des Woodbrooke College für das akademische Jahr 1974–75.

Sims, Nicholas Roger Alan, Dozent für Internationale Beziehungen an der London School of Economics and Political Science. Mitglied des London Yearly Meeting Nominations Committee.

White, Winifred May, Früher Leiter des Pastoral Training College, Arivonimamo, Madagaskar. Mitglied des Croydon and Southwark Monthly Meeting, London, und des Friends Service Council.

Yungblut, John, Nachdem er Harvard und die Harvard Divinity School absolviert hatte, diente er 20 Jahre lang in einem geistlichen Amt der Episkopalen Kirche der USA. 1960 trat er der Gesellschaft der Freunde bei und war von 1960–68 Direktor des Quäker-Hauses in Atlanta, wo er sich in enger Zusammenarbeit mit Martin Luther King für die Menschenrechte und die Friedensarbeit einsetzte. Von 1968–72 war er Direktor des International Student House in Washington DC. Nun gehören er und seine Frau dem Lehrkörper von Pendle Hill, Wallingford/Pennsylvania, an.

Neue Bände der Reihe „Die Kirchen der Welt“

Band X:

Die unierten Kirchen

(Herausgegeben von John Webster Grant)
384 Seiten,
Leinen DM 37.50
(Subskr.-Preis DM 33.–).

„Unionsverhandlungen schreiten in der ganzen Welt weiterhin rasch voran ... Der Herausgeber des Buches weist in seiner hervorragenden Einleitung darauf hin, wie vielschichtig und auch unterschiedlich all diese Bemühungen sind ... Dem Beitrag von Franz-Reinhold Hildebrandt über die Evangelischen Kirchen der Union wurden fast 80 Seiten eingeräumt. Zusammen mit den anschließenden Selbstdarstellungen der Pfälzischen Landeskirche, der Evangelischen Landeskirche in Baden und der übrigen kleinen Unionen in Deutschland (Theo Schaller, Hermann Erbacher und Hermann Vogt) füllen die deutschen Beiträge die Hälfte des Bandes. Für den deutschen Leser also in jedem Fall ein wichtiges kirchengeschichtliches Kompendium!
Der Sprung in die Ökumene signalisiert zugleich den Sprung aus den strengen Bindungen der überlieferten Konfessionen heraus: A. G. Reynolds bezeichnet als das Ziel der United Church of Canada, eine Kirche, die (nicht Rebellen) sondern Jünger hervorbringt ... Das fordert den Dialog ... In alphabetischer Weise geht es dann weiter über die Darstellung der Church of Christ in China (W. C. Mervin), die United Church of Christ in Japan – Kyodan – (Masatoshi Doi), der Church of South India (F. G. Muliyil), der United Church of Christ in the Philippines (E. C. Sobrepena), der United Church of Christ – USA – (E. J. F. Arndt), der United Church of Zambia (J. R. Stockton), der United Church of Jamaica and Grand Cayman (A. Smith), der Church of North India (J. W. Sadiq) und schließlich der Church of Pakistan (A. M. Barkat). Am glänzendsten ist wohl die recht kritische Darstellung der Church of South India (F. G. Muliyil) gelungen.
Den Schluß des Buches bilden hervorragende zusammenfassende Aufsätze des Herausgebers (Die Bedeutung der Kirchenunion) und von M. B. Handspicker (Kirchenunion und die Zukunft).“

Ökumenische Rundschau

Band XI:

Der Kongregationalismus

Herausgegeben von Norman Goodall
256 Seiten,
Leinen DM 32.–
(Subskr.-Preis DM 28.20).

Vieles, was heute für die westliche Demokratie charakteristisch ist, beruht auf kongregationalistischen Grundsätzen. War es doch der Kongregationalismus, der das Prinzip der örtlichen Selbstbestimmung, Verantwortung, Freiheit und Toleranz zum ersten Mal im 17. Jahrhundert mutig vertrat. Die selbständigen Gemeinden, lange Zeit verfolgt, fanden in Holland Zuflucht, wanderten nach Nordamerika aus oder gewannen in ihrem Ursprungsland England mit der Zeit an gesellschaftlichem Einfluß: als „Pilgerväter“ gründeten sie den Staat Neuengland und beeinflußten tiefgreifend die gesamte Struktur des religiösen und politischen Lebens der Neuen Welt.
Eine solche weltweite Glaubensgemeinschaft verdient also eine eigene und umfassende Darstellung in dieser Reihe, zumal viele Wortführer der ökumenischen Bewegung Kongregationalisten waren und sind. In dem vorliegenden Band werden durch repräsentative Vertreter dieser Kirchen das geschichtliche Werden und die charakteristischen Prinzipien sowie die spezifische Entwicklung des Kongregationalismus in Europa, den USA, in Kanada und Südindien sowie nicht zuletzt in der Weltmission beschrieben und dessen Beteiligung an der ökumeni-

schen Bewegung dargestellt. Weiter werden aktuelle Trends i
kongregationalistischen Theologie aufgezeigt, die Konfrontation
schen dem Kongregationalismus und der Gesellschaft im 20. Jahrh
dert behandelt. Ein umfangreicher Dokumentationsteil schließt dies
wichtigen Band ab.

Band XII:

Koptisches Christentum

Herausgegeben von Paul Verghese
288 Seiten,
Leinen DM 35.–
(Subskr.-Preis DM 30.80).

Das koptische Christentum ist in der Gestalt der „nonchalcedonensischen" und „monophysitischen" Kirchen Äthiopiens und Ägyptens schon längst auf der ökumenischen wie politischen Szene nicht mehr zu übersehen.
Die orthodoxe Kirche Ägyptens ist bis zum heutigen Tag die Erbträgerin einer der ältesten und ehrwürdigsten Kirchen, der alexandrinischen, der einzigen afrikanischen Kirche, die sich aus der vornicänischen Zeit erhalten hat. In ihr lebt noch das altägyptische Mönchtum, von dem alles Mönchtum der Christenheit seinen Ausgang genommen hat. Hinzu kommt die große Reformbewegung, die die ersten Jahrzehnte unseres Jahrhunderts auszeichnet. Diese gewann entscheidenden Einfluß auf die Gestaltung des kirchlichen Lebens und bewies, daß die orthodoxe Kirche Ägyptens durchaus die Kraft zur inneren Erneuerung besitzt.
Die orthodoxe Kirche Äthiopiens gehört ihrerseits zu den traditionsreichsten, ältesten und eigenartigsten Kirchen der Welt. Sie ist die einzige christliche Staatskirche, die sich aus dem christlichen Altertum bis in die jüngste Zeit erhalten hat. In der Neuzeit erlebte diese Kirche eine ähnliche innere Erneuerung wie ihre koptische Mutterkirche. Grund genug, diese beiden afrikanischen Kirchen koptischer Prägung in einem umfassenden Band mit einem umfangreichen dokumentarischen Anhang von repräsentativen Vertretern dieser Kirchen darzustellen.

Band XIII:

Die syrischen Kirchen in Indien

Herausgegeben von Paul Verghese
222 Seiten,
Leinen DM 32.–
(Subskr.-Preis DM 27.50).

Herkunft und geschichtliche Ableitung der syrischen Christenheit auf indischem Boden stehen am Anfang dieses Bandes. Sowohl die syrisch-orthodoxe Ekklesiologie wie auch die Liturgie werden anschließend ebenso umfassend wie einsichtig dargestellt. Dabei wird vor allem die heutige gesellschaftliche, politische wie auch weltanschauliche Situation als notwendige Herausforderung empfunden. Das zeigt sich besonders in der Beschreibung der syrischen Mar-Thoma-Kirche unter den verschiedensten, historischen, kirchlich-theologischen und ökumenischen Aspekten. Hinzu kommt ein Kapitel, das das „soziale Zeugnis" der Kirche im politisch sehr bewegten Staat Kerala zum Inhalt hat. Die Darlegung der gegenwärtigen ökumenischen und sozio-politischen Situation der syrischen Kirchen runden den darstellenden Teil ab. Ein umfangreicher Anhang mit Dokumenten aus Geschichte und Verfassung der syrisch-orthodoxen Kirche sowie eine ausgewählte Bibliographie bilden den Abschluß dieses informativen Werkes.

EVANGELISCHES VERLAGSWERK STUTTGART

der
wi-
n-

[illegible] Bewegung dargestellt. Weiter werden aktuelle [illegible] Theologie aufgezeigt, die [illegible] Konzils [illegible] und der Gemeinschaft [illegible] Ein umfangreicher Dokumentationsteil [illegible] Band ab.

Band XII:
Koptisches Christentum

Herausgegeben von Paul Verghese
285 Seiten,
Leinen DM [illegible]
(Subskr.-Preis DM [illegible])

Das koptische Christentum ist in der Gestalt der „monophysitischen“ [illegible] Ägyptens und Äthiopiens [illegible] im Rahmen [illegible] ökumenischen [illegible] Szene [illegible]

Die orthodoxe Kirche Ägyptens ist bis zum heutigen Tag die [illegible] einer der ältesten und ehrwürdigsten Kirchen [illegible] alexandrinischen [illegible] Zeit [illegible] hat [illegible] das altägyptische Mönchtum, von dem alle Mönchstum der Christenheit seinen Anfang [illegible] kommt die [illegible] Reformbewegung, die die ersten Jahrzehnte unseres Jahrhunderts [illegible]. Diese gewann entscheidenden [illegible] an der Gestaltung des kirchlichen Lebens und bewies, daß [illegible] Ägyptens [illegible] die Kraft zur inneren Erneuerung [illegible]

[illegible] Kirche Äthiopiens gehört [illegible] zu den traditions[illegible] Kirchen der Welt. Sie ist die einzige [illegible] die sich aus dem christlichen Altertum [illegible] In der Neuzeit erlebte diese Kirche [illegible] von ihrer koptischen Mutterkirche [illegible] dieses Bandes [illegible] Kirchen koptischer Tradition [illegible] umfangreiche Dokumentations[illegible] deren Kirchen darzustellen.

Band XIII:
Die syrischen Kirchen in Indien

Herausgegeben von Paul Verghese
222 Seiten,
Leinen DM 22,–
(Subskr.-Preis DM [illegible])

[illegible] der syrischen Christen [illegible] dieses Bandes. [illegible] auch die [illegible] dargestellt. [illegible] [illegible] Christentums [illegible] [illegible] der [illegible]

schen Bewegung dargestellt. Weiter werden aktuelle Trends in der kongregationalistischen Theologie aufgezeigt, die Konfrontation zwischen dem Kongregationalismus und der Gesellschaft im 20. Jahrhundert behandelt. Ein umfangreicher Dokumentationsteil schließt diesen wichtigen Band ab.

Band XII:

Koptisches Christentum

Herausgegeben von Paul Verghese
288 Seiten,
Leinen DM 35.–
(Subskr.-Preis DM 30.80).

Das koptische Christentum ist in der Gestalt der „nonchalcedonensischen" und „monophysitischen" Kirchen Äthiopiens und Ägyptens schon längst auf der ökumenischen wie politischen Szene nicht mehr zu übersehen.
Die orthodoxe Kirche Ägyptens ist bis zum heutigen Tag die Erbträgerin einer der ältesten und ehrwürdigsten Kirchen, der alexandrinischen, der einzigen afrikanischen Kirche, die sich aus der vornicänischen Zeit erhalten hat. In ihr lebt noch das altägyptische Mönchtum, von dem alles Mönchtum der Christenheit seinen Ausgang genommen hat. Hinzu kommt die große Reformbewegung, die die ersten Jahrzehnte unseres Jahrhunderts auszeichnet. Diese gewann entscheidenden Einfluß auf die Gestaltung des kirchlichen Lebens und bewies, daß die orthodoxe Kirche Ägyptens durchaus die Kraft zur inneren Erneuerung besitzt.
Die orthodoxe Kirche Äthiopiens gehört ihrerseits zu den traditionsreichsten, ältesten und eigenartigsten Kirchen der Welt. Sie ist die einzige christliche Staatskirche, die sich aus dem christlichen Altertum bis in die jüngste Zeit erhalten hat. In der Neuzeit erlebte diese Kirche eine ähnliche innere Erneuerung wie ihre koptische Mutterkirche. Grund genug, diese beiden afrikanischen Kirchen koptischer Prägung in einem umfassenden Band mit einem umfangreichen dokumentarischen Anhang von repräsentativen Vertretern dieser Kirchen darzustellen.

Band XIII:

Die syrischen Kirchen in Indien

Herausgegeben von Paul Verghese
222 Seiten,
Leinen DM 32.–
(Subskr.-Preis DM 27.50).

Herkunft und geschichtliche Ableitung der syrischen Christenheit auf indischem Boden stehen am Anfang dieses Bandes. Sowohl die syrisch-orthodoxe Ekklesiologie wie auch die Liturgie werden anschließend ebenso umfassend wie einsichtig dargestellt. Dabei wird vor allem die heutige gesellschaftliche, politische wie auch weltanschauliche Situation als notwendige Herausforderung empfunden. Das zeigt sich besonders in der Beschreibung der syrischen Mar-Thoma-Kirche unter den verschiedensten, historischen, kirchlich-theologischen und ökumenischen Aspekten. Hinzu kommt ein Kapitel, das das „soziale Zeugnis" der Kirche im politisch sehr bewegten Staat Kerala zum Inhalt hat. Die Darlegung der gegenwärtigen ökumenischen und sozio-politischen Situation der syrischen Kirchen runden den darstellenden Teil ab. Ein umfangreicher Anhang mit Dokumenten aus Geschichte und Verfassung der syrisch-orthodoxen Kirche sowie eine ausgewählte Bibliographie bilden den Abschluß dieses informativen Werkes.